农业发展与现代化技术应用研究

朱　静　刘要辰　肖　颖　著

吉林科学技术出版社

图书在版编目（CIP）数据

农业发展与现代化技术应用研究 / 朱静，刘要辰，肖颖著 . -- 长春：吉林科学技术出版社，2023.3
ISBN 978-7-5744-0323-9

Ⅰ . ①农… Ⅱ . ①朱… ②刘… ③肖… Ⅲ . ①现代农业－农业发展－研究－中国 Ⅳ . ① F323

中国国家版本馆 CIP 数据核字 (2023) 第 066178 号

农业发展与现代化技术应用研究

著　　朱　静　刘要辰　肖　颖
出版人　宛　霞
责任编辑　马　爽
封面设计　姜乐瑶
制　　版　姜乐瑶
幅面尺寸　185mm × 260mm
开　　本　16
字　　数　325 千字
印　　张　16.25
印　　数　1–1500 册
版　　次　2023年3月第1版
印　　次　2024年1月第1次印刷

出　　版　吉林科学技术出版社
发　　行　吉林科学技术出版社
地　　址　长春市福祉大路5788号
邮　　编　130118
发行部电话/传真　0431-81629529 81629530 81629531
81629532 81629533 81629534
储运部电话　0431-86059116
编辑部电话　0431-81629518
印　　刷　廊坊市印艺阁数字科技有限公司

书　　号　ISBN 978-7-5744-0323-9
定　　价　118.00元

前　言

随着改革的深化与科学技术的快速发展，现代农业生产技术与国家的发展紧密联系。我国是一个农业大国，农业是国民经济最主要的支柱之一。国家经济的发展需要不断创新，将现代化科学技术应用于农业的生产之中，提高农产品的产量和质量。

基于此，本书以“农业发展与现代化技术应用研究”为题，包含以下内容：阐述了农业在国民经济发展中的作用、现代农业与农业现代化、现代化技术与农业生产；分析了生物技术的研究内容与成就、生物技术中的基因工程与细胞工程、生物技术中的酶工程与发酵工程、生物技术在农业中的应用；分析了植物组织培养技术及其理论依据、植物组织培养苗培养与管理、植物脱毒技术与种质资源的离体保存、植物组织培养技术在农业中的应用；研究了现代农业中的粮食作物高产栽培技术；探讨了现代农业中的经济作物高产栽培技术；探究了现代农业中耕整地与种植机械的应用；分析了现代农业中田间管理与收获处理机械的应用；探析了现代农业中的小型机械模块化设计技术。

全书内容丰富，结构层次严谨，实用性强，从现代农业与国民经济发展、现代农业与农业现代化入手，拓展到现代农业中的技术实践，可供广大相关工作者参考借鉴。

笔者在撰写本书的过程中，得到了许多专家学者的帮助和指导，在此表示诚挚的谢意。由于笔者水平有限，书中所涉及的内容难免有疏漏之处，希望各位读者多提宝贵意见，以便笔者进一步修改，使之更加完善。

目录 CONTENTS

第一章 农业发展与现代化技术

乡村振兴背景下，发展农业经济、促进农业现代化发展是整体战略的重要目标。基于此，本章围绕农业在国民经济发展中的作用、现代农业与农业现代化、现代化技术与农业生产展开论述。

第一节 农业在国民经济发展中的作用

“农业是我国经济发展的重要支柱型产业”①，作为整体概念的农业，是国民经济中的一项公共产品，同时也对其他行业具有显著的积极或消极影响，被称为具有“正外部性”或“负外部性”。一个国家在由农业国走向工业国的过程中，农业所占的比重会越来越小，这是历史发展规律，但是农业的基础地位不能动摇，农业的作用更加重要，农业的支撑力度应更坚实、更可靠。因此，农业在国民经济中占有重要地位，尤其是对于发展中国家来说，农业是其工业化起步所需要的资本积累的重要甚至是唯一来源。

一、产品贡献

产品贡献是指农业部门为国民经济提供了各种各样的实物产品，它们或者作为人们的直接消费品，或者经过加工以后满足人们衣、食、住、行等的需求。中国地域辽阔，农业产品非常丰富，可以满足多种生产和消费需求，极大地满足了工业生产的原材料需求；有些农产品还是很重要的战略物资，比如，橡胶是制造汽车轮胎和飞机轮胎的原料，中国的云南和海南是世界上著名的橡胶产地。世界上幅员较小的或者地形、地貌单一的国家则不具备这样的条件；很多发展中国家农业品种比较单一，且主要用于出口。

保障国家粮食安全是农业中最重要的产品贡献，确保国家粮食安全这根弦一刻

① 韩静敏．转型期农业发展对经济增长的影响分析 [J]. 经济师，2022，406(12)：143.

也不能放松。从生产形势来看，农业生产成本仍在攀升，资源环境承载能力趋紧，农业基础设施相对薄弱，抗灾减灾能力有待提升，在确保绿色发展和资源永续利用的同时，稳定发展粮食生产压力较大。与此同时，当今世界粮食安全挑战依然严峻，对于中国这样有着十几亿人口的大国，无粮不稳应当警钟长鸣。

二、市场贡献

农村是重要的消费市场，主要在于：一是农村居民的生活消费，包括日常用品消费和耐用品消费；二是农业生产所需的各种生产资料投入。目前，中国农村消费品市场在全国所占的比重与农村人口比重相比差距很大。这一方面与农村居民收入水平整体上低于城市有关，非农收入增长比较快的地方大都由乡村改成了镇、街道，统计到城镇消费中；另一方面，与城市消费受物价水平影响较大，而农村中一部分消费品自给自足，从而屏蔽了通货膨胀的影响有关。

农业是重要的工业品消费部门，农业生产中越来越多的中间投入品源于工业，如化肥、农药、塑料薄膜、农业机械、农业动力等。这体现了一国国民经济结构的演进，同时也是农业接受工业生产部门和市场改造的过程。我国自20世纪80年代实行市场化改革以来，虽然农产品成本与宏观经济呈现出高度一致的周期性波动，但农业生产资料价格“大起大落”的特征更明显。

第二节　现代农业与农业现代化

一、现代农业

(一) 现代农业的本质属性

第一，现代农业是高效和多功能的产业。现代农业生产能力较强，突破传统农业低产出和劳动生产率的“瓶颈”，使农业成为现代产业体系中具有高市场竞争力和高经济效益的行业。现代农业不再像传统农业一样只具有单一的经济功能，追求的主要目标是农业的社会、经济和生态效益的统一。

第二，现代农业是科技推动的产业。与延续了几千年的农业相比，现代农业最突出的特点是利用先进的科学技术，它能够充分利用各种有利的生产要素，通过先进的组织管理方法进行规范，它是农业史上最大的一次革新。科技为现代农业的发展提供了强劲的推力，从理论角度阐述科技，其可分为“需求拉动”理论与“供给推动”理论。在需求拉动理论的规律下，农业资源结构造成了要素相对价格的差异，拉动了新的需求，在节约土地和劳动替代上都发展了新的技术手段。现代农业的发展离不开技术的创新，技术创新离不开学者的研究和实践。这种需求拉动有的也是因为现代农业试错法应用积累出现的。供给推动理论认为科学手段的进步和创新很少自发地和经济发展形成互动。科学领域的专家学者主要是为了研究纯粹的科学知识，以推动知识应用于商业用途。供给推动理论认为企业能够通过自主研发具有市场潜力的新产品，可以实现在“干中学”的目的。

第三，现代农业是高投入、高保护的产业。现代农业迅猛发展，农业现代化的要求越来越高，不仅需要持续增加各种要素的投入数量，还要调整土地、资金、现代科技和装备等要素投入的结构，打造现有技术条件下的最优组合。农业的弱质性，决定其市场竞争力相对较弱，需要国家通过农业政策、法规予以保护。

第四，现代农业是重视可持续发展的产业。发展现代农业不以牺牲环境为代价，追求可持续生产能力，与农业相关的主要生产要素，如淡水、土地等均实现可持续使用，创造良好的生态环境，实现人类、环境和经济发展的循环体系；它与市场经济紧密结合，需要密切关注市场动态，根据市场动态灵活调整生产结构，增强竞争力。

第五，现代农业是具有较高素质的农业经营管理人才和劳动力的产业。现代农业从农业生产产前组织到农业生产过程，再到农产品深加工，最后与第二、三产业相融合，实现先进经营和管理，必须依托较高素质的农业经营管理人才和劳动力，提高产业组织化程度，使现代农业真正成为紧密利益连接的产业价值链。

（二）现代农业的基本特征

第一，可持续性。可持续发展是现代农业最本质的要求。农业可持续就是现代农业长远的良性发展。可持续农业发展有三个基本的表征：①农业生产规模与资源承载能力相协调，农业产出能力与资源支撑形成良性循环；②农业产业链主体如农户、企业、政府及农村社会的利益得到优化，利益联结机制合理，农业产业相关者呈关联性增长发展态势；③现代农业产业体系的创新成为可能，传统产业与新型产业有机结合、协调发展，支撑区域发展。

第二，多功能与产业融合。农业的自然属性与人类文明属性展现着现代农业多功能性色彩，新时代背景下，农业产业功能、生态功能、生态景观与旅游资源功能、文化传承功能等正式成为现代农业产业创新资源基础，形成多功能化的资源综合体。农业的多功能性引领着现代农业多元产业创新发展，为现代农业产业融合创造条件。目前，农业发展与乡村发展、农业发展与扶贫开发、农业发展与文化传承、农业发展与村庄建设的有机结合呈现产业融合的勃勃生机。

第三，优质安全食品与生态友好。现代农业的首要功能是生产与提供安全优质的农产品，为其他产业发展提供优质资源。这是农业作为产业发展的主要功能。优质安全食品与农业生态友好是现代农业产业发展过程中，展现现代特征的两个方面。生态友好型农业有三个基本特点：①优质的生态系统是优质农产品生产的保障，农产品的生产与质量体现生态环保特质；②农业生产行为推动着农业自身的微生态系统极大优化；③农业作为多样性的生物系统是促进区域生态系统持续优化的重要推动力量。

第四，高效。广义的农业高效包含两个方面：农业生物能量高效利用和农业生产投入高效收益。农业是农民赖以生存的主导性基础产业。农民或者农业企业的生产与经营积极性取决于农业产业投入与收益比。现代农业要求农业产业的比较收益呈不断增长的发展态势，这是现代农业可持续发展根本的内在动力。

第五，现代科技武装。与传统农业相比，现代农业是建立在现代科技基础上发展的新型农业形态，具体表现包括：①广泛应用现代装备，从生产到加工都应建立在现代装备的基础上；②与现代技术成果的应用相结合，现代农业成为现代技术成果应用的重要产业载体；③运用现代的管理方式来发展现代农业。

第六，竞争力。现代农业必须是具有很强竞争力的产业。现代农业的综合竞争力主要表现包括：①以优质的产业资源为基础，如种质资源、生产条件等；②具有强有力的优质产品的制造能力；③具有充分的市场占有能力，高效满足市场需要，具有未来引领市场的能力；④品牌影响力与科技创新能力成为竞争力的重要支撑。

(三) 现代农业的发展趋势

1. 市场化

市场化的本质是供给与需求的有机结合及相互促进。现代农业的市场化在以下四个层面上体现：

(1) 现代农业是以市场需求为主导的市场导向型产业，其生产的目的是最大限度满足市场需求。

(2) 农业产业市场化体现的是农产品有效供给与有效需求的有机结合，满足市场与引领市场的统一。

(3) 农业产业发展的市场策略体现的是以全球市场及全国性区域市场的需求为出发点，提供的是有效的市场供给。

(4) 农业市场化是通过“市场定位”“确定产业服务对象”“分析对象需求”“创新与制造优质产品”“实施推广服务”五个环节来实现的。

2. 智能化

智能化是未来社会发展的基本走向，也是农业产业发展的未来趋势。农业智能化的基本要求如下：

（1）实现农业生产与产业经营的信息化融合，比如农业大数据技术、“互联网+农业”等，将农业经营要素进行数据化。

（2）农业生产与经营建立在智能化的基础上，在农业生产与经营的各个环节自觉应用智能设备，以工艺流程的智能制造与智能监管保证产品质量、降低经营成本。

（3）农业产业通过信息技术与社会生活的各个环节实现互联互通，成为智能社会的有机组成部分。

3. 全球化

农业全球化是我国全球化的有机组成部分，从根本上来说是农业资源、生产要素、市场的全球配置。在新的历史发展阶段，实现农业全球化应做到以下方面：

（1）掌控全球农业优势资源，如种质资源、优质的生产条件资源、市场资源等决定农业全球运营的资源。

（2）积极参与全球农业技术合作，主动交流与分享全球相关技术成果，抢占产业技术制高点。

（3）以全球市场推动全球合作，实现产品全球市场运营，通过与所在国家的区域市场、产业、企业、产品创新的有机结合，实施多元化产品战略，推动市场的全球化。

4. 产业化

（1）推进资源园区化与基地化是现代农业发展的资源基础，如创建农业产业示范园区、优质农业示范基地等。

（2）实现“三权”结合。采取多样化的产业化模式，保证农民优质原料的生产权，充分发挥农民优质原料生产的积极性；保证企业的产品开发与市场运营权，充分发挥农业企业的市场积极性；保证政府公共政策的实施权，充分发挥政府公共产品的供给与政策公平实施的积极性。

（3）农业产业品牌化。创建区域品牌、产业品牌、产品品牌相结合的品牌体系，以综合性品牌互动推动综合性现代农业产业集群发展。

5. 区域化

区域特色与区域发展是未来现代农业产业发展的必然要求。区域化主要体现在以下方面：

（1）特色鲜明。一个区域的现代农业在资源、产品形态产业功能、运营模式等方面，有别于其他区域的农业产业，且具有鲜明的产业特色。

(2) 具有相对优势。如是否为高端化、精品化的产品，区域产业创新支撑体系是否健全，产业与政策体系是否优化，产业在区域产业集散功能是否具备等这些元素是决定一个区域现代农业优势形成的主要因素。

(3) 集群化发展。如以特色的优势产业为支撑、形成多元化产品集群、核心产业与外延产业创新相结合、多元产业相互融合发展是影响一个区域现代农业发展的重要因素。

6. 融合化

农业融合式发展是现代农业发展的一个方向，具体表现在以下几个方面：

(1) 多元化发展。主要体现在农业产业资源的多元化、产业主体的多元化、产业业态的多元化、产品类别的多元化以及市场的多元化等方面。

(2) 多元结合。现代农业是多元结合型产业，农业与乡村旅游结合、农业发展与文化传承结合等，你中有我、我中有你。

(3) 实现产业相互结合、功能互补。现代农业依据功能多样，创造出不同的产业形式，实现不同产业在同一产业中统一。

(4) 产品在多元化的不同产业之间互为市场。

7. 新“三农”化

(1) 新农民化。我国农民正由传统的社会农民向产业农民转型，从离土不离乡到离土离乡，其他行业人员也在向农业转移，农民不再具有区域特征，更多地体现其产业职能。

(2) 新农业化。由以自给自足为主体的小农，向农业产业化转型，农业资源基地化与园区化，农业经营主体法人化，农业产业多元化，多业融合的新型产业形态呈现新特点。

(3) 新农村化。由居住向宜居、由宜居向乡村功能多元化综合服务体转型，农村社会由家族关系治理向社区现代治理转型。

二、农业现代化

现代农业是农业产业发展的阶段性与时代性的成果，具有可持续性、食品安全与生态友好、多功能与产业融合、高效、现代科技武装和竞争力等特征，是市场导向型产业。农业发展目标是现代农业，发展形态是农业现代化，从这个意义上讲，创建现代农业产业是农业升级的目标，推进农业现代化是农业转型的方向。

(一) 农业现代化的内涵阐释

"农业现代化是中国式现代化的重要内容和战略基点"[①]，是农业发展的未来形态，从本质上说，农业现代化是要通过农业变革，实现农业的生产效率和经济效益的提升。

关于现代农业和农业现代化问题，根据政治经济学的基本原理，可以从两个方面去理解其本质意义：一是生产力方面；二是生产关系方面。在生产力方面发展现代农业与推进农业现代化，其根本意义就是要提升农业的综合生产力水平。通过发展现代农业和农业现代化，不断提高农业生产中的劳动生产率，以及单位土地的产出率。

在生产关系方面，现代农业的突出特点体现在农业生产组织与经营管理方式上。现代农业通过调整和改革经营管理方式，使之更加适应现代社会的市场环境和社会生活的实际需要，以此达到不断提高农业生产效率和经济效益的目的。

在现代农业经营管理方式方面，目前也有较多以家庭为单位或依托家庭而开展的农场经营管理方式，虽然有别于现代大农场或现代公司，但同样达到了改善生产经营效率和效益的目的。因此，现代农业在生产组织和经营管理方式上，并不一定存在某种固定的、理想化的模式。新时代农业现代化的实质就是要不断推进和实现农业的变革，使之更加适应现代社会经济环境和社会生活的需要。

就本质目标而言，农业现代化就是要实现两个提升：一是提升农业经济的效率；二是提升农业经济的效益。效率的提升主要是指通过农业的变革来提高农业生产力的综合水平，主要表现为"增产"，即农业产量产值得以不断增长，在国民经济中的地位和贡献得到巩固和提升。效益的提升主要指农民"增收"，即农业生产的社会经济效益得到改善和提高。

(二) 农业现代化的主要内容

1. 农业生产手段现代化

机械化、电气化、水利化和园林化。机械化是指在农业生产中广泛地使用机器，以代替人力、畜力和传统手工工具。机械化是农业现代化的中心环节，它凝聚着现代科学技术的最新成果，并配合现代生物科学技术，成为发挥增产作用的基本手段和提高劳动生产率、减轻体力劳动的必要条件和根本途径。电气化是在农业生产中广泛使用电能的过程，它不仅可以促进农业机械化，而且可以使农业实现自动化。

---

① 罗必良 . 中国农业现代化：时代背景、目标定位与策略选择 [J]. 国家现代化建设研究，2023，2(01)：65-78.

水利化是指建立完善的农业灌溉、防洪排涝等水利基础设施，保证农业灌溉和牲畜用水以及生态用水，合理利用水资源。园林化是指通过开展以整治土壤、植树种草为主要内容的农业基本建设，对山、水、林、田、路进行统一规划和综合治理，防风固沙，涵养水源，保护自然资源，改善生态环境。

2. 农业生产技术现代化

农业生产技术现代化就是用现代科学技术指导农业，主要包括良种化、绿色化和改进种养技术。农业生产是通过有生命的动植物、微生物自身的生长发育过程来完成的，种子、种苗、种畜、种禽等是最基本的生产资料。

良种化就是运用基因工程、细胞工程、蛋白质工程等现代生物技术以及杂交育种、人工授精等手段培育、推广和使用优良品种，提高农产品的产量和质量。

绿色化就是合理采用化工产品，尽量减少化学品的使用，一方面可以保证农产品产量增长，另一方面可以保证农产品质量安全。如采用测土配方施肥，无机肥料与有机肥料配合使用，使用高效、低毒、低残留农药，药物防治和生物防治结合等。

改进种养技术是指通过作物轮作、间作套种、移栽覆膜、人工生态环境模拟、健康生态养殖等技术，创造有利于动植物、微生物生长发育的空间，提高资源的利用效率，提高土地生产率和经济效益。

3. 农业组织管理现代化

农业组织管理现代化包括农业产业组织方式现代化和农业企业经营管理现代化。农业产业组织方式现代化是指采用适合现代农业发展的生产组织形式，农业生产实现专业化和社会化，农业产业链中的产前、产中和产后各项活动由不同的专业化组织分别完成，形成完整的农业社会化服务体系。农业企业经营管理现代化是指农业生产经营主体实行企业化经营管理，包括建立符合市场经济规则的企业治理结构和管理制度，采取先进的科学管理方法和管理手段，注重经济效益和社会效益。

4. 农业劳动者现代化

劳动者是生产力中最活跃的因素。现代农业要求劳动者具有开拓进取精神，有科技意识、市场意识、法律意识，同时掌握先进的现代农业生产和经营管理知识。因此，农业劳动者现代化表现为农业劳动者的文化和科技素质高，对新知识、新技术的接受能力强，能熟练使用各种物质技术装备和先进种养技术，并具有很强的经营能力和组织管理能力。

（三）农业现代化的支持体系

农业现代化是一个相对和动态的概念，是从传统农业向现代农业转化的过程和手段。其内涵随着技术、经济和社会的进步而变化，表现出时代性；基于各国和地区自身历史背景、经济发展水平和资源禀赋的不同而呈现区域性；又由于经济的全球化而具有世界性。农业现代化既包括生产条件、生产技术、生产组织管理的现代化，又包括资源配置方式的优化，以及与之相适应的制度安排。因而其内涵又具有整体性。

综合上述政策演变路径，新时代海南农业现代化要赋予农民更加充分而有保障的土地承包经营权，现有土地承包关系要在保持稳定并长久不变的基础上实现“两个转变”，即家庭经营要向采用先进科技和生产手段方向转变，统一经营向发展农户联合与合作，形成多元化、多层次、多形式经营服务体系方向转变，用现代物质条件装备农业，用现代科学技术改造农业，用现代产业体系提升农业，用现代经营形式推进农业，用现代发展理念引领农业，用培养新型农民发展农业，提高农业水利化、机械化和信息化水平，提高土地产出率、资源利用率和农业劳动生产率，提高农业素质效益和竞争力。农业现代化的实现需要一个庞大、有效的农业支撑保护体系，这个支撑保护体系大体可以分为三大子体系：政策和法律支撑体系、财政金融支撑体系、市场流通和农村科技服务体系。

第三节　现代化技术与农业生产

农业作为第一产业，是国民经济的基础，而农业现代化也是我国现代化建设的重要方面。当下，虽说我国农业现代化取得了一定成果，但是与其他国家相比仍存在比较明显的差距，因此，相关部门需要加大科技创新投入力度，使我国的农业生产能够朝着现代化的方向不断发展进步。创建现代化农业体系，促进农业生产科学技术进步，可为我国农业发展打下坚实基础。

一、现代化技术在农业生产中的重要性

(一) 基于国家战略层面

从国家战略层面来看，农业生产稳定发展，是确保农村社会安定、保证国民经济稳定发展的基础条件。在科技飞速发展的当代，农业要想获得稳定发展，必须依靠现代化生产技术，强化对农业的创新投入，才能实现农业的可持续发展。为此，我国持续深入推进现代农业技术推广工作，农户越来越多地了解现代农业技术，也将其应用于农业生产当中，以达到增产增收的目的。

（二）基于农业发展角度

当前，我国持续开展的农业推广及应用已经达到一定效果：一方面，我国的农业生产能力得到了有效提升；另一方面，我国农业产品在全球市场竞争中的地位更加稳定。在农业生产中应用现代化技术，可以提高农业生产效率，同时，也可以提升农业抗风险的能力，使农民获得更加可观的经济效益，最终加快农业现代化进程。

（三）基于农民发展角度

在农业生产中采用先进的科学技术，能够加快农业发展的现代化进程。在传统农业生产中，需要农民大量的辛苦劳作，不仅生产效率低下，而且会消耗较多的人力、物力、财力，农民也会面临较大的生产压力。此外，如果天气不佳，农业生产的风险将会大大提高，农民的收入也会受到影响，最终导致经济效益严重下降。借助现代生产技术，可以真正地解放农民的双手，促进农业生产的进一步转型升级。

二、现代化技术在农业生产中的应用

（一）绿色种植技术及其应用

“当前时代背景下，随着我国社会的飞速发展，经济科技水平的提升，在一定程度上提高了人们的生产生活水平。我国人民在享受便捷生活的同时，对农作物种植的安全意识，以及对绿色农产品的需求也在不断增强。由于人们的需求，使绿色农产品的种植发展进一步得到提升。绿色农产品一方面满足现代人们的实际生活需求，另一方面也促进当前社会种植经济的增长。由于绿色种植技术具有环保、节能等优点，因此在最近几年也逐渐取代传统农业种植。绿色种植技术应通过预防病虫害、加强环境生态保护、节能减排等方式，改善当前农业种植缺陷，调整相关产业结构布局，从而对农产品食物安全进行有效保障。”①

绿色种植技术是以改善生态环境、保证农产品无公害为前提，针对农作物生产的全过程，从育种、中期管理、病虫害防治等方面，减少化学农药及化肥施用量，利用科学的管理技术、现代化的农用机械等手段，从土地到餐桌，保证作物生产绿色、环保、高效。绿色农业是传统农业和现代农业的有机结合。大力发展绿色种植技术，是推进农业供给侧结构性改革、保证农业产业可持续发展、提高我国农业质量效益竞争力的必由之路，也是培育壮大农业绿色发展新动能的迫切需要。

① 张作龙．推广绿色种植技术对保障食品安全的作用 [J]. 智慧农业导刊，2022，2(15)：38.

国外对绿色农业种植技术的研究较早，以新加坡为例，新加坡绿色农业种植技术应用最为典型的是成春农场，该农场最大的特点是健康无害。该农场对温室大棚中的蔬菜采用气耕法进行栽培，作物的根部裸露在空气中，获取养分的途径为每隔5min喷洒在根部的营养液，生长全程不需要喷任何农药，质量安全得到极大保障。我国对绿色种植技术的研究和应用较晚，目前推广较为普遍的技术主要是耕地质量提升与保护技术、化肥农药减施增效技术、农业面源污染治理技术、畜禽水产品安全绿色生产技术等，强调生产过程中以安全为标准，合理使用农药、化肥。

山西是煤炭能源大省，山多地少、土瘠水乏，煤炭开采造成的环境污染，以及黄土高原区植被的脆弱性，使得发展绿色农业成为山西省经济转型发展的必然选择，也是山西省资源型经济转型的一条途径。山西省为推进绿色农业种植技术的应用，推动了耕地质量保护示范县以及化肥减量增效示范县建设，重点推广了测土配方施肥技术、水肥一体化技术、种肥同穴生物配肥技术、化肥深施技术等减肥增效技术，进行了配方肥料、缓释肥料、大量元素水溶肥料、有机肥料、有机—无机复混肥料、复合微生物肥料等高肥效、无公害的肥料品种的示范展示和应用推广，推广有机旱作农业技术，统筹推进增产增效和绿色发展，并取得了良好的效果，耕地质量得到明显提升。

鉴于此，要想真正实现绿色种植技术的广泛应用，一定要对农民进行有效培训，提升其对绿色种植技术的认知水平。为进一步促进绿色种植技术的推广应用，政府相关部门、相关机构还应创建绿色种植技术示范园区，使农户充分了解绿色种植技术的价值。

（二）生物技术及其应用

生物技术，简单来说是指以结合生物的特征或特定功能为技术前提，在现代科技的应用下，尽可能满足人们的实际需求。农业生物技术是指运用基因工程、发酵工程、细胞工程、酶工程以及分子育种等生物手段，改良动植物及微生物品种生产性状、培育动植物及微生物新品种，生产生物农药、兽药与疫苗的新技术。

科技是第一生产力，科学技术的每一次重大突破，都会引起经济的深刻变革和人类社会的巨大进步。目前，在农业生产中，通常是在植物组织培养中引入生物技术，利用转基因技术，可获得各种抗病性、抗逆性优良的动植物品种，培养出具有较强抗菌性能的植株，显著提高农业生产水平及农产品的产量。

农业生产中应用生物农药可以保护生态环境，进而促进农业种植行业持续稳定发展。最为常见的一种生物技术就是生物杀虫技术。这种技术主要是通过使用生物制剂达到杀虫的目的，不仅杀虫效果较为理想，而且能有效降低对农作物生长发育、生产环境等的负面影响。生物杀虫技术主要应用于农作物的种子到幼苗阶段。该阶段的农作物大多是在温室、大棚或其他设施内进行培育，普遍存在成活率不高、生长影响因素较多等特征。生物杀虫技术的出现，可以帮助作物有效抵抗病虫害危害，为农作物的顺利生长提供有效助力。

与化学农药相比，生物杀虫剂的优点包括：害虫不易产生抗药性；有较强的选择性，一般对脊椎动物无害；病原体可通过病虫或虫尸来散布蔓延；深刻影响目标昆虫的群体。生物药剂主要包括：细菌杀虫剂是国内研究开发较早的生产量最大、应用最广的微生物杀虫剂，主要有苏云金杆菌、青虫菌、日本金龟子芽孢杆菌和球形芽孢杆菌，以苏云金杆菌为代表；真菌杀虫剂是一类寄生谱较广的昆虫病原真菌，是一种触杀性微生物杀虫剂，主要种类有白僵菌、绿僵菌、拟青霉、座壳孢菌和轮枝菌；提取液杀虫剂，包括苦皮藤菜虫净和 Bt 类生物杀虫剂。

（三）光照控制技术及其应用

光是农业生产中最重要的环境因子之一，现代农业越发展，与人工光的关系就越密切。光照条件的好坏直接决定着设施园艺、畜禽养殖、水产养殖、食用菌栽培等领域生物的生长发育速率和农产品产量与品质的高低。光照是农作物进行光合作用的能量来源，是叶绿体发育和叶绿素合成的必要条件。但不同地区的光照条件有所不同，光照时间也有所差异。如果农作物在生长过程中无法获得足够的光照，那么其最终的产量与品质也会受到一定程度的影响。鉴于此，为了克服弱光寡照和雾霾等不良天气的影响，必须大力发展设施农业专用人工光源及其光环境智能调控技术。有关人员可以针对不同作物对光照的不同需求，采用科学合理的光照控制技术，以提升生产质量与效率。例如，在种植葡萄时，相关人员可以利用温室等设施增加采光时间，促使葡萄加快成熟，在保证葡萄口感的同时，也能提升产量。

LED 的应用为现代农业人工光源的发展注入了新的活力，我国农业照明的研究应用十分活跃。但是，由于农业照明继承了农业科学的复杂性特点，涉及农业、照明等不同领域，评价指标上的复杂性，更增加了农业照明的研究难度。需要不同领域的协同跨界配合，完成照明优化条件的探索，共同推动光照控制技术向前发展。

（四）信息技术及其应用

农业信息技术是指利用信息技术对农业生产、经营管理、战略决策过程中的自然、经济和社会信息进行采集、存储、传递、处理和分析。当前，人类社会发展已步入数字化时代。任何事物想要获得可持续发展，都离不开信息，各领域的信息化水平也呈现出不断提升趋势。信息社会的普及和发展，使得现代信息技术也渗透进农业。创新农业模式的同时，农业生产技术和科学管理水平也需要不断提高。作为农业大国，在信息技术条件下发展智慧农业，成为农业可持续发展的重大挑战。

农业中所应用的信息技术包括计算机、信息存储和处理、通信、网格、多媒体、人工智能、“3S”技术（地理信息系统 GIS、全球定位系统 GPS、遥感技术 PS）等，具有网络化、综合化、全程化的特点。在农业生产领域应用信息技术，不仅能够有效提升农产品销量，还能让有关人员的管理效率得以显著提升。过去，农民在销售农产品时，往往是在某个地方集中销售（如集市），在实际销售和有关部门的管理中存在较大难度，会消耗较多时间，且农户生产的农产品也容易出现腐烂情况，造成严重损失。随着信息技术的出现和广泛应用，农民可以利用网络平台实现农产品的快速销售，消费者也能更加全面地了解相关产品信息。此外，相关人员也可以在农业生产过程中引入信息技术，更加详细、全面地记录生产操作，不仅便于农机人员、有关部门对农业生产过程进行监督，而且可以让消费者更加清晰地了解农产品的生产全过程，最终促进农业发展。

要想真正满足农业现代化的需求，就需要拟定推进农业农村信息化建设的政策，要加大资金投入，加强农业农村经济大数据建设，完善村、县相关数据的采集、传输、共享基础设施，优化农业资金投入结构，增加农业信息服务工作经费。建立农业农村数据采集、运算、应用、服务体系，强化农村生态环境治理，努力争取社会力量投入农业信息化建设，增强乡村社会治理能力。农业现代化为农业信息化提供了广阔的应用空间和创新领域，农业信息化为农业现代化架起了通往未来的桥梁。

综上所述，在科学技术与经济不断发展的双重背景下，我国农业生产的产品产量与品质也得到了不断提高。在此过程中，现代化技术的价值不可忽视。为充分发挥现代技术的核心优势，一定要充分整合各项科学技术的特点，了解其应用效果。在农业生产中引入现代化技术，可以保证农产品的产量与品质，改善传统种植模式存在的弊端。此外，现代化技术的应用也能进一步优化农产品结构，创造更多符合新时代发展需要和满足人民需求的新品种，丰富作物品种库，为国家和人民提供更多高质量农产品，最终促进我国农业经济的可持续发展。

第二章 现代农业中的生物技术分析

现代农业中的生物技术是发展现代农业和实现农业可持续发展的重要手段。随着现代科学技术的飞速发展，农业生物技术日新月异，各种新方法、新成果已广泛应用于农业领域的各个方面。本章重点论述生物技术的研究内容与成就、生物技术中的基因工程与细胞工程、生物技术中的酶工程与发酵工程、生物技术在农业中的应用。

第一节 生物技术的研究内容与成就

一、生物技术的研究内容

现代生物技术兴起于20世纪70年代，它是以生命科学为基础，运用先进的工程技术手段与其他基础科学的原理，利用生物体及其组织、细胞及其他组成部分的特性和功能，设计、构建或将生物体改造为具有人类预期性状的新物种或新品系，从而为社会提供产品和服务的综合性技术体系。这一技术大大地推动了全球社会及经济变革与发展的步伐。

现代生物技术是以生命科学为基础，利用生物（或生物组织、细胞及其他组成部分）的特性和功能，设计、构建具有预期性能的新物质或新品系，以及与工程原理相结合，加工生产产品或提供服务的综合性技术。这门技术内涵十分丰富，它涉及对生物的基因进行改造或重组，并使重组基因在细胞内进行表达，产生人类需要的新物质的基因技术（如克隆技术）；从简单普通的原料出发，设计最佳路线，选择适当的酶，合成所需功能产品的生物工程技术；利用生物细胞大量加工、制造生物产品的生产技术（如发酵）；将生物分子与电子、光学或机械系统联系起来，并把生物分子捕获的信息放大、传递，转换成光、电或机械信息的生物耦合技术；在纳米（百万分之一毫米）尺度上研究生物大分子精细结构及其与功能的关系，并对其结构进行改造，利用它们组装分子设备的纳米生物技术；模拟生物或生物系统、组织、器官功能结构的仿生技术等。

现代生物技术包括基因工程、细胞工程、酶工程、发酵工程等，其中基因工程为核心技术。生物技术将为解决人类面临的粮食、健康、环境、能源等重大问题开辟新的技术领域，它与计算机微电子技术、新材料、新能源、航天技术等被列为高科技，被认为是21世纪科学技术的核心。目前，生物技术最活跃的应用领域是生物医药行业，生物制药被投资者认为是成长性最高的产业之一。世界各大医药企业瞄准目标，纷纷投入巨额资金，开发生物药品，展开了面向21世纪的科技竞争。

(一) 基因工程

基因工程亦称为DNA重组技术，它运用类似工程设计的方法，按照人们的需要，先将生物的遗传物质(通常是脱氧核糖核酸，即DNA）分离出来，并在体外进行切割、拼接和重组，然后将重组了的DNA导入某种宿主细胞或个体，从而改变其遗传特性，加工出新的生物或赋予原有生物新的功能。

(二) 细胞工程

细胞工程是生物工程的一个重要方面，它是应用细胞生物学和分子生物学的理论和方法，按照人们的设计蓝图，进行在细胞水平上的遗传操作及进行大规模的细胞和组织培养。当前细胞工程所涉及的主要技术领域有细胞培养、细胞融合、细胞拆合、染色体操作及基因转移等方面。通过细胞工程可以生产有用的生物产品或培养有价值的植株，并可以产生新的物种或品系。

(三) 酶工程

酶工程亦称为生物反应技术或生物化学反应技术，是在生物反应器或者发酵罐内进行酶的生产或者应用酶的生物催化反应进行其他产品的生产，即酶的工业化生产与应用。

(四) 发酵工程

发酵工程亦称为微生物工程，是利用微生物生长速度快、生长所需条件简单以及代谢过程特殊等特点，通过现代工程技术手段，借助微生物的某种特定功能生产出所需产品的技术。

二、生物技术的成就

现代生物技术已不断渗透到人类社会的生产、生活的各个方面并建立了不可分割的联系。作为21世纪高新技术重点之一，现代生物技术将对人类解决所面临的食物、资源、健康和环境等重大问题发挥越来越重要的作用。

(一) 生物技术在医药卫生领域的应用

生物技术在医药卫生领域的应用是现代生物技术应用最广泛、成效最显著的一个领域。从1971年Cetus公司成立至今，医药生物技术已创造出了30多个重要的治疗药物，在治疗癌症、多发性硬化症、贫血、发育不良、糖尿病、肝炎、心力衰竭、血友病、囊性纤维变性和一些罕见的遗传性疾病中取得了良好效果。我国基因工程制药产业始于20世纪80年代末，中国第一个有自主知识产权的基因重组药物a-1b干扰素于1989年在深圳科技园实施产业化，拉开了国内基因药物产业化的序幕。随着高科技成果不断转化为生产力，基因工程药物、单克隆诊断试剂、转基因动物、基因治疗，更在治疗疾病和维护人类健康等问题上发挥着巨大作用。

1. 解决技术难题

生物技术解决了过去用常规方法不能生产或者生产成本特别昂贵的药品的生产技术问题，开发出了一大批新的特效药物，如胰岛素、干扰素（IFN）、白细胞介素 –2（IL–2）、人生长激素（HGH）、表皮生长因子（EGF）等，这些药品可以分别用以防治如肿瘤、心脑肺血管、遗传性、免疫性、内分泌等严重威胁人类健康的疑难病症，而且在避免毒副作用方面明显优于传统药品。

2. 应用于单克隆抗体诊断试剂的研制

生物技术帮助科研人员研制出了一些灵敏度高、性能专一、实用性强的临床诊断新试剂，如体外诊断试剂、免疫诊断试剂盒等，并找到了某些疑难病症的发病原理和医治的崭新方法，目前单克隆抗体诊断试剂市场前景越来越好。

3. 利用再生的生物资源生产生物药品，用于临床研究和治疗

从基因工程疫苗、菌苗的研制成功直至大规模生产为人类抵制传染病的侵袭、确保整个群体的优生优育展示了美好的前景。如1 g胰岛素要从7.5 kg新鲜猪或牛胰脏组织中提取得到，而目前世界上糖尿病患者有6000万人，每人每年约需1 g胰岛素，这样总计需从45亿kg新鲜胰脏中提取，这实际上办不到的，而生物技术则很容易解决这一难题，利用基因工程的工程菌生产1 g胰岛素，只需20 L发酵液。

4. 基因治疗

基因治疗是21世纪国际生物技术的又一个热点。基因治疗就是将外源基因通过载体导入人体内并在体内（器官、组织、细胞等）表达，从而达到治病的目的。基因治疗开辟了医学预防和治疗的崭新领域。自从1990年临床上首次将腺苷酸脱氨酶（ADA）基因导入患者白细胞，治疗遗传病——重度联合免疫缺损病以来，利用基因治疗的手段治疗囊性纤维化（CF）、血友病，还扩大用于治疗肿瘤和艾滋病的临床试验已数以百计，基因治疗将引起临床医学的一场革命，将为治疗目前尚无理想治疗

手段的大部分遗传病、重要病毒性传染病、恶性肿瘤、心脑血管疾病和老年病等开辟十分广阔的前景空间。

随着人类基因组计划的顺利实施，“后基因组”时代的到来，人类23对染色体大约60亿个核苷酸的排列顺序被测定，人类基因组所包含的约3万个基因中与人的重要生命功能和重要疾病相关的基因将不断被发现，6000多种人类单基因遗传病和一些严重危害人类健康的多基因病（如恶性肿瘤、心血管疾病等）将有可能由此得到预防、诊断和治疗。基因治疗的研究将从过去的盲目阶段进入理性阶段。基因治疗有可能在21世纪20年代以前，成为临床医学上常规的治疗手段之一，人类很多目前无法治疗的疾病将通过基因治疗手段而获得康复。鉴于基因技术在医学领域的实用价值极大，其巨大的市场潜力已被众多企业看好。

（二）生物技术在农业领域的应用

现代生物技术在农业中的突出应用是利用转基因技术，将目的基因导入动、植物体内，如对农作物、家畜、家禽、鱼类等进行基因改良。生物技术应用于农作物的主要目标是培育高产、优质、抗性强、耐储运的新品种，在花卉上主要培育抗病虫、抗衰老、多花色、奇花型的高观赏价值新品种。如我国用花药培养、染色体工程等育种技术培育出水稻、小麦、油菜、橡胶等一批作物新品种、新品系、新种质。其中较突出的有京花3号、小偃107号小麦和中花10号水稻新品种，具有优质高产、抗病、抗盐碱等特性，已经在生产中推广应用。

我国转基因技术在家畜及鱼类育种上也初见成效，中科院水生生物研究所在世界上率先进行转基因鱼的研究，成功地将人生长激素基因、鱼生长激素基因导入鲤鱼体内，育成的当代转基因鱼生长速度比对照的快，并从子代测得生长激素基因的表达，为转基因鱼的实用化打下了坚实基础。

近年来，抗除草剂的大豆，抗病毒病的甜椒，抗腐能力强、耐储性高的番茄，具有高含量必需氨基酸的马铃薯等转基因植物开始进入市场，成为农业生物技术的第一批成果；高产奶的奶牛和能从奶中提取药物的转基因羊等也将进入实用化阶段。未来农业的模式将是农业工厂化，按人类要求，高水平地控制环境因素，实现规模化、机械化、自动化生产，产生质量稳定、供应稳定、价格稳定、营养丰富的农业产品。

生物技术在促进农产品的产业化方面令人瞩目。我国自20世纪60年代起，科学家们就先后将黄瓜、青椒、水稻等农作物送入太空，经过太空环境的洗礼，从而培育出很多优良品种。

（三）生物技术在食品工业中的应用

生物技术在食品工业中的应用日益广泛和深入，极大地推动了食品工业的革新，主要表现在以下方面：

1. 基因工程技术在食品工业的应用

以DNA重组技术或克隆技术为手段，实现动物、植物、微生物等物种之间的基因转移或DNA重组，达到食品原料或食品微生物改良的目的。或者在此基础上，采用DNA分子克隆对蛋白质进行定位突变的蛋白质工程技术，这对提高食品营养价值及食品加工性能具有重要的科学价值和应用前景。采用基因改造的食品微生物为面包酵母，由于把具有优良特性的酶基因转移到酵母菌中，使酵母中含有的麦芽糖透性酶及麦芽糖酶的含量比普通面包酵母高，面包加工过程中产生的二氧化碳气体含量也较高，最终制造出膨发性能良好、松软可口的面包产品。这种基因工程改造过的微生物菌种（或称为基因菌）在面包烘焙过程中会被杀死，所以在使用上是安全的。

干啤酒发酵生产特点是麦汁发酵度高（75%以上），现在已有采用基因工程技术探索，以期用于直接发酵生产。许多食品添加剂或加工助剂，如氨基酸、维生素、增稠剂、有机酸、食用色素等，都可以用基因菌发酵生产而得到。凝乳酶是第一个应用基因工程技术把小牛胃中的凝乳酶基因转移到细菌或真核微生物生产的一种酶。应用基因工程菌发酵生产的食品酶制剂还有葡萄糖氧化酶、葡萄糖异构酶、转化酶等。

2. 细胞工程在食品工业的应用

细胞工程包括细胞融合技术、动物细胞工程和植物细胞工程等。细胞融合技术的应用有氨基酸生产菌的育种、酶制剂生产菌的育种、酵母菌的育种、酱油曲霉素的育种。动物细胞大量培养技术已经成熟，培养规模不断扩大，目前已生产出一些具有重要药用价值的活性物质，如口蹄疫苗、干扰素、促生长因子等。植物细胞大规模培养的产物有种苗、细胞、初级代谢物、次级代谢物、生物大分子等。其中许多产物已在食品业中得到广泛应用，如食用色素等。

3. 酶工程在食品工业的应用

酶是活细胞产生的具有高度催化活性和高度专一性的生物催化剂，可应用于食品生产过程中物质的转化。纤维素酶在果汁生产、果蔬生产、速溶茶生产、酱油酿造、制酒等食品工业中应用广泛。

4. 发酵工程在食品工业的应用

采用现代发酵设备，使经优选的细胞或经现代技术改造的菌株进行放大培养和控制性发酵，获得工业化生产预定的食品或食品的功能成分。发酵工程应用于抗生素及其他药物，以及制造啤酒、酒精、氨基酸、酶制剂、核苷酸及维生素等。生物技术起源于传统的食品发酵，并首先在食品加工中得到广泛的应用。

第二节　生物技术中的基因工程与细胞工程

一、生物技术中的基因工程

(一) 基因与基因工程的概念

1. 基因的概念

1866年遗传学家格雷戈尔·孟德尔在豌豆杂交实验中，将控制性状的遗传因素称为遗传因子；1909年丹麦的遗传学家威廉·约翰逊首次用“gene”来代替孟德尔的遗传因子；1910年美国遗传学家托马斯·亨特·摩尔根在果蝇杂交实验中发现了基因连锁交换规律，提出了遗传粒子理论，认为基因是一粒一粒在染色体上呈直线排列的，且互不重叠，就像连在线上的珠子一样；1953年沃森和克里克提出DNA的双螺旋结构模型，此时人们接受了基因是具有一定遗传效应的DNA片段的概念。

所有生物的性状都是由基因决定的。20世纪70年代以后，人们逐步发现了断裂基因、重叠基因、跳跃基因，对基因的认识更进一步深化。20世纪90年代初发现了核酸具有酶的功能，个别核酸片段具有生物催化作用，因此出现了核酶的概念，这对于核酸传统的认识是一个挑战。但是作为基因，它表现的主要特性是遗传功能而不是催化功能。所以对基因共同的认识是：基因是一个含有特定遗传信息的核苷酸序列，是遗传物质的最小功能单位。

2. 基因工程的概念

基因工程又称为遗传工程。广义的基因工程包括重组DNA分子技术及其产业化设计与应用，包含上游技术与下游技术两大部分。上游技术是指外源基因重组、克隆和表达的设计与构建，即狭义的基因工程；而下游技术则是指含有重组外源基因的工程菌或者细胞的大规模培养以及外源基因表达产物的分离纯化过程。上游工作主要在实验室里进行，下游工作主要在生产部门或者生产企业进行。

狭义上讲，基因工程是指一种或多种生物体（供体）的基因与载体在体外进行拼接重组，然后转入另一种生物体（受体）内，使之按照人们的意愿遗传并表达出新的性状。由于外源基因与基因载体都是DNA分子，因此基因工程又称为重组DNA技术。重组后的DNA分子都需要在受体细胞中复制扩增，因此基因工程又可以称为分子克隆。

(二) 基因工程的操作过程

基因工程是有目的地在体外进行的一系列基因操作。一个完整的基因工程实验，包括：①目的基因的分离和改造；②载体构建；③目的基因插入载体；④重组载体导入宿主细胞进行扩增；⑤基因表达产物的鉴定、收集和加工等一系列复杂过程的综合。

当基因构建完成后，下游工作的内容是将含有重组外源基因的生物细胞（基因工程菌或细胞）进行大规模培养及外源基因表达产物的分离纯化过程，获得所需要的产物。其具体的生产方法有以下三种：

第一，微生物发酵法：将基因工程菌通过发酵方法进行基因表达产物的生产，从发酵产物中将基因表达产物分离纯化出来。

第二，动物体发酵法：将基因转入动物胚胎内，通过转基因动物作为活体发酵罐生产基因表达产物，如从转基因牛的牛奶中获取抗甲型肝炎疫苗。

第三，植物体发酵法：利用植物转基因技术将外源基因转入植物体内，获取基因表达产物，例如，在中药材植物中转入与其药效成分相匹配的基因，使中药材含有西药成分，从而达到中西医结合治疗的目的。

(三) 基因工程的基本技术

“基因工程技术是一项极为复杂的高新生物技术，它利用现代遗传学与分子生物学的理论和方法，按照人类的需要，用DNA重组技术对生物基因组的结构或组成进行人为修饰或改造，从而改变生物的结构和功能，使之有效表达出人类所需要的蛋白质或对人类有益的生物性状。”①

1. 目的基因的获得

目的基因又称为目标基因，是指通过人工的方法分离、改造、扩增并能够表达的特定基因，或者是按计划获取的有经济价值的基因。DNA分子是一个非常庞大复杂的体系，要从中分离出我们所需要的目的基因是一件很难的事情。因此首先要对目的基因非常了解，并采用适当的方法才能达到分离的目的。

(1) 基因文库的构建与目的基因的分离。基因文库或称基因组文库，是指一个生物体的全部基因信息。通过适当的方法将某一生物体的整个基因组DNA切割成

① 杨林，聂克艳，杨晓容，等.基因工程技术在环境保护中的应用[J].西南农业学报，2007(05)：1130.

大小适宜的片段，并将这些片段与载体重组，转入受体细胞繁殖，从而形成了含有该生物体全部基因信息的重组分子群体。

基因组文库的构建步骤一般包括：①细胞基因组的提取和大片段DNA的切割；②载体的选择和制备；③切割的DNA分子与载体连接与重组；④体外包装及重组DNA分子的扩增；⑤重组DNA分子的筛选与鉴定。

基因文库构建后，从文库中筛选基因的方法主要有核酸杂交法、免疫学检测法、DNA同胞选择法、PCR筛选法等。通过这些方法，可以将目的基因从基因文库中筛选出来。基因文库的构建虽然操作复杂，却是分离目的基因的常用方法之一。

（2）基因芯片技术分离目的基因。生物芯片是高密度固定在固相支持介质上的生物信息分子的微列阵。列阵中每个分子的序列及位置都是已知的，并按预先设定好的顺序布阵。基因芯片是生物芯片的一种，是近年来在生命科学领域中迅速发展起来的一项高新技术，其上固定的是核酸类物质，主要是指通过微加工技术和微电子技术在芯片表面构建微型生物化学分析系统，以实现对细胞、蛋白质、DNA以及其他生物组分的准确、快速、大信息量的检测。通过检测DNA、RNA，可以找到目的基因。

目前通过基因芯片技术分离目的基因主要有以下两种方法：

第一，mRNA比较法。比较不同物种之间，或同一物种不同个体之间，或同一个体在不同生长发育时期，或不同环境条件下基因表达所产生的mRNA差异来筛选。采用基因芯片技术可以通过杂交直接检测到细胞中mRNA的种类及丰度，与传统的差异显示相比具有样品用量小、自动化程度高、被检测目标DNA密度大及并行种类多等优点。

第二，探针法。利用同源探针从cDNA或EST微列阵中筛选分离目的基因。其基本步骤包括基因芯片的制备、靶样品制备、杂交与检测、目的基因的分离等。

基因芯片上集成的成千上万的密集排列的分子微阵列，使人们能在短时间内分析大量的生物分子，快速准确地获取样品中的生物信息，效率是传统检测手段的成百上千倍。它被一些科学家誉为是继大规模集成电路之后的又一次具有深远意义的科学技术革命。我国科学家已经成功研制出功能独特的水稻基因芯片，并利用芯片技术分离了近2000条水稻cDNA片段，为水稻的基因工程做出了巨大贡献。

（3）功能蛋白组分离目的基因。蛋白组是指细胞内全部蛋白的存在及活动方式，即基因组表达产生的总蛋白质的统称。功能蛋白质组指具有特定功能的蛋白质群体。首先采用蛋白质双向电泳，然后通过免疫筛选法，即通过蛋白的特异抗体与目的蛋白的专一结合，从而确定基因文库中表达该功能蛋白的基因所在的位置，继而进行基因分离。

（4）图位克隆分离目的基因。图位克隆又称作图克隆或称为基因定位克隆，也有称之为候选基因克隆，是人类基因克隆或植物抗病基因克隆的常用方法。图位克隆的原理是根据功能基因在基因组中都有相对较稳定的基因座，在利用分子标记技术对目的基因进行精细定位的基础上，用与目的基因紧密连锁的分子标记筛选 DNA 文库，从而构建目的基因区域的物理图谱，在此物理图谱的基础上，通过染色体步移逐步逼近目的基因，最终找到包含该目的基因的克隆，并通过遗传转化实验证实目的基因所具有的功能。

目前，利用图位克隆技术已经分离出人类慢性肉芽肿病、亨廷顿病、杜氏肌营养不良症等多种遗传疾病的基因及水稻 *Xa*21 和拟南芥 *RPM*1 基因等。

（5）生物信息学在分离克隆基因中的应用。生物信息学是在生命科学的研究中，以计算机为工具对生物信息进行储存、检索和分析的科学。基因组信息学的首要任务之一就是发现新基因的核心功能，这也是发现新基因的重要手段，具体如下：

第一，利用 EST 数据库发现新基因（电脑克隆）找到与克隆有关的 EST 后，用电子 cDNA 文库进行筛选，通过生物信息学软件进行分析和查询，最终获得一个基因的全长 cDNA。

第二，通过保守区克隆基因即利用同源蛋白质的保守序列或同源基因进行电子筛选，进一步拼接、延伸，从而获得全长的 cDNA。

第三，从大规模 cDNA 文库测序的序列中确定新基因首先确定获得的 cDNA 是否为基因全长 cDNA，确定是否有典型的 ORF 及 3' 端和 5' 端。而后可以通过网上搜索确定是否为新的基因。采用同源比对方法，若通过检验则为新的基因。

2. DNA 重组技术

重组 DNA 分子的构建是通过 DNA 连接酶在体外作用完成的。DNA 连接酶催化 DNA 上裂口两侧（相邻）核苷酸裸露 3' 羟基和 5' 磷酸之间形成共价结合的磷酸二酯键，使原来断开的 DNA 裂口重新连接起来。由于 DNA 连接酶还具有修复单链或双链的能力，因此它在 DNA 重组、DNA 复制和 DNA 损伤后的修复中起着关键作用。特别是 DNA 连接酶具有连接 DNA 平齐末端或黏性末端的能力，这就促使它成为重组 DNA 技术中极有价值的工具。

重组质粒构建的基本过程：首先是一个环状载体分子从一处打开（酶切）而直线化，它的一端连上目标 DNA 片段的一端，另一端与相应 DNA 片段的另一端相连，重新形成一个含有外源 DNA 片段的新的环化分子。这种连接的结果有两种可能：一种是正向连接，另一种是反向连接。只有正向连接的 DNA 分子才能表达出正常的功能。这需要对重组分子转化后加以判别，严格的做法还需要对正确连接的重组分子进行序列分析。目的基因与载体重组连接的方式需根据不同的情况而确定。

(1) 根据外源 DNA 片段末端的性质同载体上适当的酶切位点相连实现基因的体外重组。外源 DNA 片段通过限制性内切酶酶解后其所带的末端有以下三种可能:

第一，用两种不同的限制酶进行酶切产生带有非互补突出的黏性末端片段，而分离出的外源基因片段末端同载体上的切点相互匹配时，则通过 DNA 连接酶连接后即产生定向重组体。

第二，当用一种酶酶切产生带有相同黏性末端时，外源 DNA 片段的末端与其相匹配的酶切载体相连接时，在连接反应中有可能发生外源 DNA 或者载体自身环化或形成串联寡聚物的情况。要想提高正确连接效率，一般要将酶切过的线性载体双链 DNA 的 5' 端经碱性磷酸酶处理去磷酸化，以防止载体 DNA 自身环化；同时要仔细调整连接反应混合液中两种 DNA 的浓度比例，以便使所需的连接产物的数量达到最佳水平。

第三，产生带有平头末端的片段。当外源 DNA 片段为平头末端时，其连接效率比黏性末端 DNA 的连接要低得多。因此要得到有效连接，其所需要的 DNA 连接酶、外源基因及载体 DNA 的浓度要高得多。加入适当浓度的聚乙二醇可以提高平头末端 DNA 的连接效率。

(2) 当在载体的切点以及外源 DNA 片段两端的限制酶切位点之间不可能找到恰当的匹配位点时，可采用下述方法加以解决:

第一，在线状质粒的末端和 / 或外源 DNA 片段的末端用 DNA 连接酶接上接头或衔接头。这种接头可以是含单一或多个限制性酶切位点，然后通过适当的限制酶酶解后进行重组。

第二，使用大肠杆菌 DNA 聚合酶 I 的 KLenow 片段部分补平 3' 凹端。这一方法往往可将无法匹配的 3' 凹端转变成平头末端，而与目的基因完成连接。

3. 重组 DNA 导入受体细胞

外源目的基因与载体在体外连接重组后形成 DNA 分子，该重组 DNA 分子必须导入适宜的受体细胞中才能使外源的目的基因得以大量扩增或者表达。这个导入及操作过程成为重组 DNA 分子的转化。对于能够接受重组 DNA 分子并使其稳定维持的细胞被称为受体细胞。显然，并不是所有细胞都可以被作为受体细胞，一般情况下，受体细胞应该符合的条件有：①便于重组分子的导入；②能够使重组分子稳定存在于分子中；③便于重组体的筛选；④遗传稳定性好，易于扩大培养和发酵生产；⑤安全性好，无致病性，不会造成生物污染；⑥便于外源基因蛋白表达产物在细胞内积累或者促进高效分泌表达；⑦具有较好的转译后加工机制，便于源于真核目的基因的高效表达。

基因工程常用的受体细胞有原核生物细胞、真菌细胞、植物细胞和动物细胞。

采用哪种细胞作为受体细胞需要根据多体细胞的特点、重组基因和基因表达产物来决定。

(1) 受体细胞的种类。

第一，原核生物受体细胞。原核生物细胞是较理想的受体细胞类型，它具有结构简单 (无细胞壁、无核膜)、易导入外源基因、繁殖快、分离目的产物容易等特点。至今被用于受体菌的原核生物有大肠杆菌、枯草芽孢杆菌、蓝细菌等，大肠杆菌应用的情况较多。在商品化的基因工程产品中，人胰岛素、生长素和干扰素都是通过大肠杆菌工程菌生产出来的。

第二，真菌受体细胞。真菌是低等真核生物，其基因的结构、基因的表达调控机制以及蛋白质的加工及分泌都有真核生物的机制，因此利用真菌细胞表达高等动植物基因具有原核生物细胞无法比拟的优越性。常用的真菌受体细胞有酵母菌细胞、曲霉菌和丝状真菌等。如利用曲霉菌作为受体细胞生产凝乳酶、白细胞介素 –6；利用丝状真菌中的青霉菌属、工程头孢菌属作为受体细胞分别生产青霉素和头孢菌素等；利用重组酵母菌成功生产的异源蛋白质的例子很多，如生产牛凝乳酶、人白细胞介素 –1、牛溶菌酶、乙肝表面抗原、人肿瘤坏死因子、人表皮生长因子等。

第三，植物受体细胞。植物细胞具有细胞壁，外源 DNA 的摄入相对于原核生物细胞较难，但经过去壁后的原生质体同样可以摄入外源 DNA 分子。原生质体在适宜的培养条件下再生细胞壁，继续进行细胞分裂，从植物细胞培养与转基因植株的再生两条途径都可以表达外源基因产物。另外，即使没有去掉细胞壁，采用基因枪法和通过农杆菌介导法同样可以使外源基因进入植物细胞。

植物细胞作为受体细胞的最大优越性就是植物细胞的全能性，即每一个植物细胞在适宜的条件下 (包括培养基与培养条件) 都具有发育成一个植株的潜在能力。也就是说，外源基因转化成功的细胞可以发育形成一个完整的转基因植株而稳定地遗传下来。因此植株基因工程发展十分迅速，成功的例子最多，在生产上已经产生效益的转基因植物有烟草、番茄、拟南芥、马铃薯、矮牵牛、棉花、玉米、大豆、油菜及许多经济作物。

第四，动物受体细胞。动物细胞作为受体细胞具有一定的特殊性。动物细胞组织培养技术要求高，大规模生产有一定难度。但动物细胞也有明显的优点：①能够识别和除去外源真核基因中的内含子，剪切加工成成熟的 mRNA；②对源于真核基因的表达蛋白在翻译后能够正确加工或者修饰，产物具有较好的蛋白质免疫原性；③易被重组的质粒转染，遗传稳定性好；④转化的细胞表达的产物分泌到培养基中，易提取纯化。

早期多采用动物生殖细胞作为受体细胞，培养了一批转基因动物；而近期通过体细胞培养也获得了多种克隆动物，因此动物体细胞同样可以作为转基因受体细胞。目前用作基因受体动物主要有猪、羊、牛、鱼、鼠、猴等，主要生产天然状态的复杂蛋白或者动物疫苗以及动物的基因改良。

（2）重组 DNA 分子转化受体细胞的方法。将重组质粒转入受体细胞的方法有很多，不同的受体细胞转化方法不同，相同的受体细胞也有多种转化方法。例如，针对大肠杆菌受体细胞，有 Ca^{2+} 诱导法、电穿孔法、三亲本杂交结合转化法等；以植物细胞作为受体细胞，则采用叶盘转化法、基因枪法、花粉管通道法等。

第一，Ca^{2+} 诱导法转化大肠杆菌。以下是利用 Ca^{2+} 诱导法将外源 DNA 转化为大肠杆菌的基本过程：

制备感受态细胞：感受态细胞是指处于能够吸收周围环境中 DNA 分子的生理状态的细胞。Ca^{2+} 诱导法就是利用 $CaCl_2$ 诱导大肠杆菌形成感受态，能够容易接受外源质粒。

DNA 分子转化感受态细胞：将制备好的感受态细胞加入 NTE 缓冲液溶解的外源 DNA 中，在适宜的条件下促使感受态细胞吸收 DNA 分子。

在 LB 培养基上筛选转化因子。

第二，叶盘法转化植物细胞。叶盘法通常用在双子叶植物细胞的基因转化上。因为最初的做法是将植物叶片切成圆盘，让工程农杆菌侵染而再生转化芽体，得名叶盘法，又称为农杆菌介导法。当农杆菌侵染植物细胞时，细菌本身留在细胞间隙中，而 Ti 质粒上的 T–DNA 单链在核酸内切酶的作用下被加工、剪切，然后转入植物细胞核中，整合到植物细胞的染色体上，进而完成外源基因转化植物细胞的过程。留在农杆菌体内的 Ti 质粒缺口经过 DNA 复制而复原。该基因转化过程是一个复杂的遗传工程。

第三，基因枪法转化植物细胞对于单子叶植物（农杆菌侵染较难）及特殊材料如愈伤组织、胚状体、原球茎、胚、种子等适宜采用基因枪法直接转化效果较好。基因枪法又称为微弹轰击法，其基本的原理是将外源 DNA 包被在微小的金粉或钨粉表面，然后在高压的作用下微粒被高速射入受体细胞或者组织。微粒上的外源 DNA 进入细胞后，整合到植物染色体上，得到表达，进而实现基因的转化。

基因枪主要由点火装置、发射装置、挡板、样品室及真空系统等部分组成。目前已经有十几种植物采用基因枪法获得了转基因植株，包括水稻、玉米、小麦三大谷类作物。基因枪法在植物细胞器转化过程中显示了明显的优势。

二、生物技术中的细胞工程

细胞工程是应用细胞生物学和分子生物学方法，借助工程学的试验方法或技术，在细胞水平上研究改造生物遗传特性和生物学特性，以获得特定的细胞、细胞产品或新生物体的有关理论和技术方法的学科。广义的细胞工程包括所有的生物组织、器官及细胞离体操作和培养技术。狭义的细胞工程则是指细胞融合和细胞培养技术。根据研究对象不同，细胞工程可分为动物细胞工程和植物细胞工程。微生物细胞工程归类为发酵工程范畴。

细胞工程是生物工程的一个重要方面。按照需要改造的遗传物质的不同操作层次，可将细胞工程学分为染色体工程、染色体组工程、细胞质工程和细胞融合工程等方面。

(一) 细胞工程的内涵

1. 染色体工程

染色体工程是按人们的需要来添加或削减一种生物的染色体，或用别的生物的染色体来替换。可分为动物染色体工程和植物染色体工程两种：动物染色体工程主要采用对细胞进行微操作的方法（如微细胞转移方法等）来达到转移基因的目的；植物细胞染色体工程目前主要是利用传统的杂交、回交等方法来达到添加、消除或置换染色体的目的。

2. 染色体组工程

染色体组工程是改变整个染色体组数的技术。自从1937年秋水仙素用于生物学后，多倍体的工作得到了迅速发展，如得到四倍体小麦、八倍体小黑麦、三倍体西瓜等。

3. 细胞质工程

细胞质工程又称为细胞拆合工程，是通过物理或化学方法将细胞质与细胞核分开，再进行不同细胞间核质的重新组合，重建成新细胞。可用于研究细胞核与细胞质的关系的基础研究和育种工作。

1981年，瑞士学者伊梅恩斯等用灰鼠的细胞核注入除去了精核的卵内，然后将这个由黑鼠细胞质和灰鼠细胞核组成的卵体外培养，形成胚胎后再移植到白色雌鼠的子宫里，经过21天的发育，得到的仔鼠是灰色的，说明仔鼠的性状取决于细胞核的来源。这一技术的成功与完善对于优良家禽的无性繁殖和濒临绝迹的珍贵动物的传种意义重大。

4. 细胞融合工程

细胞融合工程是用自然或人工的方法使两个或几个不同细胞融合为一个细胞的过程。细胞融合工程可用于产生新的物种或品系，如“番茄马铃薯”“拟南芥油菜”和“蘑菇白菜”等。用这种体细胞融合的技术，如今已在动物间实现了小鼠和田鼠、小鼠和小鸡，甚至小鼠和人等许多远缘和超远缘的体细胞杂交。虽然目前动物的杂交细胞还只停留在分裂传代的水平，不能分化发育成完整的个体，但对理论研究和基因定位具有重大意义。

细胞融合工程还广泛应用于单克隆抗体的生产。单克隆抗体技术是利用克隆化的杂交瘤细胞（细胞融合所得）分泌高度纯一的单克隆抗体，具有很高的实用价值，在诊断和治疗病症方面有着广泛的应用前途。

（二）植物细胞工程

植物细胞工程是细胞工程的一个重要组成部分，是以植物细胞为基本单位进行培养、增殖或按照人们的意愿改造细胞的某些生物学特性，从而创造新的生物和物种，以获得具有经济价值的生物产品的学科。

植物细胞工程包括植物组织（器官）培养技术、细胞培养技术、原生质体融合与培养技术、亚细胞水平的操作技术等。伴随着相关理论与技术的飞速发展，植物细胞工程取得了巨大的成就。在已经研究过的二百余种植物细胞培养中，可产生三百余种有用成分，其中包括不少临床上广为应用的重要药物，如长春碱、地高辛、东莨菪碱、小檗碱和奎宁等。许多药用植物细胞培养都十分成功，如人参、西洋参、长春花、紫草和黄连等。已报道的植物原生质体的培养研究有近200种植物获得了全能性的表达，其中大部分属于双子叶植物的茄科、伞形科、十字花科植物。单子叶植物的禾本科，特别是禾谷类和一些重要的双子叶植物的原生质体培养，一度被国际公认为难题，但通过科学家们坚持不懈的努力，终于在1985—1989年由日本、法国、中国、英国在水稻上首先取得突破。

植物细胞工程涉及多种实际操作技术，基本的技术自然是培养技术，基础的技术是无菌操作技术。按照培养的方式分为固体培养和液体培养。按照培养的材料不同，主要形式有植物组织培养、细胞培养、花药及花粉培养、离体胚培养以及原生质体培养。每一种都还可以细分为更具体的小类。

（三）动物细胞工程

动物细胞工程是应用现代细胞生物学、发育生物学、遗传学和分子生物学的原理方法与技术，按照人们的需要，在细胞水平上进行遗传操作，包括细胞融合、核质移植等方法，快速繁殖和培养出人们所需要的新物种的生物工程技术。动物细胞培养是从动物机体中取出相关的组织，将它们分散成单个细胞，然后放在适宜的培养基中进行生长、增殖的过程。动物细胞工程常用的技术手段有动物细胞培养、动物细胞融合、单克隆抗体、胚胎移植、核移植等。其中，动物细胞培养技术是动物细胞工程的技术基础。

动物细胞培养液的成分包括糖、氨基酸、无机盐、促生长因子、微量元素等。将细胞所需的上述物质按其种类和所需数量严格配制而成的培养基，称为合成培养基。由于动物细胞生活的内环境还有一些成分尚未研究清楚，所以需要加入动物血清以提供一个类似生物体内的环境，因此在使用合成培养基时，通常需加入血清、血浆等一些天然成分。

动物细胞培养的基本过程是：取动物胚胎或幼龄动物器官、组织。将材料剪碎，并用胰蛋白酶（或胶原蛋白酶）处理（消化），形成分散的单个细胞，将处理后的细胞移入培养基中配成一定浓度的细胞悬浮液。悬浮液中分散的细胞很快就贴附在瓶壁上，成为细胞贴壁。当贴壁细胞分裂生长到互相接触时，细胞就会停止分裂增殖，出现接触抑制。此时需要将出现接触抑制的细胞重新使用胰蛋白酶进行处理后，再配成一定浓度的细胞悬浮液。

另外，原代培养就是从机体取出后立即进行的细胞、组织培养。当细胞从动植物中生长迁移出来，形成生长晕并增大以后，科学家接着进行传代培养，即将原代培养细胞分成若干份，接种到若干份培养基中，使其继续生长、增殖。通过一定的选择或纯化方法，从原代培养物或细胞系中获得的具有特殊性质的细胞称为细胞株。在动物细胞培养基中添加胰岛素可促进细胞对葡萄糖的摄取。

第三节　生物技术中的酶工程与发酵工程

一、生物技术中的酶工程

酶是具有生物催化功能的生物大分子，按照其化学组成，可以分为蛋白质类酶（P 酶）和核酸类酶（R 酶）。蛋白质类酶主要由蛋白质组成，核酸类酶主要由核糖核酸（RNA）组成。

目前已发现的酶有 7000 种以上。它们分布于细胞的不同细胞器中，催化细胞生长代谢过程中的各种生物化学反应。在直径不足 2 μm 的细菌细胞中，就有 1000 多种酶参与生物催化反应。细胞生命代谢中的化学反应都是在酶的催化作用下进行的。没有酶的存在，生命就会停止。

酶与生物科学密切相关。酶既是分子生物学研究的重要对象，又是研究生物学的重要工具。酶作为基因的切割工具，具有独到的作用，它能够用于基因分离与重组。在基因工程研究中，多种工具酶相继发现，使得基因体外操作成为现实。工具酶成为基因工程的三大重要支撑技术之一。

(一) 酶工程技术

所谓酶工程，就是在一定的生物反应器中，利用酶的催化作用，将相应的原料转化成有用物质的技术。而且酶工程在生物工程中占据极其重要的地位，没有酶的作用，任何生物工程技术都不可能实现。

概括地说，酶工程包括酶制剂的生产和应用两个方面。

虽然已知酶的种类有7000多种，但实际上已被运用的仅有几十种。已经能够实现工业化生产的酶有淀粉酶、糖化酶、蛋白酶、葡萄糖异构酶等，其中碱性蛋白酶用于加酶洗涤剂，占据酶销售额的首位，青霉素固化酶用于医疗，占世界用量的第二位。

在初期，酶制剂主要源于动植物材料，当今酶的来源主要是微生物。生产酶制剂的过程包括酶的产生、提取、纯化和固定化等步骤。

1. 酶的产生、提取和纯化

(1) 酶的产生。酶普遍存在于动物、植物和微生物体内。人们最早是从植物的器官和组织中提取酶的。例如，从胰脏中提取蛋白酶，从麦芽中提取淀粉酶；现在，酶大都来自微生物发酵生产，这是因为同植物和动物相比，微生物具有容易培养、繁殖速度快和便于大规模生产等优点。只要提供必要的条件，就可以利用微生物发酵来生产酶。

(2) 酶的提取和纯化。从微生物、动植物细胞中得到含有多种酶的提取液后，为了从混合液中获得所需要的某一种酶，必须将提取液中的其他物质分离，以达到获得纯化酶的目的。

2. 酶的固定化

酶的固定化技术是先将纯化的酶连接到一定的载体上，使用时将被固定的酶投放到反应溶液中，催化反应结束后又能将被固定的酶回收。

固定化酶的技术是1969年日本首先研制成功，现在该方法已经应用到多种酶的生产中。固定化酶一般是呈膜状、颗粒状或粉状的酶制剂，它在一定的空间范围内催化底物反应。

3. 固定化细胞

利用胞内酶制作固定化酶时，先要把细胞打碎，才能将里面的酶提取出来，这就增加了酶制剂生产的工序和成本。直接固定细胞同样可以提供我们人体所需的酶(胞内酶)，因此固定化细胞同样可以代替酶进行催化反应。例如，将酵母细胞吸附到多孔塑料的表面上或包埋在琼脂中，制成的固定化酵母细胞，可以用于酒类的发酵生产。

(二) 酶的发酵生产

商业用酶源于动植物组织和某些微生物。传统上由植物组织提供的酶有蛋白酶、淀粉酶、氧化酶和其他酶，由动物组织提供的酶主要有胰蛋白酶、脂肪酶和凝乳酶。但是，从动物组织或植物组织中大量提取的酶，经常会涉及技术、经济以及伦理上的问题，许多传统的酶源已远远不能适应当今世界对酶的需求。为了扩大酶源，人们正越来越多地求助于微生物。微生物作为酶生产的主要来源有这些原因：①生物生长繁殖快、世代时间短、产量高；②微生物培养方法简单，生产原料来源丰富、价格低廉、机械化程度高、经济效益高；③微生物菌株种类繁多，酶的品种齐全；④微生物有较强的适应性和应变能力，可以通过适应、诱导、诱变及基因工程等方法培育出新的产酶菌种。

虽然如此，但能够用于酶工业化生产的微生物种类还是十分有限的。主要是使用未经检验的微生物进行生产存在产品毒性与安全性问题。基于这个原因，目前大多数工业微生物酶的生产，都局限于使用仅有的极少数的真菌或细菌。另外，产酶菌株的筛选也有较严格的标准。

1. 产酶优良菌种的筛选

(1) 优良菌株的标准。优良的产酶菌种是提高酶产量的关键，筛选符合生产需要的菌种是发酵生产酶的首要环节，一个优良的产酶菌种应具备的特点包括：①繁殖快、产量高、生产周期短；②适宜生长的底物低廉易得；③产酶性能稳定、不易退化、不易受噬菌体侵袭；④产生的酶容易分离纯化；⑤安全可靠，非致病菌，不会产生有毒物质。

(2) 筛选过程。产酶菌种的筛选方法主要包括含菌样品的采集、菌种分离、产酶性能测定及复筛等。对于产生胞外酶的菌株，经常采用分离、定性和半定量测定相结合的方法，在分离时就基本能够预测菌株的产酶性能。

胞外酶产酶菌株的筛选操作如下：将酶的底物和培养基混合倒入培养皿中制成平板，然后将待测菌涂布在培养基表面，如果菌落周围的底物浓度发生变化，即证明它产酶。

如果是对产生胞内酶的菌株进行筛选，则可采用固体培养法或液体培养法来确定。

第一，固体培养法将菌种接入固体培养基中保温数天，用水或缓冲液将酶抽提，测定酶活力，这种方法主要适用于霉菌。

第二，液体培养法将菌种接入液体培养基后，静置或振荡培养一段时间（视菌种而异)，再测定培养物中酶的活力，通过比较，筛选出产酶性能较高的菌种。

(3) 产酶常用的微生物。按照产酶微生物的筛选标准，常用的产酶微生物有以下类型：

第一，细菌是工业上有重要应用价值的原核微生物。在酶的生产中，常用的有大肠杆菌、枯草芽孢杆菌等。大肠杆菌可以用于生产多种酶，如谷氨酸脱羧酶、天冬氨酸酶、青霉素酰化酶等；枯草芽孢杆菌可以生产 *a*- 淀粉酶、蛋白酶、碱性磷酸酶等。

第二，放线菌常用于酶发酵生产的放线菌，主要是链霉菌。链霉菌是生产葡萄糖异构酶的主要微生物，同时也可以生产青霉素酰化酶、纤维素酶、碱性蛋白酶、中性蛋白酶、几丁质酶等。

第三，霉菌是一类丝状真菌，用于酶生产的霉菌主要有黑曲霉、米曲霉、红曲霉、青霉、木霉、根霉、毛霉等，生产的酶种类有糖化酶、果胶酶、淀粉酶、酸性蛋白酶、葡萄糖氧化酶、过氧化氢酶、核糖核酸酶、脂肪酶、纤维素酶、半纤维素酶、凝乳酶等 20 多种酶。

第四，常用于产酶的酵母有啤酒酵母和假丝酵母。啤酒酵母除了主要用于酒类的生产外，还可以用于转化酶、丙酮酸脱羧酶、醇脱氢酶的生产。假丝酵母可以用于生产脂肪酶、尿酸酶、转化酶等。

2. 基因工程菌株 (细胞)

基因工程技术可以将未经批准的产酶微生物的基因或由生长缓慢的动植物细胞产酶的基因，克隆到安全的、生长迅速的、产量很高的微生物体内，形成基因工程菌株，然后发酵生产。基因工程技术还可以通过增加基因的拷贝数来提高微生物产生的酶数量。目前，世界上最大的工业酶制剂生产厂商丹麦诺维信公司，生产酶制剂的菌种约有 80% 是基因工程菌。至今已有 100 多种酶基因克隆成功，包括尿激酶基因、凝乳酶基因等。

要构建一个具有良好产酶性能的基因工程菌株，必须具备良好的宿主—载体系统。

理想的宿主应具备以下特性：

(1) 载体与宿主相容，携带酶基因的载体能在宿主体内稳定维持。

(2) 菌体容易大规模培养，生长无特殊要求，且能利用廉价的原料。

(3) 所产生的目标酶占总蛋白量的比例较高，且能以活性形式分泌。

(4) 宿主菌对人安全，不分泌毒素。

自然界蕴藏着巨大的微生物资源，在发现的微生物中，有 99% 的微生物是在实验室内使用常规的培养方法培养不出的。现在人们可以采用新的分子生物学方法直接从这类微生物中探索和寻找有开发价值的新的微生物菌种、基因和酶。目前，科学家们热衷于从极端环境条件下生长的微生物中筛选新的酶，主要研究嗜热微生物、嗜冷微生物、嗜盐微生物、嗜酸微生物、嗜硫微生物和嗜压微生物等。这就为新酶种和酶的新功能开发提供了广阔的空间。目前，在嗜热微生物的研究方面取得了可喜的进展，如耐高温的淀粉酶和DNA聚合酶等已得到广泛应用。

3. 微生物酶的发酵生产

微生物酶的发酵生产是指在人工控制的条件下，有目的地利用微生物培养来生产所需的酶，其技术包括培养基和发酵方式的选择及发酵条件的控制管理等方面的内容。

(1) 培养基。

第一，碳源。碳源是微生物细胞生命活动的基础，是合成酶的主要原料之一。工业生产上应考虑原料的价格及来源，通常使用各种淀粉及它们的水解物（如糊精、葡萄糖等）作为碳源。在微生物发酵过程中，为减少葡萄糖所引起的分解代谢物的阻遏作用，采用淀粉质材料或它们的不完全水解物比葡萄糖更有利。一些特殊的产酶菌需要特殊的碳源才能产酶，如利用黄青霉生产葡萄糖氧化酶时，以甜菜糖蜜作碳源不产生目的酶，而以蔗糖为碳源产酶量显著提高。

第二，氮源。氮源可分为有机氮和无机氮。选用何种氮源因微生物或酶种类的不同而不同，如用于生产蛋白酶、淀粉酶的发酵培养基，多数以豆饼粉、花生饼粉等为氮源，因为这些高分子有机氮对蛋白酶的形成有一定程度的诱导作用；而利用绿木霉生产纤维素酶时，应选用无机氮为氮源，因为有机氮会促进菌体的生长繁殖，对酶的合成不利。

第三，无机盐类。有些金属离子是酶的组成成分，如钙离子是淀粉酶的成分之一，也是芽孢形成所必需的金属离子。无机盐一般在低浓度情况下有利于酶产量的提高，而高浓度则容易产生抑制。

第四，生长因子。生长因子是指细胞生长所必需的微量有机物，如维生素、氨基酸、嘌呤碱、嘧啶碱等。有些氨基酸还可以诱导或阻遏酶的合成，如在培养基中添加大豆的酒精抽提物，米曲霉的蛋白酶产量可提高约2倍。

第五，pH。在配制培养基时应根据微生物的需要调节pH。一般情况下，多数细菌、放线菌生长的最适pH为中性至微碱性，而霉菌、酵母则偏好微酸性。培养基的pH不仅会影响微生物的生长和产酶，而且对酶的分泌也有一定影响。如用米曲霉生产淀粉酶，当培养基的pH由酸性向碱性偏移时，胞外酶的合成减少，而胞内酶的合成增多。

(2) 酶的发酵生产方式。酶的发酵生产方式有两种：一种是固体发酵，另一种是液体深层发酵。固体发酵法用于真菌的酶的生产，其中用米曲霉生产淀粉酶，以及用曲霉和毛霉生产蛋白酶在我国已有悠久的历史。这种培养方法虽然简单，但是操作条件不易控制。随着微生物发酵工业的发展，现在大多数的酶都是通过液体深层发酵培养生产的。液体深层培养应注意控制以下条件：

第一，温度。温度不仅会影响微生物的繁殖，而且会显著影响酶和其他代谢产物的形成和分泌。一般情况下产酶温度低于最适生长温度，例如，酱油曲霉蛋白合成酶合成的最适温度为28℃，而其生长的最佳温度为40℃。

第二，通气和搅拌。需氧菌的呼吸作用要消耗氧气，如果氧气供应不足，将影响微生物的生长发育和酶的产生。为提高氧气的溶解度，应对培养液加以通气和搅拌。但是通气和搅拌应适当，以能满足微生物对氧的需求为妥，过度通气对有些酶(如青霉素酰化酶)的生产会有明显的抑制作用，而且剧烈搅拌和通气容易引起酶蛋白变性失活。

第三，pH的控制。在发酵过程中要密切注意控制培养基pH的变化。有些微生物能同时产生几种酶，可以通过控制培养基的pH以影响各种酶之间的比例，例如，当利用米曲霉生产蛋白酶时，提高pH有利于碱性蛋白酶的形成，降低pH则主要产生酸性蛋白酶。

(3)提高酶产量的措施。在酶的发酵生产过程中，为了提高酶的产量，除了选育优良的产酶菌株外，还可以采用其他措施，如添加诱导物、控制阻遏物浓度、添加表面活性剂、添加产酶促进剂等。

第一，添加诱导物。对于诱导酶的发酵生产，在发酵培养基中添加诱导物能使酶的产量显著增加。诱导物一般可分为三类：①酶的作用底物：如青霉素是青霉素酰化酶的诱导物；②酶的反应产物：如纤维素二糖可诱导纤维素酶的产生；③酶的底物类似物：例如，异丙基-β-D-硫代半乳糖苷对β-半乳糖苷酶的诱导效果比乳糖高几百倍。使用最广泛的诱导物是不参与代谢的底物类似物。

第二，控制阻遏物浓度。微生物酶的生产会受到代谢末端产物的阻遏和分解代谢物阻遏的调节。为避免分解代谢物的阻遏作用，可采用难以利用的碳源，或采用分批添加碳源的方法使培养基中的碳源保持在不至于引起分解代谢物阻遏的浓度。例如，在半乳糖苷酶的生产中，只有在培养基中不含葡萄糖时，才能大量诱导产酶。对于受末端产物阻遏的酶，可通过控制末端产物的浓度使阻遏解除。例如，在组氨酸的合成过程中，10种酶的生物合成受到组氨酸的反馈阻遏，若在培养基中添加组氨酸类似物，如2-噻唑丙氨酸，可使这10种酶的产量增加10倍。

第三，添加表面活性剂。在发酵生产中，非离子型的表面活性剂常被用作产酶促进剂，但它的作用机制尚未明确；可能是由于它的作用改变了细胞的通透性，使更多的酶从细胞内透过细胞膜泄漏出来，从而打破胞内酶合成的反馈平衡，提高了酶的产量。此外，有些表面活性剂对酶分子有一定的稳定作用，可以提高酶的活力，例如，利用霉菌发酵生产纤维素酶，添加 1% 的吐温可使纤维素酶的产量提高几倍到几十倍。

第四，添加产酶促进剂。产酶促进剂是能提高酶产量但作用机制尚未阐明的物质，它可能是酶的激活剂或稳定剂，也可能是产酶微生物的生长因子，或是有害金属的螯合剂，例如，添加植物钙可使多种霉菌的蛋白酶和橘青霉的 5'- 磷酸二酯酶的产量提高 2 ~ 20 倍。

(三) 酶的提取与分离技术

酶的提取与分离纯化是指将酶从细胞或其他含酶原料中提取出来，再与杂质分离而获得所需酶的过程。主要内容包括细胞破碎、酶的提取、沉淀分离、离心分离、过滤与膜分离、层析分离、电泳分离、萃取分离、结晶、干燥等。

1. 细胞破碎

除胞外酶外，绝大多数酶都存在于细胞内部。为了获得细胞内的酶，首先要收集细胞、破碎细胞，让酶从细胞内释放出来，然后进行酶的提取和分离纯化。

细胞的破碎方法可以分为机械破碎法、物理破碎法、化学破碎法和酶促破碎法等。在实际应用时应当根据具体情况选择适宜的细胞破碎方法，有时也应当采用两种或者两种以上的方法联合使用，从而达到较好的破碎效果。

2. 酶的提取

酶的提取是指在一定条件下，用适当的溶液或溶剂处理含酶原料，使酶溶解到溶剂中来，实际上就是酶的抽提过程。

酶提取时，溶剂的选择与酶的结构和溶解性质有关。一般来说，极性物质易溶于极性溶剂中，非极性物质易溶于非极性有机溶剂中，酸性物质易溶于碱性溶液中，碱性物质易溶于酸性溶液中。

根据酶的结构特点，绝大部分酶都能够溶于水中，通常可以采用稀酸、稀碱、稀盐溶液进行提取；如果有些酶与脂类物质结合或者带较多的非极性基团，则采用有机溶剂进行提取。

3. 沉淀分离

沉淀分离是通过改变某些条件或添加某些物质，使酶的溶解度降低，从溶液中沉淀析出与其他溶质分离的技术过程。

沉淀分离的方法主要有盐析沉淀法、等电点沉淀法、有机溶剂沉淀法、复合沉淀法等。

4. 离心分离

离心分离是借助于离心机旋转所产生的离心力，使不同大小、不同密度的物质分离的技术过程。根据离心机最大转速的不同，可以分为低速离心机、高速离心机和超速离心机三种。

低速离心机的最大转速在 8000 r/min。在酶的分离纯化过程中，主要用于细胞、细胞碎片和培养基残渣等固形物的分离，也可用于酶的结晶等较大颗粒的分离。

高速离心机的最大转速为（1 ~ 2.5）× 10^4 r/min。在酶的分离纯化过程中，主要用于细胞碎片和细胞器的分离。为防止高速离心时产生高温导致酶变性失活所配置的冷冻降温装置，被称为高速冷冻离心机。

超速离心机的最大转速达到（2.5 ~ 12）× 10^4 r/min。主要用于 DNA、RNA、蛋白质等生物大分子以及细胞器和病毒的分离纯化、沉降系数和相对分子质量的测定等。超速离心机的要求较高，均配置有冷冻系统、控温系统、真空系统、制动系统和安全系统等。

5. 过滤与膜分离

过滤是借助于过滤介质将不同大小、不同形状的物质分离的技术过程。可以作为过滤介质的物质有滤纸、滤布、纤维、多孔陶瓷和各种高分子膜等。根据过滤介质的不同，过滤可以分为膜过滤和非膜过滤。将粗滤及部分微滤采用高分子膜以外的物质作为过滤介质，称为非膜过滤；而大部分微滤以及超滤、反渗透、透析、电渗析等采用各种高分子膜作为过滤介质，称为膜过滤或膜分离技术。

根据过滤介质截留的物质颗粒大小不同，过滤可以分为粗滤、微滤、超滤和反渗透四大类。

6. 层析分离

层析分离是根据混合液中各组分的物理化学性质（分子的大小和形状、分子极性、吸附力、分子亲和力、分配系数）的不同，将各组分以不同比例分配在两相中。其中一相为固定的，称为固定相；另一相为流动的，称为流动相。当流动相流经固定相时，各组分以不同的速度移动，从而使不同的组分分离纯化。

分离酶常用的层析方法有吸附层析、分配层析、离子交换层析、凝胶层析和亲和层析等。

7. 电泳分离

带电离子在电场中向着与其本身所带电荷相反的电极移动的过程称为电泳。物质颗粒在电场中的移动方向为：带正电荷的颗粒向电场的阴极移动；带负电荷的颗粒则向阳极移动；净电荷为零的颗粒在电场中不移动。颗粒在电场中的移动速度主要取决于其本身所带的净电荷量，同时受颗粒形状和大小的影响。此外还受电场强度、溶液的 pH、离子强度及支持体的特性等外界条件的影响。

电泳的方法有多种。按照使用的支持体的不同，可以分为纸电泳、薄层电泳、薄膜电泳、凝胶电泳、自由电泳和等电聚焦电泳等。

在酶学研究中，电泳技术主要用于酶的纯度鉴定、酶的分子质量测定、酶等电点测定以及少量酶的分离纯化。

8. 萃取分离

萃取分离是利用物质在两相中的溶解度不同而使其分离的技术。萃取中的两相一般为互不相溶的两个液相或其他流体。按照两相的组成不同，萃取可以分为有机溶剂萃取、双水相萃取、超临界萃取等。

（1）有机溶剂萃取。有机溶剂萃取的两相分别为水相和有机溶剂相，利用溶质在水和有机溶剂中溶解度的不同而达到分离。用于萃取的有机溶剂主要有乙醇、丙酮、丁醇、苯酚等。

（2）双水相萃取。双水相萃取的两相分别为互不相溶的两个水相。利用溶质在两个互不相溶的水相中溶解度的不同而达到分离。双水相萃取中使用的双水相一般是按一定比例组成的互不相溶的盐溶液和高分子溶液，或者两种互不相溶的高分子溶液。

（3）超临界萃取。超临界萃取又称为超临界流体萃取，是利用欲分离物质在超临界流体中溶解度的不同而达到分离的一种萃取技术。超临界流体的物理特性和传质特性介于液体和气体之间，具有和液体同样的溶解能力，其萃取速度很高；但其随温度和压力的变化，超临界流体转变为气体，使萃取的物质很容易从超临界流体中分离出来。在超临界流体中，不同的物质具有不同的溶解度，溶解度大的物质容易与溶解度少或不溶解的物质分离。目前，在超临界萃取中最常用的超临界流体是 CO_2。CO_2 超临界点的温度为 31.3℃，超临界压力为 7.3 MPa，超临界密度为 0.47 g/mL。特别适合生物活性物质的提取和分离。

9. 结晶

结晶是溶质以晶体形式从溶液中析出的过程。酶的结晶是酶分离纯化的一种手段。酶在结晶之前，酶液必须经过纯化达到一定纯度和浓度。通常在 50% 以上的纯度才能结晶，纯度越高越容易结晶；同样，浓度也是结晶的一个很重要的因素，浓度过低无法析出结晶。此外，在结晶过程中还要控制好温度、pH、离子强度等结晶条件，才能得到结构完整、大小均一的晶体。

结晶的方法很多，主要有盐析结晶法、有机溶剂结晶法、透析平衡结晶法和等电点结晶法等，其原理与沉淀分离的原理类似。

10. 干燥

干燥是将固体、半固体或浓缩液中的水分或其他溶剂除去一部分，以获得含水分较少的固体物质的过程。酶经过干燥后，可以提高酶的稳定性，利于产品保存、运输和使用。常用的干燥方法有真空干燥、冷冻干燥、喷雾干燥、气流干燥和吸附干燥等。

二、生物技术中的发酵工程

(一) 发酵工程的定义与条件

1. 发酵工程的定义

工业上的发酵是指利用微生物制造对人类有用的产品，如制造工业原料或工业产品的过程，包括厌氧培养和通气培养。厌氧培养的生产过程，如酒精、乳酸的生产等；通气培养的生产过程，如抗生素、氨基酸、酶制剂的生产等。发酵工程主要是指在最适发酵条件下，发酵罐中大量培养细胞和生产代谢产物的工艺技术，根据各种微生物的特性，在有氧或无氧条件下利用生物催化（酶）的作用，将多种低值原料转化成不同的产品的过程。

发酵工程由三部分组成：上游工程、发酵工程和下游工程。其中上游工程包括优良菌株的选育、最适发酵条件（营养组成、pH、温度等）的确定、营养物的准备等；下游工程指从发酵液中分离和纯化产品的技术。

2. 发酵工程的必备条件

(1) 某种适宜的微生物。

(2) 保证或控制微生物进行代谢的各种条件，即培养基的组成、温度、溶氧浓度、pH 等。

(3) 微生物发酵需要的设备。

(4) 提取菌体、代谢产物或精制产品的方法和设备。

(二) 发酵工程的内容

发酵工程主要包括菌种的培养和选育、发酵条件的优化、发酵反应器的设计和自动控制、产品的分离纯化和精制等。除食品工业外，还有化工、医药、冶金、能源开发、污水处理、防腐、防霉等开发，给发酵工程带来了新的发展前景。目前已知具有生产价值的发酵类型有以下五种：

1. 微生物菌体发酵

微生物菌体发酵是以获得菌体为目的的发酵方式。传统的菌体发酵工业有面包制作的酵母发酵及食品的微生物菌体蛋白发酵两种类型；现代的菌体发酵工业常用来生产一些药用真菌，如香菇类、天麻共生的密环菌以及获得名贵中药茯苓的茯苓菌和获得灵芝多糖的灵芝等药用真菌。通过发酵生产的手段可以生产出与天然药用真菌具有同等疗效的药用产物。

2. 微生物酶发酵

酶普遍存在于动、植物和微生物中。最初，人们都是从动、植物组织中提取酶，但目前工业应用的酶大多来自微生物发酵，因为微生物具有种类多、产酶面广、生产容易和成本低等特点。微生物酶制剂有广泛的用途，多用于食品和轻工业中，如微生物生产的淀粉酶和糖化酶用于生产葡萄糖，氨基酰化酶用于拆分 DL– 氨基酸等。酶也用于医药生产和医疗检测中，如青霉素酰化酶用来生产半合成青霉素所用的中间体 6– 氨基青霉烷酸、胆固醇氧化酶用于检查血清中胆固醇的含量、葡萄糖氧化酶用于检查血中葡萄糖的含量等。

3. 微生物代谢产物发酵

微生物代谢产物的种类很多，已知的有 37 个大类，其中 16 类属于药物。在菌体对数期所产生的产物，如氨基酸、核苷酸、蛋白质、核酸、糖类等，是菌体生长繁殖所必需的。这些产物称作初级代谢产物，许多初级代谢产物在经济上具有相当的重要性，分别形成了各种不同的发酵工业。

在菌体生长静止期，某些菌体能合成一些具有特定功能的产物，如抗生素、生物碱、细菌毒素、植物生长因子等。这些产物与菌体生长繁殖无明显关系，称作次级代谢产物。次级代谢产物多为低分子质量化合物，但其化学结构类型多种多样，据不完全统计多达 47 类。由于抗生素不仅具有广泛的抗菌作用，而且具有抗病毒、抗癌和其他生理活性，因而得到了大力发展，并且已成为发酵工业的重要支柱。

4. 微生物的转化发酵

微生物转化发酵是利用微生物细胞的一种或多种酶，把一种化合物转变成结构相关的更有经济价值的产物。可进行的转化反应包括脱氢反应、氧化反应、脱水反应、缩合反应、脱羧反应、氨化反应、脱氨反应和异构化反应等。

最古老的生物转化就是利用菌体将乙醇转化成乙酸的醋酸发酵。生物转化还可用于把异丙醇转化成丙醇继而转化成二羟基丙酮；将葡萄糖转化成葡萄糖酸，进而转化成 2– 酮基葡萄糖酸或 5– 酮基葡萄糖酸；以及将山梨醇转变成 L– 山梨糖等。此外，微生物转化发酵还包括甾类转化和抗生素的生物转化等。

5. 生物工程细胞的发酵

生物工程细胞的发酵是指利用生物工程技术所获得的细胞，如 DNA 重组的工程菌、细胞融合所得的杂交细胞等进行培养的新型发酵，其产物多种多样。如用基因工程菌生产胰岛素、干扰素、青霉素、酚化酶等，用杂交瘤细胞生产用于治疗和诊断的各种单克隆抗体等。

（三）发酵工程工艺

1. 发酵工业生产中的菌种

（1）发酵工业化的菌种。菌种资源非常丰富，广泛分布于土壤、水和空气中，尤以土壤中为最多。有的微生物从自然界中分离出来就能够被利用，有的需要对分离到的野生菌株进行人工诱变，得到突变株才能被利用。当前发酵工业所用菌种的总趋势是从野生菌转为变异菌、从自然选育转向代谢控制育种、从诱发基因突变转向基因重组的定向育种。工业生产上常用的微生物主要是细菌、放线菌、酵母菌和霉菌，其他微生物有担子菌、藻类。由于发酵工程本身的发展以及遗传工程的介入，藻类、病毒等也正在逐步地变为工业生产用的微生物。微生物资源不仅丰富，而且潜力还很大，需要更多的人去发掘，使之为人类造福。

在进行发酵生产之前，必须从自然界分离得到能产生所需产物的菌种，并经过分离、纯化及选育后或是经基因工程改造后的“工程菌”才能供给发酵使用。为了能保持和获得稳定的高产菌株，还需要定期进行菌种纯化和育种，为工业生产保证高产量和高质量的优良菌株。

（2）发酵工业所用菌种必备的条件。为了保证发酵的效益，必须要求使用高质量的工业用菌种，一般要具备的条件是：①菌种细胞的生长活力强，接种后在发酵罐中能迅速生长；②生理性状稳定；③菌体总量和浓度能满足大容量发酵罐的要求；④无杂菌污染（不带杂菌）；⑤生产能力稳定。

2. 培养基

（1）培养基的种类。培养基是人们提供微生物生长繁殖、生物合成各种代谢产物需要的多种营养物质的混合物。培养基的成分和各组分的比例，对微生物的生长、发育、代谢以及产物积累，甚至对发酵工业的生产工艺都有很大影响。培养基的种类很多，根据营养物质的来源可分为自然培养基、半合成培养基、合成培养基等。依据其在生产中的用途，可将培养基分成孢子培养基、种子培养基和发酵培养基等。孢子培养基是供制备孢子培养用的；种子培养基是供孢子发芽和菌体生长繁殖用的；发酵培养基是供菌体生长繁殖和合成大量代谢产物用的。

（2）发酵培养基的组成。发酵培养基的组成和配比由于菌种不同、设备和工艺不同以及原料来源和质量不同而有所差别。因此，需要根据不同要求考虑所用培养基的成分与配比。但是综合所用培养基的营养成分，都是由碳源、氮源、无机盐类（包括微量元素）、生长因子、水等几类构成的。

3. 发酵工艺

发酵工艺一向被认为是一门艺术，需要多年的经验才能掌握。发酵生产受到很多因素和工艺条件的影响，即使是同一种生产菌种和培养基配方，不同厂家的生产水平也不尽相同。生物发酵工艺多种多样，但是基本上都是受种子的质量、发酵原料、灭菌条件、发酵条件和过程控制等因素的影响。

(1) 种子制备工艺。菌种的扩大培养就是把保藏的菌种，即砂土管或冷冻干燥管中处于休眠状态的生产菌种接入试管斜面活化，再经过扁瓶或摇瓶和种子罐，逐级扩大培养后达到一定的数量和质量的纯种培养过程。这些纯种的培养物称为种子或菌种。

种子制备过程可分为以下两大阶段：

第一，实验室种子制备阶段从琼脂斜面至固体培养基扩大培养 (如茄子瓶斜面培养等) 或液体摇瓶培养。

第二，生产车间种子制备阶段种子罐扩大培养。

发酵产物的产量、成品的质量与菌种性能以及孢子和种子的制备情况密切相关。先将储存的菌种进行生长繁殖，以获得良好的孢子，再用所得的孢子制备足够量的菌丝体，供发酵罐发酵使用。种子制备有不同的方式，有的从摇瓶培养开始，将所得摇瓶种接入种子罐进行逐级扩大培养，称为菌丝进罐培养；有的将孢子接入种子罐进行扩大培养，称为孢子进罐培养。采用哪种方式和多少培养级数，取决于菌种的性质、生产规模的大小和生产工艺的特点。种子制备一般使用种子罐，扩大培养级数通常为二级。对于不产孢子的菌种，经试管培养直接得到菌体，再经摇瓶培养后即可作为种子罐种子。

(2) 灭菌。在生物化学反应中，特别是对各种微生物的培养过程中，要求在没有任何杂菌污染的情况下进行，而生物反应系统中又常常有比较丰富的营养物质，极易滋生杂菌，从而使生物反应受到破坏，产生的不良后果一般为：基质或产物因杂菌的消耗而损失，产物的提取更加困难，甚至发生噬菌体污染，生产菌被裂解而导致生产失败。因此，大多数培养过程要求必须在严格无菌的条件下培养，必须对生产设备及参与反应的所有介质 (生产菌除外) 进行灭菌处理。

第一，灭菌方法。灭菌是指用物理或化学的方法杀灭或去除物料及设备中所有生命物质的过程。常用方法有化学药剂灭菌、射线灭菌、干热灭菌、湿热灭菌、过滤除菌。

湿热灭菌为最基本的灭菌方法，湿热灭菌一般是在120℃维持20～30min。过滤除菌是利用过滤方法阻拦微生物达到除菌的目的，工业上利用此方法制备无菌空气。在产品的提取中，也可用超滤得到无菌产品。

第二，培养基灭菌。培养基的灭菌大多采用湿热方法灭菌，灭菌方式有分批法和连续法两种。分批灭菌也称为实罐灭菌，是将配制好的培养基放入发酵罐或者其他容器中，通入蒸汽，将培养基和所有设备一起灭菌，实验室或者中小型发酵罐常采用这种方法。连续灭菌是在配制好的培养基向发酵罐输送的同时加热、保温和冷却，完成整个灭菌过程，也称为连消。

第三，空气除菌。微生物在繁殖和好氧性发酵过程中都需要氧，一般是以空气作为氧源，被通入发酵系统，空气必须经过除菌后才能通入发酵液。根据国家药品生产质量管理规定规范的要求，生物制品、药品的生产场地也需要符合空气洁净度的要求，并有相应的管理手段。其中发酵用空气比较典型，空气除菌过程是一项十分重要的环节，除菌的方法很多，其中过滤除菌是空气除菌的主要手段之一。

空气过滤除菌流程为：空压机→冷却→分油水→总过滤器→分过滤器。

(3) 发酵。发酵是微生物合成大量产物的过程，是整个发酵工程的中心环节，是在无菌状态下进行纯种培养的过程，所用的培养基和培养设备，通入的空气或中途的补料都是无菌的，转移种子也要采用无菌接种技术。发酵罐内部的代谢变化(菌体浓度、主要营养成分的含量、pH、溶氧浓度和产物浓度等)是比较复杂的，特别是次级代谢产物发酵，它受许多因素的影响。因而在发酵过程中要进行工艺过程控制。

4. 发酵操作方式

根据操作方式的不同，发酵过程主要有分批发酵、连续发酵和补料分批发酵三种类型。

(1) 分批发酵。所谓分批发酵是指在一封闭培养系统内具有初始限制量基质的一种发酵方式，每批发酵所需时间的总和为一个发酵周期。营养物和菌种一次加入进行培养，与外部没有物料交换。它除了控制温度和 pH 及通气以外，不进行任何其他控制，操作简单。

分批培养系统只能在一段有限的时间内维持微生物的增殖，微生物处在限制性条件下的生长，表现出典型的生长周期。接种后的一段时间内，菌体浓度几乎不增长，这一时期被称为延滞期。生产上要求尽可能缩短适应期，办法是通过使用适当的种子和接种量，即采用生长旺盛期（对数期）的种子和加大接种量。经过一段时间后，养分已基本消耗，产物不断分泌产生，生长逐渐减速直至中止生长。随着细胞的大量繁殖，培养基中的营养物质迅速消耗，加上有害代谢物的积累，细胞的生长速率逐渐下降，进入减速期。因营养物质耗尽或有害物质的大量积累，使细胞浓度不再增大，这一阶段为静止期或稳定期。此时，细胞的浓度达到最大值。分批培养是常用的培养方法，广泛用于多种发酵过程。

（2）连续发酵。所谓连续发酵，是指以一定的速度向发酵罐内添加新鲜培养基，同时以相同的速度流出培养液，维持发酵液的体积不变。在这种稳定的状态下，微生物所处的环境条件，如营养物浓度、产物浓度、pH 等都能保持恒定，微生物细胞的浓度及其生长速率也可维持不变，甚至还可以根据需要来调节生长速度。

连续发酵使用的反应器可以是搅拌罐式反应器，也可以是管式反应器。根据所用罐数，罐式连续发酵系统又可分为单罐连续发酵和多罐连续发酵。

如果在反应器中进行充分的搅拌，则培养液中各处的组成相同，且与流出液的组成相同，成为一个连续流动搅拌罐式反应器。连续发酵的控制方式有两种：一种为恒化法，维持一定的体积，通过恒定输入的养料中某一种生长限制因子的浓度来控制菌体浓度；另一种为恒浊法，即利用浊度来检测细胞的浓度，通过自控仪表调节输入料液的流量，以控制培养液中的菌体浓度达到恒定值。

与分批发酵相比，连续发酵具有的优点是：①在稳定的条件下，产物、产率和产品质量也相应保持稳定；②容易实现机械化和自动化，降低劳动强度；③缩短生产时间，提高设备利用率；④过程易优化，有效地提高发酵产率。但是容易染菌、菌种易变异、设备要求较高、适应面不广。

由于上述情况，目前连续发酵主要用于研究工作中，如发酵动力学参数的测定、过程条件的优化试验等，而在工业生产中的应用还不多。连续培养方法可用于面包酵母和饲料酵母的生产，广泛地应用于污水处理系统。有一种培养方法则是把固定化细胞技术和连续培养方法结合起来，用于生产丙酮、丁醇、正丁醇、异丙醇等重要工业溶剂。

（3）补料分批发酵。补料分批发酵也称为半连续发酵或者半连续培养，它是以分批培养为基础，间歇或连续地补加新鲜培养基的一种发酵方法，是介于分批发酵和连续发酵之间的一种发酵技术。通过向培养系统中补充物料，可以使培养液中的营养物浓度较长时间地保持在一定范围内，既保证了微生物的生长需要，又不会造成不利影响，从而达到提高产率的目的。

在20世纪初，人们就知道在酵母培养基中，假如麦芽汁太多，会使其生长过旺，造成供氧不足，供氧不足会产生厌氧发酵生成乙醇，减少菌体的产量。因此，采用降低麦汁初始浓度的方法，让微生物生长在营养不太丰富的培养基中。在发酵过程中再补加营养，用这一方法可大大提高酵母的产量，阻止乙醇的生成。如今，补料发酵的应用范围已相当广泛，包括单细胞蛋白、氨基酸、生长激素、抗生素、维生素、酶制剂、有机酸等生产，几乎遍及整个发酵行业。随着发酵过程自动控制中的应用和研究，补料分批发酵技术将日益发挥出巨大的优势。

补料分批发酵与分批发酵相比，其特点在于使发酵系统中维持很低的基质浓度。

优点：①可以维持适当的菌体浓度；②避免在培养基中积累有毒代谢物。

补料分批发酵可以分为两种类型：单一补料分批发酵和反复补料分批发酵。在开始时投入一定量的基础培养基，到发酵过程的适当时期，开始连续补加碳源或(和)氮源，或(和)其他必需基质，直到发酵液体积达到发酵罐最大操作容积后，停止补料，最后将发酵液一次全部放出，这种操作方式称为单一补料分批发酵。反复补料分批发酵是在单一补料分批发酵的基础上，每隔一定时间按一定比例放出一部分发酵液，使发酵液体积始终不超过发酵罐的最大操作容积，从而在理论上可以延长发酵周期，直至发酵产率明显下降，才最终将发酵液全部放出。

第四节　生物技术在农业中的应用

一、分子育种

(一) 生物技术在诱导植物雄性不育中的应用

许多植物中都存在雄性不育的现象，是基因自然突变的结果。利用现代生物技术方法可以诱导植物雄性不育，从而产生新的不育材料，为育种服务。人们已在基因工程技术、组织培养、原生质体融合、体细胞诱变和体细胞杂交等方面进行了有益的探索，并取得了一定的成就。

植物雄性不育从基因控制水平方面可分为细胞质雄性不育和核雄性不育。细胞质雄性不育性状既有核基因控制又有核外细胞质基因控制，表现为核质相互作用的遗传现象。植物细胞质雄性不育是研究植物的线粒体遗传、叶绿体遗传和核遗传的极好材料。可以结合性状遗传、细胞遗传、分子遗传进行研究。

在农业生产中以此理论为基础，建立了三系育种体系：①不育系——其雄蕊中的花药是不育的，无法实现传粉受精作用，而其雌蕊是可育的；②保持系——其作用是给不育系授粉，杂交后代仍然保持雄性不育性状；③恢复系——该品系含恢复基因，给不育系授粉后其后代是可育的，并且能够形成杂种优势，从而提高农作物产量与品质。

植物核雄性不育性状是由细胞核内基因控制的，目前的研究认为多数是由核内一对等位基因调控的。有的核雄性不育基因会受到外界光照或温度等因素的影响。

随着雄性不育研究的不断深入和研究技术的不断改进，产生可遗传的不育性状的技术方法有很多，主要包括基因工程技术、远缘杂交核置换、辐射诱变、体细胞诱变、组织培养、原生质体融合和体细胞杂交等。远缘杂交核置换仍然是目前培育植物雄性不育的主要方法。

植物雄性不育及杂种优势利用已成为现代粮食作物和经济作物提高产量、改良品质的一条重要途径，无论是其理论研究还是实践应用，都日益受到各国科学界和政府的广泛重视。我国作为一个人口大国，这方面的工作显得更加重要，杂交水稻的大面积推广和杂种优势的理论研究均被列入国家的863计划和攀登计划等重大研究计划中，并已取得令世人瞩目的巨大成就。

(二) 生物技术培育抗逆性作物品种

抗逆包括抗病、抗虫、抗盐碱、抗旱、抗涝、抗寒。利用苏云金杆菌毒蛋白对鳞翅目昆虫的特异毒性作用是在抗病虫基因工程中应用最成功的；利用转基因的山梨醇 –6– 磷酸脱氢酶或甘露醇 –3– 磷酸脱氢酶抗盐碱已初获成效；利用转基因厌氧条件下酒精脱氢酶抗涝，利用歧化酶和过氧化物酶抗寒的工作也初见成效。

1. 培育抗除草剂作物

草甘膦是一种广谱除草剂，它具有无毒、易分解、无残留和不污染环境等特点，得到了广泛的应用。它的靶位是植物叶绿体中的一个重要酶——内丙酮莽草酸磷酸合成酶（EPSP），草甘膦通过抑制 EPSP 的活性而阻断了芳香族氨基酸的合成，最终导致受试植株死亡。目前已从细菌中分离出一个突变株，它含有抗草甘膦的 EPSP 突变基因。把抗草甘膦基因引入植物，可使这种基因工程作物获得抗草甘膦的能力。此时若用草甘膦除草，则可选择性地除掉杂草，而这种作物因不受损害而生长。美国科学家已成功地将这种突变了的抗草甘膦的 EPSP 基因引入烟草中，转化植株提升了抗草甘膦的能力。

膦丝菌素是非选择性的除草剂，也是植物谷氨酰胺合成酶（GS）的抑制剂。GS 在氨的同化作用和氨代谢过程中起关键作用，而且也是唯一的一种氨解毒酶。GS 在植物细胞中的代谢过程中也非常重要，抑制 GS 的酶活性将导致植物体内氨的迅速积累，并最终引起其死亡。

2. 培育抗病虫作物

由于传统的杂交育种技术受植物种属的限制，杂交后代在接受了亲本的某些优良性状的同时也可能接受其不良性状，需要长时间、多世代的大量选育，才能获得理想的优良品种，大大限制了育种工作的进展，不能满足农业生产高速发展的需要。在抗虫育种方面，由于人们对害虫与宿主植物之间相互作用的复杂关系、植物本身的抗虫性能等了解甚微，所以植物（特别是林木）抗虫育种工作远远落后于其他改良农作物性状的遗传育种进程。

20世纪80年代以来，植物生物技术的迅速发展和以苏云金杆菌内毒素基因为主的各种杀虫蛋白基因的发现和克隆激发了人们开始用基因工程手段进行抗虫育种的研究。利用植物基因工程技术可以打破种属间难以杂交的界限，将任何来源的有用基因很快转入植物染色体上，从而有目的地快速改变植物的性状。将杀虫蛋白基因转入植物，获得对某些昆虫的抗性已成为一条植物抗虫育种的新途径，即分子抗虫育种。通过这一途径获得的抗虫转基因植物可以一定的方式（组成型、诱导型、发育调控型或组织特异型等）表达抗虫基因。这种抗虫植物的应用可避免反复喷洒农药、有的部位不易喷药及有的生物杀虫剂在自然界不稳定等缺点，节约人力和物力，减少农药造成的环境污染，在促进农林业生产和改善人类生存环境方面发挥巨大的经济和社会效益。

3. 转基因作物品质改良

改良品质涵盖的范围十分广泛，包括改良作物的蛋白质、淀粉、油脂、铁、维生素和甜味的含量或品质，改良花卉的花色、形态、香味、花期和光周期，改良棉花的保暖性、色泽强度、长度等纤维品质，改良马铃薯加工性能，降低作物中的有毒、过敏源等有害成分，改良饲料作物和牧草的营养成分及其可消化性等。

2000年，瑞士科学家将黄水仙中的3个合成 β－胡萝卜素的基因转入稻米中，培育成富含 β－胡萝卜素的金大米（第一代金大米），在国际上引起了轰动，但其中的 β－胡萝卜素含量仅为1.6 mg/kg。2005年，英国先正达种子公司开发出第二代金大米，转入玉米中的对应基因。与第一代金大米相比，第二代金大米中 β－胡萝卜素的含量达到前者的20多倍，科学家们甚至计划将 β－胡萝卜基因、增加铁离子和蛋白质的基因等聚合到水稻中，使之具有更全面的营养功能。

编码异戊烯基转移酶（ipt）在番茄子房中表达可提高内源细胞激动素的水平，他们采用的ipt基因来自土壤农杆菌，启动子在番茄子房特异表达，用农杆菌转化，转基因番茄的子房中细胞激动素含量比未转化的高2～3倍。经过3年大田试验和选育，转基因株系果实总可溶固型物含量得到显著提高，有些株系糖酸比提高。此项研究说明，提高细胞激动素水平可加强对糖和有机酸沉积的强度。对番茄工业来说，增加果实固型物意味着降低运输成本以及与水分蒸发相关的番茄酱加工的成本；对鲜番茄市场来说，果实固型物、糖和有机酸的增加可以给鲜果以风味，因此增加番茄果实固型物具有重要的经济意义。

二、无土栽培

无土栽培是指利用无机营养液或无机营养液加基质直接向植物提供生育必需的营养元素，代替由土壤和有机质向植物提供营养的栽培方式，是一种不用土壤，而使用溶解于水的各种盐类所配制的营养液和其他非土基质及适当的设备来栽培作物的农业高新技术。“因其具有病虫害少、节水节肥、栽种灵活、可控性较高等传统土壤栽培难以超越的优越性，目前在世界设施农业中被广泛采用。”① 根据营养液的供给渠道不同，无土栽培可分为固体基质培和液体基质培两类。

(一) 固体基质培

“基质”为整个根的居住层，包括空气、水分和营养物质，可分为无机基质培、有机基质培、有机和无机混合基质培。一般采用床栽、袋栽或盆栽方式，以滴灌软管或滴头配合滴灌管道的方式供应清水或营养液。

1. 无机基质培

以沙、蛭石、珍珠岩、火山岩、石砾和岩棉等为栽培基质，其特点是盐基交换量小、缓冲力差、容重不一，如沙、火山岩、石砾容重偏大，岩棉、蛭石、珍珠岩容重偏小，前几种孔隙度小、透气性较差，后几种孔隙度大、透气性较好，但价格较贵，来源也受一定的限制。这种栽培方式适用于大多数蔬菜作物（如番茄、黄瓜、甜瓜、青椒等）和花卉（如月季、香石竹、菊花和兰花等）的栽培。

2. 有机基质培

以草炭、秸草、谷壳、锯木、树皮、蔗渣、菌渣、果壳等有机废物混配一定量的有机肥（如消毒鸡粪、猪粪、饼肥）为栽培基质，其特点是盐基交换量大，有一定缓冲力，容重轻，孔隙度大，透水、透气性良好，来源方便，成本低廉；但基质过于疏松，保水性能差，也不利于作物的固定。适宜这种栽培方式的作物较为广泛，一般有黄瓜、甜瓜、西瓜、番茄、青椒和茄子，还能应用于草莓及各种鲜切花的栽培，如月季、香石竹和菊花等。

3. 有机、无机混合基质培

有机基质与无机基质各有其优缺点，视其理化性质的差异有选择性地进行基质组合，可以弥补单一基质栽培带来的弊端，使基质的缓冲力增强，容重与总孔隙度更趋合理，通气性与保水力的提高更有利于作物根系的固定与生长发育。比较理想的基质组合有：①草炭与蛭石按 1∶1 比例（体积比）混合；②蛭石、草炭和锯木屑等比例混合；③炉渣、蛭石和草炭按 3∶1∶1 的比例混合；④河砂、蛭石和菌渣等比例混合；⑤蛭石、河砂与老糠按 1∶2∶2 的比例混合。基质间的组合应以 2 ~ 3 种为好，不宜太杂，杂乱的基质反而达不到预期效果。混合基质的容重应以 0.5 g/cm^2 左右为宜，总孔隙度为 60% ~ 96%。混合基质培有利于各种有机肥、生物肥的配合施

① 白百一，李文一，陈杏禹，等．无土栽培基质研究进展 [J]. 现代农业科技，2022(16)：55.

用，降低了肥料成本的同时更有利于生产无污染的绿色蔬菜食品，在生产上比单一基质培应用更为普遍。

(二) 液体基质培

液体基质培指植物根系直接与营养液接触的栽培方法，其显著特征是能够稳定地供给植物根系充足的养分，并能很好地支持、固定根系。液体基质培比较省工、省时，栽培环境幽雅、舒适，但设备投资昂贵，必须保证充足的电力和一套相应的控制设备。在栽培过程中，营养液的成本高、调控难度大，一旦感染病害势必蔓延整个系统，造成毁灭性危害。同时对这种系统需要受过专门训练的人员操作，推广应用难度较大。主要有漂浮水培法、营养液膜法、深液流法、雾培系统、动态浮根系统等方式。

1. 漂浮水培法

漂浮水培法（FHT）的整体设施由栽培槽、管道、原液罐和控制系统构成。其特点是在宽 1m、厚 2 cm 的漂浮板上铺设 2 mm 厚的不织布，上面再垫一层防根布，然后安装滴灌带。这种结构能使根系生长在不织布中，而不直接浸泡在营养液中，加大了根系与空气中氧气的接触面积，促进了根毛的发育，有利于植物的旺盛生长。由于有一层富含营养液的不织布的存在，可以缓解由于突然停电造成的营养液供给中断的意外事件。但是设备耗资大，目前应用不太广泛。

2. 营养液膜法

营养液膜法（NFT）由营养液储液池、泵、栽培槽、管道系统和调控装置构成。营养液通过水泵从储液池抽提到栽培床的高端流出，流经作物根系（0.5 ~ 1 cm 厚的营养液薄层），然后从栽培床的低端通过回液管回到储液池，形成循环式供液系统。其结构简单、投资小、成本低；营养液薄膜循环供液，较好地解决了根系供氧问题；营养液的供应量小，且易更换；设备的清理与消毒较方便。根据栽培需要又可以分为连续式供液和间隙式供液两种类型。间隙式供液既可节约能源，又有利于植株及根系的生长发育，通常是在连续式供液系统的基础上加一个定时器。NFT 系统对速生叶菜的栽培十分理想，如果管理得当，产值很可观。

3. 深液流法

深液流法（DNFT）是由 NFT 法派生出来的一种营养液栽培方法，其系统构成与 NFT 法差不多，栽培床中营养液流的深度一般在 5 ~ 15cm 的范围内变动。我国华南地区气温较高，常采用此系统常年生产一些绿叶蔬菜。

4. 雾培系统

雾培系统中植物的根系处于密闭的栽培槽之内，槽底部铺设一条带喷头的喷雾管道，在喷雾装置的作用下，营养液被雾化，形成细小的雾滴作用于植物的根系，达到灌溉与施肥的目的。为维持植物根系生长在100%的饱和空气湿度中，可通过定时器控制，定时向根系喷雾。

营养液是水、肥的结合体，能使水、肥循环利用，节能环保。雾培技术栽培形式多种多样，不仅适宜于平面栽培，也适宜于平面多层圆柱体和多面体等多种立体栽培形式，还能用于垂直栽培甚至是太空栽培，是一种立体栽培面积大、产量高、应用范围广、栽培形式多的最新技术和前沿技术。此系统不仅对营养液的利用率高，而且保障根系生长处于一种良好的环境中，作物增产幅度大。然而该设施成本高，对技术精度要求也高，目前国内应用较少。

5. 动态浮根系统

动态浮根系统是由 DNFT 派生出来的一种营养液栽培方法，栽培作物的根系生长在液位经常发生变动的营养液中。例如，往栽培床中灌满 8 cm 的水层后，由栽培床内的自动排液器将营养液排出去，使水位降至 4 cm 深度，此时上部根系暴露在空气中，可以吸氧，下部根系浸在营养液中，不断吸收水分和养料。

三、农业工厂——设施农业

设施农业的主要内容是先进的园艺设施和畜禽舍的环境创造、环境控制技术，应用现代技术转变农业生产环境，使自然光、地热等资源得到最充分的利用，形成农产品反季节生产和高效生产，提高农产品产量、质量，促进农业现代化。

设施农业的核心问题是太阳光的利用，关键是覆盖材料。覆盖材料必须具备高透光率、高保温性能，好的覆盖材料还应当具备优化太阳光光波的功能。目前，应用最广泛的设施农业覆盖材料是聚乙烯 /EVA 大棚膜，在这方面我国发展速度最快，产量已经占到全世界的 2/3 以上，我国设施农业的覆盖面积也占世界总量的 2/3 以上，已经应用到蔬菜、水果、花卉、禽畜、渔业、林木育苗、食用菌、中草药生产等各个方面，成为国计民生中不可缺少的设施。

(一) 设施农业在我国的发展

我国设施农业的发展有以下两条路可走：

第一，各级政府拿出大量资金，引进国外最先进的设施农业技术。20 世纪 70 年代以来，各地相继引进了多种配套的设施农业装备，但都无法消化吸收，甚至因为运行成本过高而无法继续使用。有些技术不太切合实际，特别是不适应中国当时的国情，大量资金引进的最先进的设施农业装备，停留在科研院所的试验阶段，没有推广开来。

第二，国内塑料企业自己研制、生产的农用大棚膜，塑料企业和农民直接联手，工厂的技术加上农民摸索的经验，急速发展了中国的设施农业。这种装置最为简单适用，主要有日光温室、塑料大棚、小拱棚和遮阳棚四类。

（二）新型设施农业的结构和内容

新型设施农业的设施由管护房、单体温室、连体温室、露天种植庭院、道路、管网配套设施、节水设施、太阳能设施及生物循环利用设施等组成。管护房为一层或两层，形状多样，由钢筋混凝土建成。单体温室和连体温室主体为钢材，上顶为圆弧或斜面，上铺塑料薄膜或阳光板，侧面可采用透明或不透明材料围墙。单体温室位于管护房和连体温室之间，连体温室由多个相同大小的单体温室组成。管护房、单体温室和连体温室相通。一个管护房和一个单体温室并排对接在连体温室上，形成一个单套新型设施农业。每套新型设施农业的设施交错对接，形成连栋温室，由多个连栋温室组成现代化生态园区。

露天种植庭院由管护房、单体温室、连体温室及公共道路自然围成。院内有污水沉降池、沼气池、雨水储水池。管护房顶有太阳能利用设施，温室顶有节水设施，温室内有温度控制设施及通风设施等。道路两侧绿化带下埋饮水管道和燃气管道，园区的电力及通信采用空中架线，便于维修。

第三章　现代农业中的植物组织培养技术

植物组织培养技术在植物优良品种的快速繁殖、脱毒苗木培育与生产、新品种培育、种质资源保存、植物种苗工厂化生产等方面发挥了巨大的作用，因此广泛应用于农业生产中。本章重点分析植物组织培养技术及其理论依据、植物组织培养苗培养与管理、植物脱毒技术与种质资源的离体保存、植物组织培养技术在农业中的应用。

第一节　植物组织培养技术及其理论依据

一、植物组织培养技术

植物组织培养（简称组培）是指在无菌和人工控制的环境条件下，将植物的外植体（胚胎、器官、组织、细胞或原生质体）培养在人工培养基上，使其再生发育成完整植株的技术。由于培养的植物材料脱离了植物母体，所以又称为植物离体培养。

无菌是指物体或局部环境中无活的微生物存在，这是进行组织培养的基本要求。在组织培养中，只有植物材料、培养基、培养器皿均处于无菌条件下，并通过人工控制适宜的温度、光照、湿度、气体等，才能使植物材料在离体条件下正常生长和发育。一切用于植物组织培养的接种材料均称为外植体。从理论上说，所有的植物细胞与组织材料都能培养成功。但实际上接种的外植体不同，培养的难易程度也不同。

“植物组织培养技术的最大优点在于材料用量少、时间短、诱导量大。快速的繁殖方法还不受季节的影响，为此，利用植物组织培养技术为我们带来了很多便利。” ①

根据培养材料（外植体）、培养过程以及培养基的物理形态，可将植物组织培养分为以下三种类型：

① 路平 . 浅议植物的组织培养 [J]. 农技服务，2017，34(05)：30.

(一) 根据培养材料划分

1. 植株培养

对具有完整植株形态的幼苗进行无菌培养的方法称为植株培养。一般多以种子为材料，以无菌播种诱导种子萌发成苗。

2. 胚胎培养

对植株成熟或未成熟胚以及具胚器官进行离体培养的方法称为胚胎培养。胚胎培养常用的材料有幼胚、成熟胚、胚乳、胚珠或子房等。

3. 器官培养

器官培养指分离根（根尖、根段）、茎（茎尖、茎段）、叶（叶片、叶原基、叶柄、子叶）、花（花瓣、花药、花粉）、果实、种子等作为外植体，在人工合成的培养基上培养，使其发育成完整的植株。

4. 组织培养

分离植物体的各部分组织（如分生组织、形成层组织或其他组织）来进行培养或从植物器官培养产生的愈伤组织来培养，通过分化诱导最后形成植株。这是狭义上的组织培养。

5. 细胞培养

细胞培养是对植物的单个细胞或较小的细胞团的离体培养。常用的细胞培养材料有：性细胞、叶肉细胞、根尖细胞和韧皮部细胞等。

6. 原生质体培养

原生质体培养是对除去细胞壁的原生质体的离体培养，包括原生质体、原生质融合体和原生质体的遗传转化体的培养等。

(二) 根据培养过程划分

1. 初代培养

初代培养是对外植体进行的第一次培养，也称为启动培养或诱导培养。其目的是建立无菌培养物，通常是诱导外植体产生愈伤组织、不定芽、原球茎，或直接诱导侧芽和顶芽萌发，这是植物组织培养中比较困难的阶段。

2. 继代培养

继代培养是将培养一段时间后的外植体或产生的培养物转移到新鲜培养基中继续培养的过程，也叫增殖培养。其目的是防止培养材料老化，或培养基养分耗尽而造成营养不良，以及代谢物过多积累而产生毒害的影响，使培养物能够大量繁殖，并顺利地生长、分化，最终长成完整的植株。

3. 生根培养

生根培养是指诱导无根组培苗产生根，形成完整植株的过程。其目的是提高组培苗移栽后的成活率。

(三) 根据培养基态相划分

1. 固体培养

固体培养是指将培养物放在固体培养基上进行培养。固体培养基是在培养基中加入一定量的凝固剂 (多为琼脂)，使培养基在常温下固化，这是最常用的组织培养方法。

2. 液体培养

液体培养是将培养物放在液体培养基中进行培养。液体培养包括悬浮培养、振荡培养和纸桥培养等方法。

培养基中加入一定量的凝固剂，加热溶解后，分别装入培养用的容器中，冷却后即得到固体培养基。凡不加凝固剂的即为液体培养基。琼脂是常用的凝固剂，适宜浓度为 6 ~ 10 g/L。固体培养基所需设备简单、使用方便，只需一般化学实验室的玻璃器皿和可供调控温度与光照的培养室。但使用固体培养基时，培养物固定在一个位置上，只有部分材料表面与培养基接触，不能充分利用培养容器中的养分，而且培养物生长过程中排出的有害物质的积累，会造成自我毒害，必须及时转移。液体培养基则需要转床、摇床之类的设备，通过振荡培养，给培养物提供良好的通气条件，有利于外植体的生长，避免了固体培养基的缺点。

二、植物组织培养的理论依据

(一) 植物细胞的全能性

在植物有性繁殖过程中，一个受精卵经过一系列的细胞分裂和分化形成各种组织、器官，进而发育成为具有完整形态、结构和机能的植株，表明受精卵具有该物种的全部遗传信息。由合子分裂产生的体细胞同样具备全能性。植物的体细胞含有本物种的全部遗传信息，具有发育成完整植株的潜能。因此，每个植物细胞都与胚胎一样，能经过离体培养再生出完整的植株。

植物细胞的全能性是指生活着的每个细胞中都含有产生一个完整机体的全套基因，在适宜的条件下能够形成一个新个体的潜在能力。植物体的所有细胞都源于一个受精卵的分裂。当受精卵均等分裂时，染色体进行复制，这样分裂形成的 2 个子细胞里均含有与受精卵相同的遗传物质。因此，尽管经过不断的细胞分裂所形成的千千万万个子细胞在分化过程中会形成根、茎、叶等不同器官，但它们具有相同的基因组成，都携带着保持本物种遗传特性所需要的全套遗传物质，即在遗传上具有全能性。因此，只要培养条件适宜，离体培养的细胞就有发育成一株植物的潜在能力。

植物细胞全能性的潜在能力可以理解为，在自然状态下，细胞在植物体内所处位置及生理条件不同，其细胞的分化受各方面因素的调控与限制，致使其所具有的遗传信息不能全部表达出来，只能形成某种特化细胞，构成植物体的一种组织或一种器官的一部分，表现出一定的形态和生理功能，但其全能性的潜力并没有丧失。

细胞全能性的表达能力与细胞分化的程度呈负相关，从强到弱依次为生长点细胞、形成层细胞、薄壁细胞、厚壁细胞（木质化细胞）、特化细胞（筛管、导管细胞）。老化的细胞基因表达会受到制约，致使其功能丧失或功能基因表达不完整。

（二）植物细胞全能性与再生性的实现

细胞全能性表达的条件：细胞离体、无菌、一定的营养物质、植物激素和适宜的外界条件。换言之，细胞在脱离原来所在器官或组织成为离体状态，不再受原植物的控制，在一定的营养、激素和外界条件的作用下，细胞的全能性才能得到充分体现，细胞开始分裂增殖、产生愈伤组织，继而分化器官，并再生形成完整的植株。人们先后发展了四种培养方式：振荡培养、平板培养、悬浮培养和悬滴培养。

成熟植物细胞在离体条件下，经过脱分化、细胞分裂、再分化三个阶段才能形成完整的植株。但在某种情况下，再分化可以直接发生在脱分化的分生细胞中，期间无须生成愈伤组织，可直接分化出芽或根，形成完整植株。细胞的分化是指细胞的形态结构和功能发生永久性适度变化的过程。细胞分化是组织分化和器官分化的基础，同时也是离体培养再分化和植株再生得以实现的基础。

脱分化是由高度分化的植物器官、组织或细胞产生愈伤组织的过程。细胞脱分化的难易程度与植物种类和器官及其生理状况有很大关系，一般单子叶植物、裸子植物比双子叶植物难，成年细胞和组织比幼龄细胞和组织难，单倍体细胞比二倍体细胞难，茎、叶比花难。

再分化是指脱分化产生的愈伤组织重新分化成根或芽等器官的过程，表现为由无结构和特定功能的细胞转变为具有一定结构、执行一定功能的组织和器官，从而构成一个完整的植物体或植物器官。愈伤组织是植物细胞经脱分化不断增殖形成的一团不规则的、具有分生能力而无特定功能的薄壁组织。它既可以在人工培养基上培养形成，也可以在自然生长条件下、在机械损伤或微生物损伤的伤口处产生。在人工培养基上，愈伤组织的形成是一个内、外环境因素相互作用的结果。

在植物中很多是靠种子生长来产生完整的植株，但也有不少可通过根、茎、叶等器官再生而成为完整的植株，这种特性叫细胞的再生性。从植株分离出根、茎、叶的一部分器官，其切口处组织受到了损伤，但这些受伤的部位往往会产生新的器官，长出不定芽和不定根，人们利用这一特点来进行营养繁殖。新器官产生的原因是受伤的组织产生了创伤激素，促进了周围组织的生长而形成愈伤组织，凭借内源激素和储藏营养的作用，就产生了新的器官。而在自然条件下，一些植物的营养器官和细胞难以再生主要是内源激素调整缓慢或不完全、外界条件不易控制等因素所致。在人工控制的条件下，通过对培养基的调整，特别是对激素成分的调整，这些营养器官和细胞就有可能顺利地再生。

第二节　植物组织培养苗培养与管理

一、植物组织培养苗培养

植物组织培养苗的培养分为三个阶段，分别为初代培养、继代培养、生根培养。

（一）植物组织培养苗的初代培养

植物组织培养苗的初代培养是指将外植体从母体上切取下来进行的第一次培养，也就是将准备进行体外无菌培养的组织或器官从母体上取下，经过表面灭菌后，切割成合适的小块或直接置于培养基上进行培养的过程。初代培养的产物为第一代培养物，通过继代培养，其体外繁殖体可供作第二、第三乃至无数代的培养。

由于初代培养的成败直接关系该种植物组织培养是否成功，所以初代培养在植物组织培养的整个过程中尤为关键。初代培养的效果不仅与植物的种类、培养基的成分有关，而且与培养技术有直接关系。

1. 初代培养的目的

初代培养旨在接种外植体后，经过最初的几代培养，获得无菌材料或建立无性繁殖系，包括芽丛、原球茎、胚状体等，为继续进行植物组织培养苗的快速繁殖打下基础。

2. 初代培养的类型

（1）初代培养的分类。根据外植体的不同，初代培养可分为器官培养、胚胎培养、细胞培养、花药培养等。根据培养基的不同，初代培养可分为固体培养、液体培养等。

(2) 营养器官的初代培养。营养器官培养是指植物根、茎、叶的无菌培养。

第一，根的培养。离体根的培养，由于具有生长迅速、代谢活跃及在已知条件下可根据需要增减培养基中的成分等优点，多用于探索植物根系的生理现象及其代谢活动。对离体根培养应用最多的是胡萝卜，用 White 培养基添加 2,4–D(0.01 mg/L) 和 KT（0.15 mg/L）使胡萝卜肉质根形成愈伤组织，将未分化的愈伤组织球形细胞转入含低水平生长素的培养基中，细胞先形成根，再产生不定芽，最后长成小植株。

第二，茎的培养。根据取材部位，茎的培养可分为茎尖培养和茎段培养。关于茎尖培养详见项目八，这里只介绍茎段的培养。茎段培养是指对带有腋（侧）芽或叶柄的数厘米的茎段进行离体培养。由于嫩茎段（当年萌发或新抽出的尚未完全木质化的枝条）的细胞可塑性大，容易离体培养，常作为外植体。在无菌条件下，将经过消毒的茎段切成数厘米长的节段，接种在固体培养基上。茎段可直接形成不定芽或先脱分化形成愈伤组织，再脱分化形成再生苗。把再生苗进行切割，转接到生根培养基上培养，便可得到完整的小植株。

第三，叶的培养。很多植物如天竺葵、秋海棠等的叶片具有很强的再生能力，由于取材方便、数量多且均一性较好，为适宜的外植体。叶片从枝上摘取后，用水冲洗数小时，表面消毒后接种于固体培养基上。叶片在培养基上的生长状况大多依赖于叶片离体时的成熟程度，一般来说，幼叶比成熟叶生长潜力大。很多植物的叶组织在离体培养条件下先形成愈伤组织，然后通过愈伤组织再分化出胚状体、茎、叶和根。

(二) 植物组织培养苗的继代培养

在初代培养的基础上所获得的芽、苗、胚状体和原球茎等，称为中间繁殖体，它们的数量都还不多，需要进一步增殖，使之越来越多，从而充分发挥快速繁殖的优势。继代培养是在初代培养之后的连续数代的增殖培养过程。因此，植物组织培养快速繁殖建立无性繁殖系，正确地选择快速繁殖类型和诱导中间繁殖体是关键技术阶段。

继代培养使用的培养基对于一种植物来说几乎每次都完全相同，由于培养物在接近最好的环境条件、营养供应和激素调控下，排除了其他生物的竞争，所以能够按几何级数增殖。一般情况下，在 4 ~ 6 周内增殖 3 ~ 4 倍是很容易做到的。如果在继代转接的过程中能够有效地防止菌类污染，又能及时地转接继代，一年内就能获得几十万或几百万株小苗。这个阶段就是快速繁殖的阶段。

1. 植物组织培养快速繁殖中间繁殖体发生类型

(1) 无菌短枝型。无菌短枝型又称为无菌微型扦插型。此技术是将待繁殖的材料剪成带1叶的1芽茎段，转入成苗培养基瓶内，经一定时间培养后可长成大苗，再剪成带1叶的1芽茎段，继代培养又成大苗。继代培养时将大苗反复切段转接，重复芽—苗增殖的培养，从而迅速获得较多嫩茎。这种增殖方式被称作“微型扦插”或“无菌短枝扦插”。将一部分嫩茎切段转移到生根培养基上，即可培养出完整的试管苗。这种方法主要利用顶端优势，可用于枝条生长迅速，或对植物组织培养苗质量要求较高的草本植物和一部分木本植物，如菊花、香石竹、马铃薯、丝石竹、葡萄、甘薯、猕猴桃、大丽花、月季等。该技术成苗快，不经过愈伤组织诱导阶段，遗传性状稳定，培养过程简单，适用范围广，移栽容易成活。

(2) 从生芽增殖型。茎尖或初代培养的芽在适宜的培养基上诱导，不断发生腋芽，而成丛生芽。将丛生芽分割成单芽增殖培养成新的丛生芽，如此重复芽生芽的过程，可达到快速大量繁殖的目的。将长势强的单个嫩茎转入生根培养基，诱导生根成苗，扩大繁殖。美国红栌、三角梅、樱桃、砧木等多数木本植物最好采用此种技术进行植物组织培养快速繁殖。这种技术从芽繁殖到芽，遗传性状稳定，繁殖速度快，是茎尖培养和脱毒苗初期培养不可缺少的过程。

(3) 器官发生型。从植物叶片、子房、花药、胚珠、叶柄等，诱导出愈伤组织，从愈伤组织上诱导不定芽，也称为愈伤组织再生途径。杨树、半夏、香花槐等组织培养快速繁殖就是用这种技术。由于容易发生变异，在良种繁殖时应特别注意。烟草、油菜、柑橘、咖啡、小苍兰、虎尾兰、香蕉和棕榈可通过此途径培养获得植株。

(4) 胚状体发生型。利用植物叶片、子房、花药、未成熟胚等诱导体细胞胚胎发生。其发生和成苗过程类似合子胚或种子，但又有所不同，它也通过球形胚、心形胚、鱼雷形胚和子叶形胚的胚胎发育过程，形成类似胚胎的结构，最终发育成小苗。这种胚状体具有数量多、结构完整、易成苗和繁殖速度快的特点，是植物离体无性繁殖最快、生产量最大的繁殖技术，也是人工种子和细胞工程的前提，但须注意试管苗的变异。百合等可通过此途径培养获得植株。

诱导胚状体需要的条件，因植物种类、部位和培养时植物组织细胞所处状况的不同而异，具体可有以下三种情况：

第一，胚状体的产生不需要任何激素和细胞分裂素，如烟草、曼陀罗和水稻等的花药培养，莳萝和茴香的子房培养，四季橘愈伤组织和欧芹叶柄的愈伤组织培养。

第二，培养中需要生长激素或细胞分裂素，或两者的组合，如石龙芮的下胚轴、檀香和石刁柏的愈伤组织培养。有的需要较高的激动素和生长素的配合才能有较高的胚状体发生频率，如颠茄的花药培养。

第三，需先在有激素的培养基上诱导，然后转入低浓度的培养基。由愈伤组织分化出胚状体激素或在无激素的培养基中培养，如石刁柏下胚轴的愈伤组织培养及颠茄细胞的悬浮培养。胡萝卜在诱导愈伤组织时需2,4–D，但由愈伤组织诱导出胚状体时，则需在没有2,4–D的培养基上培养。某些天然产物，如椰汁、西瓜汁、酵母提取物、酪朊水解物或腺嘌呤等都有利于胚状体的发生。

胚状体的诱导与外植体所处生理状况、内源性激素的变化及遗传性等都有密切的关系。

(5) 原球茎型。兰科植物中大多数兰花的培养属于这一种类型。原球茎是一种类胚组织，培养兰花类的茎尖或腋芽可直接产生原球茎，继而分化成植株，也可以继代增殖产生新的原球茎，通过原球茎扩大繁殖，这是"兰花工业"取得成功的关键技术。

2. 无菌短枝型试管苗继代转接技术

(1) 打开超净工作台和无菌操作室的紫外灯，照射20 min。

(2) 照射20 min后关闭紫外灯。

(3) 操作前20 min时超净工作台处于工作状态，让过滤过的空气吹拂工作台面和四周的台壁。

(4) 用水和肥皂洗净双手，穿上灭过菌的专用试验服、鞋子，戴上帽子，进入无菌操作车间。

(5) 用70%酒精擦拭工作台和双手。

(6) 用蘸有70%酒精的纱布擦拭装有培养基的培养器皿，放进工作台。

(7) 把经过灭菌的器械架包装纸打开，注意千万不能用手碰到器械架的内部，过火后放在超净工作台的右前方。弯头剪也按同样的方法打开，过火后放在器皿架上。

(8) 把瓶苗外壁以及瓶口先用蘸有70%酒精的干净纱布擦干净，然后取下封口材料，用酒精灯火焰灼烧瓶口，转动瓶口使瓶口的各个部位均能烧到。

(9) 按照同样的方法对培养基瓶进行擦拭消毒，并打开封口材料灼烧瓶口。

(10) 左手拿接种瓶，右手拿弯头剪，从待转接的试管苗瓶中剪下1 ~ 1.5 cm的茎段，迅速转移到新鲜增殖培养基中。注意在接种过程中，手绝对不能从打开的接种瓶上方经过，以免灰尘和微生物落入造成污染。

(11) 按照这种方法依次剪取茎段、插植，使无菌短枝在增殖培养基中直立并均匀分布，每瓶接种20个茎段。

(12) 一瓶转接完成后，同法灼烧瓶口，然后盖上封口材料。再按同样的方法转接下一瓶，直到瓶苗全部转接完成。

(13) 把接好种的瓶苗，先进行扎口，然后标注好品种名称、培养基种类、接种时间、接种人的代号等。

(14) 接种结束后，把瓶苗放到植物培养车间中培养，清理和关闭超净工作台。

(15) 定期到植物培养车间中观察瓶苗的生长状况。

3. 原球茎型试管苗继代转接技术

(1) ~ (9) 步骤同无菌短枝型试管苗继代转接技术。

(10) 步骤左手拿接种瓶、右手拿镊子，从待转接的试管苗瓶中取出放在无菌接种盘中，用镊子、解剖刀把原球茎和兰花幼苗分别放置，分别把原球茎迅速转移到新鲜增殖培养基中，把兰花幼苗迅速转移到新生根培养基中。注意在接种过程中，手绝对不能从打开的接种瓶上方经过，以免灰尘和微生物落入造成污染。

(11) 步骤按照这种方法在增殖培养基上均匀接种20块左右，兰花幼苗根据情况确定接种数量。

(12) ~ (15) 步骤同无菌短枝型试管苗继代转接技术。

4. 试管苗继代培养的方法

试管苗由于增殖方式不同，继代培养可以用液体培养和固体培养两种方法。

(1) 液体培养。以原球茎和胚状体方式增殖，可以用液体培养基进行继代培养。如兰花增殖后得到原球茎，分切后进行振荡培养 (用旋转、振荡培养，保持22℃恒温，连续光照) 即可得到大量原球茎球状体，再切成小块转入固体培养基，即可得到大量兰花苗。

(2) 固体培养。多数继代培养都用固体培养，其试管苗可进行分株、分割、剪截、剪成 (剪成1芽茎段) 等转接到新鲜培养基上，其容器可以与原来相同，大多数用容量更大的三角瓶、罐头瓶、兰花瓶等，以尽快扩大繁殖。

(三) 植物组织培养苗的生根培养

植物组织培养快速繁殖通过外植体的初代培养以及试管苗的继代培养，往往诱导产生了大量的丛生芽、丛生茎或原球茎。离体繁殖产生的芽、嫩梢和原球茎，一般都需要进一步诱导生根，才能得到完整的植株。

在快速繁殖中，中间繁殖体的快速增殖是很重要的环节，但这一环节不能无限制的运行下去，继代培养次数过多易发生变异，下一环节应该使部分培养物分流到壮苗生根阶段，若不能及时将培养物转到生根培养基上，就会使久不转移的试管苗发黄老化，或因过分拥挤而使无效苗增多，影响移栽成活率，进而造成人、财、物的极大浪费。

1. 生根培养的目的

试管苗的生根培养是使无根苗生根形成完整植株的过程。目的是使中间繁殖体生出浓密而粗壮的不定根，以提高试管苗对外界环境的适应力，使试管苗能成功地移栽到试管外，获得更多高质量的商品苗。试管苗一般需转入生根培养基中或直接栽入基质中促进其生根，并使其进一步长大成苗。

2. 影响试管苗生根的因素

试管苗生根大多属于不定根，根原基的形成与生长素之间有着很重要的关系，但根原基的伸长和生长也可以在没有外源生长素的条件下实现。影响试管苗生根的因素很多，有植物材料自身因素，也有外部因素，如基本培养基、生长调节剂、环境因素等。要提高试管苗的生根率及移栽成活率，就必须考虑这些影响因素。

(1) 植物材料。不同植物种类、不同的基因型、同一植株的不同部位和不同年龄对根的形成和分化具有重要作用。因植物材料的不同，试管苗生根从开始培养到长出一定数量的不定根，快的只需 3 ~ 4 天，慢的则要 3 ~ 4 周甚至更长。一般情况下，扦插生根容易的植物，试管苗生根也容易；相反地，扦插生根困难的植物，试管苗生根也困难。例如核桃树、柿树等扦插生根较困难，则试管苗也难以生根。

此外，生根难易还因取材季节和所处环境条件不同而异。不同植物材料生根的一般规律：木本植物较草本植物难，成年树较幼年树难，乔木较灌木难。但是具体到不同的植物种类也存在着差异，一般营养繁殖容易生根的植物材料在离体繁殖中也容易生根。有些试管苗由于在培养瓶中培养时间过长，茎木质化程度高，形成小老苗，这类苗也很难生根。而生长旺盛幼嫩的试管苗则容易诱导生根。

(2) 培养条件。

第一，温度。一般诱导生根所需要的温度比分化增殖的温度低一些。例如，一般继代培养时的最适温度为 25 ~ 28℃，而生根的适宜温度为 20 ~ 25℃。在较低温度下诱导出的根，质量好而且根的数量也比较适宜，但温度若低于 15℃则影响根的分化和生长。不同植物生根所需的最适温度不同，如草莓继代培养芽的再生的适宜温度为 32℃，生根温度则以 28℃为最好；河北杨试管苗白天温度为 22 ~ 25℃、夜间温度为 17℃时生根速度最快，且生根率也高，可达到 100%。

第二，光照。光照强度和光照时数直接影响试管苗的生根，但对此说法不一。一般认为生根不需要光照，如毛樱桃新梢适当暗培养可使生根率增加 20%；生根比较困难的苹果暗培养可提高其生根率；杜鹃试管嫩茎低光照强度处理也可促进其生根。在生根培养基中添加一定量的活性炭，可以为生根创造一个暗的环境，而且能吸附一些有毒物质，使根不易褐变，有利于根的生长。对于大多数植物来说，光照并不抑制根原基的形成和根的正常生长，因此诱导生根普遍在光照下进行。

第三，pH。试管苗的生根要求在一定的 pH 范围，不同植物对 pH 要求不同，一般为 5.0 ~ 6.0，如杜鹃试管嫩茎的生根与生长在 pH 为 5.0 时效果最好；胡萝卜幼苗切后侧根的形成在 pH 为 3.8 时效果最好；水稻离体种子的根生长在 pH 为 5.8 时效果最好。

（3）基本培养基。试管苗生根是从异养状态向自养状态的转变。培养基中人为提供的丰富营养会使试管苗产生依赖性而不容易生根，所以减少培养基中营养成分的含量可以刺激生根。试管苗的生根对基本培养基的种类要求不严，如MS、B_5、White等培养基，都可用于诱导生根，但是其含盐浓度要适当加以稀释。前面的几种培养基中，除White培养基外，都富含N、P、K盐，均会抑制根的生长。因此，应将它们分别降低到1/2、1/3和1/4，如无籽西瓜在1/2MS时生根较好；硬毛猕猴桃在1/3MS时生根较好；月季的茎段在1/4MS时生根较好；水仙的小鳞茎则在1/2MS时才能生根。

培养基中的其他成分也会影响生根。有人认为铵态氮不利于生根；钙、微量元素中的硼和铁，维生素B_1、维生素B_6、维生素B_{12}均有利于生根；肌醇对生根作用不大，有时甚至起抑制作用。

此外，糖的浓度对试管苗的生根也具有一定的影响。一般低浓度糖有利于试管苗的生活方式由异养向自养转变，提高生根苗的移栽成活率。因此通常生根培养基中糖的含量要比继代培养基中减少一半或更多。例如桉树不定枝生根的最适宜蔗糖浓度为0.25%、马铃薯浓度为1%。但也有植物在高糖浓度下生根较好，如淮山药在蔗糖6%时生根状况最好。

（4）继代培养。试管嫩茎（芽苗）一般随着继代培养次数的增加，其生根能力也有所提高。例如，苹果试管嫩茎继代培养的次数越多则生根率越高；富士苹果在前6代之内生根率低于30%，生根苗的平均根数不足2条，而随着继代次数的增加，到第10代时生根率达80%，12代以后则生根率超过95%；杜鹃茎尖培养中，随培养次数的增加，小插条生根数量明显增加，第四代最高，最后达100%的生根。

3. 生根培养的方法

在培养材料增殖到一定数量后，就要将成丛的苗分离生根，让苗长高长壮以便于移栽。当新梢超过3 cm以上时切除基部存有的愈伤组织，用下列方法诱导生根：

（1）将新梢基部浸入50 mg/L或100 mg/LIBA溶液中处理4 ~ 8h，诱导根原基的形成，再转移至无植物生长调节剂的培养基上促进幼根的生长。

（2）在含有生长素的培养基中培养4 ~ 6天，待有根原基形成后，再进一步培养。

（3）直接移入含有生长素的生根培养基中。

上述三种方法均能诱导出新根，但前两种方法对新根的生长发育更为有利，而第三种方法对幼根的生长有抑制作用，其原因是当根原基形成后，较高浓度生长素的继续存在不利于幼根的生长发育。

二、植物组织培养苗管理

植物组织培养能否成功的关键之一就是能否解决污染的问题。因此，解决污染问题是植物组织培养工作的难题之一。除此之外，还要解决褐化和玻璃化的问题，这样植物组织培养苗才能正常生长。

每种植物都有其最适宜的生长环境，所以要根据不同植物对环境条件的不同要求，通过调控创造适宜的环境条件，使植物组织培养苗生长良好。其中最主要的是光照、温度、湿度和氧气等。植物组织培养苗的管理与调控就是为植物组织培养苗创造最佳生长环境。

(一) 光照与温度

光照对离体培养物的生长发育具有重要作用。通常对愈伤组织的诱导来说，暗培养比光培养更加合适。但器官分化需要光照，并随着试管苗的生长，光照强度需要不断地加强，才能使小苗生长健壮，并促进它从“异养”向“自养”转化，以提高移植后的成活率。普通培养室要求每日光照 12 ~ 16 h，光照强度为 1000 ~ 5000 lx。如果培养材料要求在黑暗条件中生长，可用铝箔或者适合的黑色材料包裹在容器的周围或置于暗室中培养。

植物组织培养苗对温度的调控要求要比光照显得更为突出。不同的植物有不同的最适生长温度，大多数植物最适温度在 23 ~ 32℃。培养室一般所用的温度是 (25 ± 2) ℃，低于 15℃或高于 35℃对植物生长都是不利的。而这些条件又不是固定不变的，它因不同植物、不同外植体或外植体分化的不同阶段而不同。山葵组织培养，其植物组织培养苗的培养温度总保持在 18 ~ 20℃，小苗才分化迅速生长良好，超过 20℃，小苗就显得无精打采，到 23℃小苗叶就开始发黄。而卡特兰组织培养苗要在 23℃以上时才能很好生长。一般菊科组织培养苗的培养温度不宜超过 25℃，仙客来组织培养苗培养温度以 20℃为合适，温度再高就不利于生长，蝴蝶兰则要在 25℃才能很好生长，温度高到 30℃也能生长。所以在植物组织培养苗的培养管理中一定要注意结合植物的实际要求控制培养温度。

由于植物组织培养苗是在空间很小的植物组织培养瓶内生长的，其瓶内温度受外界影响很大，尤其是光照的影响，实践证明植物组织培养瓶在光照的条件下内部温度要比外界温度高 1 ~ 3℃，如果是太阳光的自然光照，相差就更远了，一般要相差 3 ~ 5℃。也就是说，如果采用太阳光光照进行培养，如培养架所处的环境温度是 25℃，则植物组织培养瓶内的温度已达到 30℃，要是在这样的条件下培养仙客来或非洲菊那就很难得到成功。况且自然界太阳光强弱变化无穷，多云时的光照强度与云层散去太阳光直接照射时的光照强度要相差3~5倍。清晨、正午、傍晚太阳光的光照强度相差也在3~6倍，甚至更多。

光照强度的变化都直接影响植物组织培养瓶内温度的变化。特别要注意的是高强度的太阳光照，哪怕是一个小时，都有可能使植物组织培养瓶内温度急剧上升，达到40℃甚至50℃，这样的温度对瓶内的植物组织培养苗来说是致命的，很可能在一个中午就造成几十瓶植物组织培养苗的死亡。所以必须防范在先，保证做到在自然环境发生变化时有相应的措施跟上，如遮光等。

另外，植物组织培养瓶往往是一个个整齐摆放在培养架上的，如果培养架四面不能通风，则在光照的条件下热量很难散去，瓶内温度也会居高不下，对植物组织培养苗生长不利。

1. 光照的调控

(1) 合适的培养室位置，一般选择在阳面，2~3层楼，光照条件会好些，可以节约电源。

(2) 使用电子石英控时器来自动控制人工照明时间。

(3) 培养架排列要与窗玻璃垂直，便于阳光分布均匀。

(4) 中午阳光比较充足时，靠近窗附近处日照太强，要用窗帘遮阳。

2. 温度的调控

(1) 培养室天棚、地面、墙壁要有保温处理。

(2) 用空调或控温仪来调控室内温度。

(3) 每个培养室内尽量培养一种或一类植物，便于调节到植物生长的最适温度。

(二) 湿度

1. 湿度的影响

(1) 培养室的湿度，它的湿度变化随季节和天气的变化而有很大变动，湿度过高或过低都是不利的，过低会造成培养基失水而干枯，或渗透压升高，影响培养物的生长和分化；湿度过高会造成杂菌滋长，导致大量污染。因此，要求室内保持70%~80%的相对湿度。湿度过高时可用除湿机来降湿，过低时可通过喷水来增湿。

(2) 培养器内的湿度，一般来说植物组织培养瓶内的湿度是很高的，它的湿度条件常可保证100%，随时间的延长植物组织培养瓶内的湿度也在变化，但植物组织培养苗在瓶里如果湿度不合适也同样无法正常生长。而瓶内湿度的控制主要是由培养基和封口膜来决定的。瓶内培养基的多少和配制培养基时每升培养基内琼脂的多少都与瓶内湿度有关。一般瓶内培养基很少，其瓶内相对湿度也会较低，反之其瓶内湿度相对也就较高。

在配制培养基时琼脂用量较大，如每升用琼脂粉 7 ~ 8g 配成的培养基发硬，则瓶内湿度不会很高。而每升用琼脂粉 6g 左右配成的培养基则发软，瓶内湿度相对较高。根据不同植物对湿度的不同要求，有时在配培养基时，调整琼脂的用量来满足所要培养的植物对湿度的要求。

2. 湿度的调控

（1）调节室内湿度，通过加湿器来增加湿度，通过除湿机来降低湿度。

（2）调节培养器内湿度，通过增加培养基量、适当减少琼脂用量、使用不透气的封口膜增加湿度；相反则降低湿度。

（三）氧气

植物组织培养中，植物组织培养苗的呼吸需要氧气。

固体培养基主要通过通气性好的瓶盖或瓶塞来增加氧气，液体培养基通过振荡培养来增加氧气。

第三节　植物脱毒技术与种质资源的离体保存

植物病毒病严重地影响了作物的生长，造成产量降低、品质变劣，其危害仅次于真菌病害。危害植物的病毒有几百种，而且目前生产上对病毒病的防治尚无特效药物。因此，国内外多采用组织培养脱毒方法来阻止病毒病的延续传播，以提高植物的产量和品质。植物组织培养脱毒技术在生产实践中已得到广泛应用，并且不少国家已将其纳入常规良种繁育体系，有的还专门建立了大规模的无病毒苗生产基地。

一、常见的脱毒方法

"病毒在植物体内的分布是不均匀的，人们利用这一特点，采取植物茎尖生长点等组织或器官进行组织培养，可以达到脱去病毒、恢复和提高植物的优良品质和性状的目的。"① 所谓脱毒苗，是指不含该种植物的主要危害病毒，即经检测主要病毒在植物体内的存在表现阴性反应的苗木。脱除植物病毒有许多种方法，主要有茎尖及其他组织培养法，以及利用物理、化学技术处理的方法。

① 丁文雅．植物组织培养脱毒技术与检测方法 [J]. 农业科技通讯，2009(03)：75.

(一) 茎尖培养脱毒

1. 取材

对接种的外植体要严格选择，首先供试母株应生长发育正常、健壮并已达到一定的生育期，其次要挑选杂菌污染少、刚生长不久的茎尖，这样不易污染且分生能力强。

为了获得无菌的茎尖，应把供试植株种在无菌的盆土中，放在温室栽培。浇水要浇在土中，不要浇在叶片上。如材料取自田间，可切取插条，在实验室内进行液体培养。由这些插条的腋芽长成的枝条，其污染程度比直接从植株取来的枝条少得多。也可将欲脱毒的材料先进行 1 ~ 2 个月的热处理，以减少带病毒量。

另外，还可以在茎尖生长期预先喷洒内吸杀菌剂 (如 0.1% 多菌灵和 0.1% 链霉素)，以提高灭菌效果。

所用的外植体可以是茎尖，也可以是茎的顶端分生组织。顶端分生组织是指茎的最幼龄叶原基上方的一部分，茎尖则是由顶端分生组织及其下方的 1 ~ 3 个幼叶原基一起构成的。取材可在春秋两季，摘取 2 ~ 3 cm 长的新梢，去掉较大叶片，用自来水冲洗片刻即可消毒。对多年生植物，休眠的顶芽和腋芽也可作为试验材料。植物茎尖分生组织有彼此重叠的叶原基保护，是高度无菌的，但必须对芽进行表面消毒。

2. 外植体灭菌

灭菌一般在超净工作台或无菌室内进行，先把材料浸入 75% 酒精，30 s 后用 10% 漂白粉上清液或 0.1% 升汞消毒 10 ~ 15 min，消毒时可上下摇动，使药液与材料表面充分接触，最后再用无菌水冲洗 3 ~ 5 次，然后放入无菌的容器内待用。

3. 茎尖剥离与接种

在超净工作台上，把消毒过的材料置于双筒解剖镜下的无菌培养皿中，一手用细镊子将茎芽按住，另一手用解剖针仔细将幼叶剥去，直至露出圆滑的生长点。然后，用刀尖仔细地切取带有 1 ~ 2 个叶原基的生长点 (0.2 ~ 0.5 mm)，随即将其接种到培养基上 (顶部向上)。操作要干净利落、动作迅速，茎尖暴露时间越短越好，避免茎尖变干。另外，茎尖切下时，应确保不要与芽的较老部分或解剖镜台或持芽的镊子接触。

4. 培养

茎尖培养脱毒常使用的基本培养基是 MS 培养基或 White 培养基，MS 培养基含有较高浓度的无机盐，对促进组织分化和愈伤组织生长有利。在培养基中可适当添加 5% ~ 10% 椰乳，0.1 ~ 1.0 mg/L 的 IAA、NAA、6–BA 等激素，有的还需要添加活性炭。

茎尖分化增殖所需时间因外植体大小而异，一般需培养 3～4 个月，中间要转换 3～4 次新鲜的培养基，由茎尖长出的新芽，常常能在原来的培养基上生根，也有些植物不能生根，需要经过生根诱导。

(二) 热处理脱毒

1. 热水处理

热水处理就是在 50℃左右的热水中将外植体浸渍数分钟至数小时。此方法虽简便易行，但易伤材料，水温到 55℃时大多数植物会被杀死，所以此方法一般适用于木本植物、休眠芽及接穗的处理。另外，此方法由于温度难以掌握，脱毒效果相对较差，很难达到彻底排除病毒的作用。

2. 热空气处理

热空气处理是让温室盆栽植物在 35～40℃的高温条件下生长发育，切取其处理后所长出的枝条或茎尖进行培养，从而达到脱去病毒的效果。热空气处理对活跃生长的茎尖效果较好，既能消除病毒，又能使寄主植物有较高的存活机会，目前热处理脱毒大多采用这种方法。

热空气处理脱毒的处理温度和时间因植物种类和器官生理状态而异，一般为 35～40℃，短的几十分钟，长则数月。每一种植物有不同的高温处理临界温度，超出这个温度，或温度虽在此范围内但处理时间过长，组织就容易受伤。因此，可以采用变温处理方法，即每天 40℃处理 4 h，16～20℃处理 20 h，这样既可以保持芽眼的活力，又可以清除芽眼中幼叶的病毒。

热处理脱毒技术简单，且不需要耗费太多人力、物力，经济方便，但此法的缺点是高温处理不当可能影响植物生长，甚至使植物枯死。另外，并非所有病毒都对热处理敏感，热处理只对那些球状病毒（如葡萄扇叶病毒、苹果花叶病毒）或线状病毒（如马铃薯 X 病毒、Y 病毒，康乃馨病毒）有效果，而对杆状病毒（如牛蒡斑驳病毒、千日红病毒）就不起作用。因此，热处理并不能使所有植物都除去病毒，就目前的发展趋势而言，热处理脱毒仅仅用在木本类果树和林木部分病毒病的病毒处理上，草本植物包括大部分的蔬菜、粮食作物和花卉，主要应用茎尖的分生组织培养脱毒或其他器官、细胞培养脱毒。一般将热处理脱毒作为茎尖培养脱毒的辅助手段，以此来提高茎尖培养脱毒的效果。

(三) 热处理结合茎尖培养脱毒

将热处理与茎尖分生组织培养结合起来，可以取稍大的茎尖进行培养，大大提高了茎尖的成活率和脱毒率。

尽管茎尖分生组织常常不带病毒，但某些病毒实际上也能侵染正在生长的茎尖分生区域。如在菊花中，由 0.3 ~ 0.6 mm 长茎尖的愈伤组织形成的全部植株都带有病毒。已知能侵染茎尖分生组织的病毒有烟草花叶病毒、马铃薯 X 病毒以及黄瓜花叶病毒。

热处理可以在切取茎尖之前的母株上进行，也可以先进行茎尖培养，然后用试管苗进行热处理。热处理结合茎尖培养脱毒方法的不足之处是脱毒时间相对延长。

二、脱毒苗的保存与繁殖

经过复杂的分离培养程序以及严格的病毒检测获得的脱毒苗是十分不易的，所以一旦培养出来，就应很好地隔离保存。脱毒苗的保存方法有隔离保存和离体保存两种。

(一) 脱毒苗的隔离保存

植物病毒的传播媒介主要是昆虫，如蚜虫、叶蝉等，土壤线虫也可传播部分病毒。因此，脱毒苗应种植于防虫网室或栽种在盆钵中保存。防虫网室种植保存采用 300 目纱网，网眼边长为 0.4 ~ 0.5 mm，防止昆虫侵入，种植圃的土壤也应该进行消毒，保证原种在与病毒严密隔离的条件下栽培，并采用最优良的栽培技术措施。最好将脱毒苗隔离种植在隔离区，如海岛、山地、新区等利用自然环境进行隔离种植保存。

脱毒苗原种即使在隔离区内种植，仍有重新感染的可能性，因此还要定期进行病毒测定。当发现有感病植株时，应及时采用措施，排除病毒植株，防止再度传播，或重新脱毒。

(二) 脱毒苗的离体保存

选择无病毒原种株系，回接于试管内进行低温保存或将脱毒苗在超低温（−196℃）下进行保存，长期保存无病毒原种，是最理想的保存方法。

1. 脱毒苗的低温保存

将茎尖或小植株接种至培养基上，放在低温（0 ~ 9℃）下保存。此法结合改变培养基成分，如在培养基中加入生长延缓剂 B9 和矮壮剂，并结合控制光照等措施，以减缓保存材料的生长速度，延长继代培养时间，又称为最小生长法。培养基通常半年到一年更换一次。

2. 脱毒苗的超低温保存

试管苗在液氮中进行超低温（-196℃）保存，细胞的生命活动处于停滞状态，只要及时补充液氮，就可以达到长期保存的目的。超低温保存的程序包括培养材料的准备、预处理、冰冻及保存、化冻处理、细胞活力和变异的评价及植株再生。传统的超低温保存是利用保护性脱水来进行保存的。

20 世纪 80 年代末到 20 世纪 90 年代初，玻璃化法和包埋技术开始应用于植物材料的超低温保存。玻璃化法更适合于茎尖、合子胚等复杂器官。玻璃化超低温保存方法包括玻璃化法和包埋玻璃化法。

玻璃化法是将生物材料经极高浓度的玻璃化溶液快速脱水后直接投入液氮，使生物材料连同玻璃化溶液发生玻璃化转变，进入玻璃态。此时水分子没有发生重排，不形成冰晶，也不产生结构和体积的改变，因而不会对材料造成伤害。保存终止后，复温时要快速化冻，防止去玻璃化的发生。玻璃化法可用于细胞悬浮系、顶端分生组织、胚状体和原生质体等多种外植体的超低温保存。玻璃化法存在的问题是玻璃化溶液处理的时间短、要求非常精确，很难控制。

包埋玻璃化法是包埋—脱水法和玻璃化法的结合。保存材料先用藻酸钙包埋，然后经高浓度蔗糖溶液脱水和玻璃化溶液处理后直接浸入液氮保存，其材料存活率比用包埋脱水法要高，可能是因为藻酸钙包埋后减轻了玻璃化溶液的毒性。

脱毒试管苗出瓶移栽后的苗木被称作原原种，一般多在科研单位的隔离网室内保存；原原种繁殖的苗木称作原种，多在县级以上良种繁育基地保存；由原种繁殖的苗木作为脱毒苗提供给生产单位栽培。这些原原种或原种材料，保管得好可以保存利用 5 ~ 10 年，在生产上可以经济、有效地发挥作用。

三、种质资源离体保存

种质资源又称为遗传资源，是物种进化、遗传学研究及植物育种的物质基础。植物种质资源传统的保存方法有原境保存和异境保存两类。前者包括建立自然保护区、天然公园等，后者包括各种基因库，如种子园、种植园等田间基因库以及种质库、花粉库等离体基因库。原境保存和田间种植保存都需要大量的土地和人力资源，成本高，且易遭受各种自然灾害的侵袭。

植物种质离体保存是指对离体培养的小植株、器官、组织、细胞或原生质体等种质材料，采用限制、延缓或停止生长的处理方式进行保存，在需要时重新恢复其生长，并再生植株的方法。迄今为止，离体保存已应用于许多植物，取得了很好的效果。

应用植物组织培养技术进行种质保存具有独特的优点：保存无性系繁殖材料占

用空间小、保存数量大；材料保存在无害虫或病原体的环境中，减少了受病虫害侵袭的可能性；避免了自然环境灾害的威胁；跨国界运输活体植物的法定检疫过程最大限度地缩短；以植物细胞、组织、器官等形式保存的种质具有很强的再生能力，在适合的条件下，短期内便可得到大量的无性系植株。目前，植物种质资源常用的离体保存方法主要有常温保存、低温保存和超低温保存。

（一）种质资源的常温保存

常温保存即在一定的条件下，间隔一定时间，将植物细胞或组织进行新一轮的继代培养，以达到保存种质的目的。常温保存的温度通常是组织培养的常用温度（25℃左右），也可以是自然温度，所以又称为继代培养保存。

1. 常温下试管保存

可利用试管苗继代培养保存，但需要经常更换培养基。

2. 常温抑制生长保存

为了延长继代时间，可以采用控制培养基中的营养物质供应、添加生长抑制剂、提高培养基渗透压、改变培养物生长环境中的氧含量等措施，抑制培养物的生长，仅允许它们以极慢的速度生长，从而延长种质资源的保存。

（1）调控培养基营养供应水平。植物生长发育状况依赖于外界营养的供应，如果营养供应不足、植物生长缓慢、植株矮小。通过有效控制培养基的营养水平，可以限制培养物的生长。降低培养基中的无机盐含量不但可以保存种质，还能提高种质保存效果。如葡萄愈伤组织在降低硝酸盐的 MS 培养基上常温下保存 8～10 个月，比低温下常规 MS 培养基上的培养保存效果好；菠萝细胞在 1/4MS 无机盐培养基上可保存 1 年，仍长势良好，而全量无机盐 MS 培养基上的苗长势弱、成活率低。

（2）添加生长抑制剂。生长抑制剂是一类天然的或人工合成的外源激素，具有很强的抑制细胞生长的生理活性的作用。调整培养基中的生长调节剂配比，特别是添加生长抑制剂，不仅能延长培养物在试管中的保存时间，而且能提高试管苗质量和移植成活率。目前，常用的生长抑制剂有多效唑、矮壮素、高效唑、脱落酸、三碘苯酸、膦甘酸、甲基丁二酸等。这些生长抑制剂可单独使用，也可与其他激素混合使用，如马铃薯茎尖培养物在含有 ABA 的培养基上保存 1 年后，生长健壮，转移到 MS 培养基上生长正常。高效唑能显著抑制葡萄试管苗茎叶的生长，适宜试管苗的中长期保存。多效唑与 6–BA、NAA 等配合使用，也能明显抑制水稻试管苗上部生长，促进根系发育，延长常温保存时间。

（3）提高渗透压。在培养基中添加一些高渗化合物，如蔗糖、甘露醇、山梨醇等，可达到抑制培养物生长速度的效果。如在马铃薯茎尖培养研究中，培养物在含有脱落酸和甘露醇或山梨醇的培养基上保存1年后，转移至MS培养基上可正常生长。高渗化合物提高了培养基的渗透势负值，造成水分逆境，降低细胞膨压，使细胞吸水困难、新陈代谢减弱、细胞生长延缓，从而达到限制培养物生长的目的。虽然保存不同的植物培养物所需的适宜渗透物质含量不同，但试管苗保存时间、存活率、恢复生长率受培养基中高渗物质含量影响的变化趋势基本相同，且呈抛物线形。因此，适宜浓度的高渗物质对特定植物培养物提高质量、长时间的保存是必要的。

（4）降低氧分压。低氧分压保存植物组织培养物的原理是通过降低培养容器中氧分压，改变培养环境的气体情况，能抑制培养物细胞的生理活性，延缓衰老，从而达到离体保存种质的目的。

利用限制生长方法进行植物无性系的离体保存，简便易行，材料恢复生长快。但值得注意的是，由于不同植物、不同基因型或同一品种的不同材料其特性存在差异，适宜的保存方法也有所不同。因此，在植物离体种质资源保存的实际操作中，通常是把两种或两种以上的保存方法结合使用，更有助于延长保存年限。

（二）种质资源的低温保存

植物组织培养物在低温的条件下，其生长速度缓慢，从而能够保存更长时间。这种通过降低温度而进行保存的方法称为低温保存。低温保存是种质离体保存最简单、有效的方法。低温保存通常可以分为冷藏（0～10℃）保存和冷冻（-80～0℃）保存两种类型。

植物对低温的耐受性不仅取决于基因型，也与其生长习性有关。多数植物的培养体最佳生长温度为20～25℃，当温度降低至0～12℃时生长速度明显下降。低温保存与光照条件密切相关，适当缩短光照时间、降低光照度、能减缓培养物的生长速度、延长保存时间。但要防止光照过弱使培养物生长不良，导致后期不能维持自身生长，不利于培养物的保存。草莓茎培养物在4℃的黑暗条件下能保持其生活力长达6年，其间只需每3个月加入几滴新鲜的培养液；芋头茎培养物在9℃、黑暗条件下保存3年，仍有100%的存活率。葡萄和草莓茎尖培养物分别在9℃和4℃条件下连续保存多年，每年仅需继代一次。少数热带种类最佳生长温度为30℃，一般可在15～20℃条件下进行保存。

在低温保存时，为了更有效地延缓培养物的生长速度可将低温保存同控制培养基中的营养物质供应、添加生长抑制剂、提高培养基渗透压以及改变培养物生长环境中的氧含量等措施结合使用。

(三) 种质资源的超低温保存

超低温保存是指在 -80℃ (干冰温度) 到 -196℃ (液氮温度) 甚至更低温度下保存植物种质的方法。其优点在于能有效避免种质在贮藏期间发生遗传变异的可能性。迄今为止，用超低温保存成功的植物已超过 100 种，涉及保存的种质材料有原生质体、悬浮细胞、愈伤组织、体细胞胚、胚、花粉胚、花粉、茎尖 (根尖) 分生组织、芽、茎段、种子等。

1. 超低温保存的程序

超低温保存的基本程序包括植物材料或培养物的选取、预处理、冷冻处理、冷冻贮存、解冻与洗涤、再培养与鉴定评价等。

2. 超低温保存的方法

(1) 植物材料的选择。用于离体保存的植物材料有很多，有培养的植物细胞、分生组织、植物器官、体细胞胚、幼小植株等。一般来说，细胞分裂旺盛、细胞体积小、原生质稠密、液泡化程度低的分生组织比细胞体积大、高度液泡化的细胞存活力更强。因为此种生理状态的细胞冻结时结冰小且少，并且在进行解冻时再结冰的可能性小，故有利于超低温保存。

愈伤组织分为胚性愈伤组织和非胚性愈伤组织。选择最适生长阶段的材料，对玻璃化超低温保存成功非常重要。通常选择 10 ~ 20 天愈伤组织作为材料，这种材料正处于分生阶段或对数生长的早期。处于这种生理状态的愈伤组织抗冻能力强。愈伤组织用于超低温保存时，先要转接至新鲜培养基上继代培养，使其进行快速增殖。植物组织培养的细胞不是超低温保存得最好的体系，而有组织结构的分生组织、植物器官、体细胞胚或幼小植株则是理想的保存材料。其中，植物分生组织是超低温保存最常用的材料。

(2) 低温预处理。低温预处理是将要进行保存的植物材料置于一定的低温环境中，使其接受低温锻炼的过程。其目的是在最短时间内有效提高植物组织细胞的抗冻能力。植物材料经过低温锻炼后其超低温保存成活率大大提高。通常是将保存的材料置于 0℃左右的温度下处理数天至数周，也有使用温度梯度进行逐步降温处理的。

(3) 添加冷冻防护剂。在细胞冷冻的过程中，冰晶产生会导致细胞器和细胞本身的伤害。若在植物保存材料预培养时添加冷冻防护剂就能有效地防止冰晶带来的伤害。其原理是冷冻防护剂在溶液中能产生强烈的水和作用，提高溶液的黏滞性，降低水的冰点和冷点 (均一冰核形成的温度)，从而阻止了冰晶的形成，使细胞免遭冻害。

最常用的冷冻防护剂为二甲基亚砜 (DMSO)、蔗糖和甘油等。其中，在培养基中添加高浓度的蔗糖应用最多，一般采用含 0.3 ~ 0.7 mol/L 蔗糖的 MS 培养基。如在含8%蔗糖的改良MS液体培养基中振荡预培养6天，红豆杉愈伤组织在超低温保存后细胞活力可保持最高。冷冻防护剂既可以单独使用，又可以结合使用，并且实验证明，几种防护剂结合使用的效果更为理想。冷冻防护剂使用含量一般为5%～10%，在0℃下与样品混合，静置0.5 h后再进行冷冻操作。

(4) 冷冻处理。冷冻处理常用方法有慢冻法、快冻法、分步冷冻法、干冻法等。

第一，慢冻法。先以1～5℃ /min的速度降温至 -40～-30℃或 -100℃，平衡1h左右，此时细胞内的水分减少到最低限度，再将样品放入液氮中（-196℃）保存。慢冻法可以使细胞内的自由水充分扩散到细胞外，避免在细胞内部形成冰晶。此法适合于大多数植物离体种质资源保存，对茎尖和悬浮培养物尤其适用。

第二，快冻法。对预处理过的材料以100～1000℃ /min的速度降温，直至 -196℃冷冻保存。快速冷冻使冰晶增大的临界温度很快过去，细胞内形成的冰晶体达不到使细胞致死的程度。该方法对高度脱水的植物材料，如种子、花粉及抗寒力强的木本植物枝条或冬芽较适宜，但对含水量较高的细胞培养物一般不适合。

玻璃化冷冻保存法也属于快冻法，是将经预处理、有较高含量的复合保护剂的材料直接投入液氮中快速冷冻，降温速度约1000℃ /min，使植物细胞进入玻璃化状态，避免在冷冻过程中冰晶形成造成的细胞损伤。

第三，分步冷冻法。将植物材料放入液氮前，先经过几个阶段的预冻处理，如 -20℃、-30℃、-40℃、-50℃、-70℃，再转入 -196℃液氮中。

第四，干冻法。将样品在高含量渗透性化合物（甘油、糖类物质）培养基上培养数小时至数天后，经硅胶、无菌空气干燥脱水数小时，再用藻酸盐包埋样品进一步干燥，然后投入液氮中；或者用冷冻保护剂处理后吸去表面水分，密封于锡箔纸中进行慢冻。这种方法适合于某些不易产生脱水损伤的植物材料。

(5) 解冻与洗涤。解冻是将液氮中保存的材料取出，使其融化，以便恢复培养。解冻的速度是解冻技术的关键。解冻可分为快速解冻和慢速解冻两种方法。

第一，快速解冻法。将冷冻的材料从液氮中取出后，放入30～40℃（该温度下解冻速度一般为500～700℃ /min）温水浴中解冻。快速解冻能使材料迅速通过冰熔点的危险温度区，从而防止降温过程中所形成的晶核生长对细胞造成损伤。通常做法是待冰完全融化后立即移出样品，以防热损伤和高温下保护剂的毒害。

第二，慢速解冻法。将冷冻的材料从液氮中取出后，置于0℃或2～3℃的低温下缓慢融化。对应采用干冻处理和慢速冷冻处理的材料，如木本植物的冬眠芽，因其经受了脱水和低温锻炼过程，细胞内的水分已最大限度地渗透到细胞外，若解冻速度太快，则细胞吸水过猛，细胞膜易破裂，进而导致材料死亡。

解冻速度的选择应参考冷冻速度。另外，不同植物及不同类型材料所适宜的化冻时间也有所差异，应通过反复试验，摸索最佳解冻方法。

除了干冻处理的生物样品外，解冻后的材料一般都需要洗涤，以清除细胞内的冷冻保护剂，一般是在25℃下，用含10%蔗糖的基础培养基大量元素溶液洗涤2次，每次间隔不宜超过10 min。对于玻璃化冻存材料，化冻后的洗涤不仅可除去高含量保护剂对细胞的毒性，而且以此来进行温度变化过渡，有利于防止渗透损伤。但在某些材料研究中发现，解冻材料不经洗涤直接投入固体培养基中培养，数天后即可恢复生长，洗涤反而有害，如玉米冷冻细胞不宜洗涤，将融化后的材料直接置于培养基中培养，1～2周后培养物即可正常生长。

（6）再培养与鉴定评价。化冻和洗涤后应立即将保存的材料转移到新鲜培养基上进行再培养。

通过超低温保存可能有一部分材料被冻死，因而需要测定培养物的活力，以剔除没有生活力的材料。测定方法有TTC还原法、FDA染色法、伊文思蓝染色法等，还可直接检测花粉发芽率及授粉结实率，种子萌发率及小苗生长发育状态，离体繁殖器官、组织形态发生能力，愈伤组织的鲜重增加、颜色变化及植株分化率，细胞数目、体积，鲜重、干重增加，有丝分裂系数等生长和分裂指标，生理活性维持、次生代谢能力的恢复情况，原生质体形成能力等。其中存活率是检测保存效果的最好指标。存活率的计算公式如下：

$$存活率=\frac{重新生长细胞（或器官）数目}{解冻细胞（或器官）数目}\times 100\%$$

要进一步评价超低温保存后材料的恢复效果，包括细胞物理结构和生化反应变化以及遗传特性的保持等，可进行冷冻细胞的超微结构观察，气相层析法分析保存后材料释放的烃产量，红外分光光度计检测细胞的生活力，PCR技术检测保存后再生植株特定基因的存在，核糖体DNA分子探针研究保存后再生植株的限制性片段多态性，用细胞流量计数器检测细胞倍性等。

第四节　植物组织培养技术在农业中的应用

一、果蔬组织培养技术

（一）草莓脱毒与快速繁殖技术

从20世纪50年代开始，世界各国相继开展草莓茎尖培养等方面的研究，解决了草莓生产中存在的问题，并取得可喜的进展。纵观各种方法，主要采用热处理及微茎尖培养脱毒获得无病毒苗进行快速繁殖。但不同的草莓品种其热处理和微茎尖培养脱毒的技术是有差异的，所以根据实际的生产需求，获得与草莓品种相适应的脱毒方法与技术是非常必要的。

同样地，不同的草莓品种虽然其快速繁殖的途径和程序基本一致，但快速繁殖所用的培养基和所需的培养条件也是有差异的，所以根据生产实际，找到合适的培养基和培养条件对草莓试管苗进行快速繁殖同样非常重要。

1. 草莓的形态特征与生物学习性

草莓是蔷薇科草莓属多年生草本植物，又名洋莓、红莓、地莓、地果、凤梨、草莓等。原产于欧洲，20 世纪初传入我国而风靡华夏。草莓外观呈心形，其色鲜艳，果肉多汁，酸甜适口，芳香宜人，营养丰富，故有“水果皇后”之美誉。

草莓植株矮小，有短粗的根状茎，逐年向上分出新茎，新茎具长柄三出复叶。聚伞花序顶生，花白色或淡红色。花谢后花托膨大成多汁聚合果，红色或白色，呈球形、卵形或椭球形，其中着生多数种子状的小瘦果。草莓喜温暖湿润和适宜阳光，生长的最适温度为 15 ~ 20℃，不耐严寒、干旱和高温。根系由新茎和根状茎上的不定根组成。根状茎 3 年后开始死亡，以第 2 年产量为最高，3 年后降低。草莓秋季用匍匐茎繁殖，露地和温室保护地栽培均可。

2. 草莓的组织培养技术

(1) 无菌体系的建立。草莓热处理脱毒一般是将草莓植株在 38 ~ 41℃下处理 4 ~ 6 周。但此法高温脱毒的时间长、效果差，而且长时间处于高温下易死亡，需要对其根进行降温处理，操作烦琐。因此，草莓脱毒很少单独使用高温处理，大多是将高温处理与微茎尖培养脱毒相结合。茎尖培养结合热处理可脱除茎尖培养脱除不掉的病毒，提高脱毒率和成苗率，而且操作简单，能大大提高功效，这是目前最常用的脱毒方法。

第一，外植体的选取、灭菌和接种。实验前，选择生长健壮的草莓幼苗定植于花盆中，培养 1 ~ 2 个月，待其长出数片老叶，将种植草莓的花盆用塑料薄膜包住置于人工气候箱内，每天在 40℃下处理 16 h，35℃下处理 8 h，共处理 4 ~ 5 周，或者在 38℃恒温处理 12 ~ 50 天，时间视病毒种类而定。

待草莓长出嫩枝后，剪取热处理后新生 0.2 ~ 1 mm 大小的茎尖，用自来水流水冲洗 2 ~ 4 h，然后剥去外层叶片。在无菌条件下，用 0.1% 氯化汞溶液表面消毒 8 ~ 10 min，并不停地搅动促进药液的渗透。在无菌条件和立体显微镜下剥取茎尖分生组织，以带有 1 ~ 2 个叶原基的茎尖为好 (0.3 ~ 0.5 mm)，迅速接入培养基中。

第二，培养基及培养条件。草莓茎尖培养一般用 MS、White 等培养基作为基本培养基，附加植物生长调节剂6-BA0.2～2.0 mg/L、NAA0.01～0.2 mg/L、IAA0.5～2.0 mg/L。不同草莓品种及取材时间不同，激素的用量不同，这主要是植物体内的内源激素含量不同所致。培养温度为22～25℃，日照10～16 h，光照强度为1000～30001x。

(2) 初代培养。草莓茎尖经2～3个月的培养，可生长分化出芽丛，一般每簇芽丛以含20～30个小芽为宜。注意在低温和短日照下，茎尖有可能进入休眠，所以必须保证较高的温度和充足的光照时间。

(3) 继代培养。将鉴定为无病毒苗的草莓试管苗培养的芽丛切割成含2～3个芽丛小块，转入继代培养基中进行扩大繁殖培养，增殖系数一般以5～8为宜。继代培养基以MS为基本培养基，附加6-BA0.5～1.0 mg/L。培养温度为22～25℃，日照10～16 h，光照强度为1000～3000 lx。待苗长大到1～2cm时，再将芽丛分成小块，再转入前述的继代培养基中，又会重复上述过程，达到扩大繁殖草莓无病毒苗的目的。

(4) 生根培养。草莓试管苗生根既可以在培养瓶中进行，也可以在瓶外进行。为了获得健壮整齐的再生植株，应将芽丛分割，2～3cm高的单株接种于生根培养基上。生根培养基一般采用MS或1/2MS，培养基中加入NAA0.1～0.5 mg/L或IBA1.0 mg/L，使根整齐。培养条件：温度20～25℃，光照时间12h/天，光照强度1500～2000lx。由于草莓地下部分生长加快，发根力较强，也可将具有两片以上正常叶的新茎从试管中取出进行试管外生根。

(5) 试管苗驯化与移栽。

第一，试管苗驯化与移栽过程。待草莓组织培养苗生根培养至苗高3～4 cm时，将瓶苗移至温室炼苗一周，3～4天后将瓶盖除去。然后用镊子把草莓苗从试管瓶中取出，洗掉根系附带的培养基，移栽到附有基质的塑料营养钵，内装消毒过的等量腐殖土和河沙。移栽后的试管苗要在湿度较大的空间内培养，一般加设小拱棚保湿，并经常浇水，保证棚内湿度为85%以上，温度为22～25℃。7～10天试管苗生出新叶和新根后，逐渐降低湿度和土壤含水量，增加光照，促进幼苗生长。经过20～30天的驯化，试管苗就可以移栽至大田。

第二，试管苗驯化移栽管理。草莓试管苗驯化移栽除了光、温度、湿度等的管理外，还要防止蚜虫的危害，以避免无病毒苗的再次污染。草莓病毒主要是蚜虫传播的。草莓病毒通过蚜虫吸吮汁液而得到传播，短时间即可完成。防治时可使用马拉松乳剂、氧化乐果乳剂等接触杀虫剂，防治期为5—6月和9—10月，特别是9—10月可防止蚜虫的越冬。为保证种苗无病毒，在原种种苗生产阶段，应在隔离网室中进行。传播草莓病毒的蚜虫较小，可以通过大于1 mm的网眼，故应采用

0.4 ~ 0.5 mm^2的规格，其中以300号防虫网为好。

(二) 马铃薯脱毒与快速繁殖技术

马铃薯是一种全球性的重要作物，在我国的种植面积占世界第二位。由于它具有生长周期短、产量高、适应性广、营养丰富、耐储藏、好运输等特点，已成为世界许多地区重要的粮食作物和蔬菜作物。但是，马铃薯在种植过程中很容易感染病毒而导致大幅减产，并且马铃薯在生产和育种中还存在以下问题：栽培种基因库贫乏，缺乏抗病抗虫基因；无性繁殖使病毒逐代积累，品质退化，产量下降；杂种后代基因分离复杂，隐形基因出现概率很低，使得常规育种难度加大。因此，组织培养技术在马铃薯脱毒、育种和微型薯生产等方面显得十分重要。

从20世纪70年代开始，利用茎尖分生组织离体培养技术对马铃薯进行脱毒处理，使马铃薯的增产效果极为显著，后来又在离体条件下生产微型薯和在保护条件下生产小薯再扩大繁育脱毒种薯，全面大幅提高了马铃薯的产量和质量。因此，利用茎尖培养技术对马铃薯进行无病毒植株的培养具有重要意义。

1. 马铃薯的形态特征与生物学习性

马铃薯是茄科茄属多年生草本，但作一年生或一年两季栽培。其块茎可供食用，是重要的粮食、蔬菜兼用作物。

普通栽种马铃薯由块茎繁殖生长，形态因品种而异。株高50 ~ 80 cm。茎分为地上茎和地下茎两部分。块茎呈圆、卵圆或长圆形。薯皮的颜色为白色、黄色、粉红色、红色或紫色；薯肉为白色、淡黄色或黄色。由种子长成的植株形成细长的主根和分枝的侧根；而由块茎繁殖的植株则无主根，只形成须根系。初生叶为单叶，全缘。随植株的生长，逐渐形成羽状复叶。聚伞花序顶生，有白色、淡蓝色、紫色和淡红色等。马铃薯性喜冷凉、怕霜冻、忌炎热。块茎在土温5 ~ 7℃时开始发芽，18℃生长最好；茎叶生长适温为20℃，块茎膨大要求较低温度，适宜土温为15 ~ 18℃，超过25℃停止生长膨大，高温季节易发生病毒病而引起退化。

马铃薯是喜光作物，生长期间多雨，光照不足会使茎叶徒长、块茎发育不良、产量低。马铃薯耐酸不耐碱，要求在pH为5.5 ~ 6.0的微酸性疏松的沙壤中生长，碱性土栽培易发生疮痂病，生长期间肥水充足、增施磷钾肥、能提高块茎产量和淀粉含量，增强块茎储藏性。

2. 马铃薯的组织培养技术

一般先采用热处理与茎尖组织培养结合的方法，诱导出无菌试管苗，采用酶联免疫吸附测定或指示植物鉴定马铃薯病毒和类病毒。经鉴定后，无主要病毒及类病毒的试管苗可定为脱毒试管基础苗。试管基础苗在无菌条件下，采用固体培养基、液体培养基相结合的方法，扩大繁殖基础苗，在防虫网室栽植或封闭温室扦插，生产出原原种(或称脱毒小薯)。用原原种在一定隔离条件下产生原种1代，以后逐级称为原种2代、良种1代、良种2代。

(1) 无菌体系的建立。

第一，外植体的选取、灭菌和接种。挑选新鲜的马铃薯块茎，将表面刷洗干净后置于烧杯中，用75%酒精浸泡30 s，无菌水冲洗2次，然后在2.5%次氯酸钙溶液或次氯酸钠溶液中消毒8 ~ 10 min，用无菌水冲洗4 ~ 5次。将消毒的马铃薯置于培养室中25℃暗培养，使其萌芽。当芽长至2 cm时，转至人工气候箱或恒温箱内，在38℃条件下处理2周，然后取5 mm茎尖培养。此法对PVS和PVX病毒脱毒效果较为理想。为避免处理材料的热损伤，也可对植株采用40℃（4 h）和20℃（20 h）两种温度交替处理的方法处理4 ~ 12周，比单用高温处理的效果更好。

将热处理后的茎尖再次常规表面消毒后放在10 ~ 40倍的立体显微镜下衬有无菌湿滤纸的培养皿内，用解剖针剥去外部幼叶和大的叶原基，直接露出圆亮的生长点，再用解剖刀切取0.1 ~ 0.3 mm、带有1 ~ 2个叶原基的茎尖，迅速接种到诱导培养基上。

茎尖脱毒的效果与切取的茎尖大小直接相关，茎尖越小脱毒效果越好，但茎尖越小再生植株的形成也越困难。病毒脱除的情况也与病毒的种类有关。如由只带一个叶原基的茎尖培养所产生的植株，可全部脱除马铃薯卷叶病毒，约80%的植株可脱除马铃薯A病毒和Y病毒，约50%的植株可全部脱除马铃薯X病毒。

第二，培养基及培养条件。马铃薯茎尖分生组织培养采用MS和White两种基本培养基效果都很好。附加少量(0.1 ~ 0.5 mg/L)的生长素或细胞分裂素或两者都加，能显著促进茎尖的生长发育，其中生长素NAA比IAA效果更好些。在培养前期加入少量的赤霉素类物质(0.1 ~ 0.8 mg/L)，有利于茎尖的成活与伸长。但浓度不能过高，使用时间不能过长，否则会产生不利影响，使茎尖不易转绿、叶原基迅速伸长、生长点并不生长，最后整个茎尖发生褐变而死。

培养一般要求温度为(25 ± 2)℃，光照强度前4周为1000 lx，4周后可增至2000 ~ 3000 lx，光照16h/天。

(2) 初代培养。马铃薯茎尖接种于MS固体培养基或液体培养基上，每升加0.1 mgIAA、0.1 mgGA3至pH为5.8。也可接种于White培养基上，附加0.1 ~ 1 mgLNAA和0.05 mgL6-BA。培养条件：21 ~ 25℃、3000 lx、16 h/天。在正常情况下，茎尖颜色逐渐变绿，基部逐渐增大，茎尖逐渐伸长，大约1个月就可见明显伸长的小茎，叶原基形成可见的小叶，继而形成幼苗。

成苗后按照脱毒苗质量监测标准和病毒检测技术规程进行病毒检测，检测无毒的为脱毒苗。

（3）继代培养。将脱毒苗的茎切段，每个茎段带1～2个叶片和腋芽，转入增殖培养基（MS+0.8%琼脂或MS+3%蔗糖+4%甘露+0.8%琼脂）中培养，每瓶接种4～5个茎段。培养温度22℃，光照16 h/天，光照强度1000 lx。经20天左右培养可发育成5～10 cm高小植株，可再进行切段繁殖，此法速度快，每月可繁殖5～8倍。

（4）生根培养。待苗长至1～2 cm高时，转入生根培养基（MS+IAA0.1～0.5 mg/L+活性炭1～2000 mg/L），培养7～10天生根。

（5）试管苗驯化与移栽。炼苗的具体方法是：移植前7天左右，将长有3～5片叶、高2～3 cm的试管苗，在不开瓶口的状态下，从培养室移至温室排好。移植时，将装好基质的营养钵紧密地排放于温室内，已经整好的阳畦内，可采用珍珠岩作为基质，有条件的话，也可采用灭过菌的疏松土壤。每1 m^2排放营养钵300个左右。排好后用喷壶浇透水，将经光、温锻炼好的试管苗从瓶内用镊子轻轻取出，放到15℃的水中洗去培养基，放入盛水的容器中，随时扦插，防止幼苗失水。大的幼苗可截为2段，每个营养钵插一个茎段，上部茎段和下部茎段分别扦插到不同的钵内。

一般情况下，扦插后的最初几天，每天上午喷一次水，保持幼苗及基质湿润。但喷水量要少，避免因喷水过多造成地温偏低而影响幼苗生长和成活。切忌暴晒时用凉水浇苗。为提高水温，可提前用桶存水于温室中。随幼苗生长逐渐减少浇水次数，但每次用水量逐渐加大。在幼苗生长及整个切繁期，温室内的相对湿度保持在85%以上，白天温度控制在25～28℃，夜间温度保持在15℃以上。基础苗切繁前和培育大田定植苗时，一般不再追肥。但基础苗开始切繁后2～3天要喷一次营养液，此后每隔10天喷一次，直至切繁终止。

（6）脱毒苗切繁。马铃薯试管苗驯化移栽成活后便可切繁，但切繁量的多少和质量的高低，除与前面提到的水与温度和湿度条件有关外，能否掌握正确的切繁方法和适宜的切繁苗龄也是非常重要的。

脱毒苗切繁主要是剪取顶部芽尖茎段（主茎芽尖和腋芽芽尖）直接扦插。正确的切繁原则是保证每次剪切后，基础苗仍能保持较好的株型、营养面积与较多的茎节，不仅生长正常，而且又能萌发出多个腋芽供下次剪切，具体方法是：扦插约15天后，当基础苗长有4～5个展出叶、苗高3.5～4 cm时进行首次切繁。从基础苗茎基部2～3个茎芽上方，用锋利刀片将上部茎芽切下（茎段不小于1 cm），扦插到浇透水的营养钵内。此法可以培育供大田定植的脱毒苗，也可以培育作为供切繁的基础苗。如生产脱毒小种薯，可直接扦插到用营养土做好的畦床上或专用的无土培养盘中，扦插方法与后期管理同试管苗扦插方法管理。第一次剪切后10天左右，基础苗上萌发的腋芽长大时进行第二次切繁，方法同第一次。将剪切腋芽基部的第一个叶片留下继续萌发腋芽，将上部茎尖芽段剪下扦插。基础苗上除剪取的腋芽外，仍有多个未萌发或未长大的腋芽，可将其全部切下。如果是高腋芽，要连同生腋芽的茎段一起剪下，以便基础苗保持较好、有利于继续切繁的株型长切繁期，以后无论切繁多少次，其方法和原则相同。

二、林木组织培养技术

(一) 杨树组织培养技术

杨树是重要的防护林、行道树和速生用材树种。组织培养促进了杨树的微体快速繁殖和基因转化技术的快速发展，使得杨树的遗传改良和大面积造林更加快捷、便利。尽管杨树组织培养技术日趋成熟，从愈伤组织的诱导、不定芽的分化，到植株再生和大田移栽，已形成了相当成熟的流程，但杨树组织培养效果的提高仍然受许多因素的影响，这些因素包括外植体、培养基、植物生长调节剂和温度、光照、碳水化合物等。对不同的杨树材料而言，这些因素的作用存在较大差别，需要在实验过程中做出必要的调整，通过对各个因素的优化，获得最佳的培养效果。

采用杨树不同部位组织进行培养时，营养和条件都有不同要求，才能生长和增殖；相同外植体在培养过程中，不同阶段对营养需求是不同的，在杨树组织培养过程中，就要针对不同阶段选用适合的培养基，并提供适宜的条件。

杨树为杨柳科杨属植物，雌雄异株。杨树分布广泛，从北纬22°~北纬70°，从低海拔到海拔4800 m。它的自然分布主要在北半球的欧洲、亚洲、北美洲的温带及寒带，仅有2种原产于非洲。许多国家已开展杨树人工林的营建工作。杨树的工业用途非常广泛，不仅是包装箱的重要用材，也是刨花板、胶合板、纤维板、人造丝和纸浆工业的重要原料。

1. 杨树外植体的选择与消毒灭菌

杨树外植体的取材来源较广，叶片、腋芽、茎尖、茎段、子叶、下胚轴、原生质体等都可以作为外植体。

进行组织培养需从健壮无病虫害的母株上取嫩枝，用洗衣粉液漂洗，用毛刷刷净枝条和腋芽处，再用自来水冲洗干净。在超净工作台上，用70%酒精浸泡20 ~ 30 s，用0.1%氯化汞溶液灭菌10 min（或在0.1%氯化汞溶液中加2 ~ 3滴吐温浸泡8 min），并不断振荡，再用无菌水冲洗4 ~ 6次。将嫩梢剪成带顶芽或腋芽的1 ~ 2 cm的茎段。以芽为外植体时要剥除鳞片，以叶片为外植体时可剪成0.5 ~ 1 cm^2的碎片进行接种。

在启动培养时一般采用休眠芽作外植体。在超净工作台上，立体显微镜下剥取长度为2 mm左右、带有2 ~ 3个叶原基的茎尖接种于初代培养基上。接种时可以每瓶或每管只接种一个茎尖，即将单个茎尖接种到装有少量（几毫升）培养基的锥形瓶或试管中进行预培养。预培养所用培养基为MS+6–BA0.5 mg/L+水解乳蛋白100 mg/L。经5 ~ 6天后，选择没有污染的茎尖再转接到正式诱导芽分化的培养基MS+6–BA0.5 mg/L+NAA0.02 mg/L+赖氨酸100mg/L，用2%果糖替代蔗糖。

2. 杨树继代培养

（1）茎切段生芽扩大繁殖技术。将由茎尖诱导出的幼芽从基部切下，转接到新配制的生根培养基MS+IBA0.25 mg/L，盐酸硫胺素浓度提高到10 mg/L。经一个半月左右培养，即可长成带有6 ~ 7个叶片的完整小植株。选择其中一株健壮小苗进行切段繁殖，以建立无性系。顶部切段带2 ~ 3片叶，以下各段只带一片叶，转接到生根培养基上。6 ~ 7天后可见到有根长出，10天后，根长可至1 ~ 1.5 cm。待腋芽萌发并伸长至带有6 ~ 7片叶时，又可再次切段繁殖。如此反复循环，即可获得大批的试管苗。此后，每次切段时将顶端留作再次扩大繁殖使用，下部各段生根后则可移栽。如果按每个切段经培养一个半月，长成的小植株可再切成5段计算，每株苗每年可繁殖60000株左右。

（2）叶切块生芽扩大繁殖技术。先用茎切段法繁殖一定数量的带有6 ~ 7个叶片的小植株，截取带有2 ~ 3个展开叶的顶端切段仍接种到上述切段生根培养基上，作为以后获取叶外植体的来源。其余每片叶从基部中脉处切取1 ~ 1.5 cm^2并带有约0.5 cm长叶柄的叶切块转接到新配制的诱导培养基MS+ZT0.25mg/L+6–BA0.25mg/L+IAA0.25 mg/L+蔗糖3%+琼脂0.7%。转接时，注意使叶切块背面与培养基接触。约经10天培养，即可从叶柄的切口处观察到有芽出现，之后逐渐增多成簇。每个叶切块可得20余个丛生芽。将这些丛生芽切下转接到新配制的与茎切段繁殖法相同的生根培养基上，经10天培养，根的长度可至1 ~ 1.5 cm，此时即可移栽。如果某些丛生芽转接时太小，也可继续培养一段时间。

利用叶切块生芽法扩大繁殖比用茎切段生芽法扩大繁殖有更快的繁殖速度。如果每一株杨树试管苗可取5个叶外植体，由这5个叶外植体至少可得到50多株由不定芽长成的小苗（除去太小的芽不计），以后又可如此反复循环切割与培养。据推算，其繁殖速度至少可比茎切段生芽繁殖法提高10多倍。

3. 杨树试管苗的壮苗生根

当无根的试管苗在壮苗培养基上生长至2 ~ 3 cm高时，即可在无菌条件下将其从基部切下，基部浸入浓度为40 mg/L的已灭菌的IBA溶液中预处理1.5 ~ 2.0 h，以后再转接到无激素的MS培养基上。经10天左右培养，茎基部切口附近即开始陆续长出不定根。再经10 ~ 15天培养，即可成为根系发育好的完整小植株。

4. 杨树试管苗驯化与移植

杨树试管苗的移栽管理可以参照试管苗移栽一般方法进行。

(二) 桉树组织培养技术

桉树是桃金娘科桉属植物的总称，原产于澳大利亚，有少数树种原产于菲律宾、新几内亚。18世纪以来，不少国家和地区就开始对桉树进行引种驯化，目前桉树已是世界热带、亚热带的重要造林树种。

桉属树种是异花授粉的多年生木本植物，种间天然杂交产生杂种的现象非常频繁，实生苗后代分离严重。因此，用有性繁殖的方法很难保持优良树种的特性。同时，由于桉树的成年树插条生根困难，采用扦插、压条等传统的无性繁殖方法繁殖速度缓慢，远远不能满足生产上大面积种植对种苗的需求。因此，桉树组织培养快速繁殖在生产上具有重要的应用价值。

桉树是世界上重要的造林树种之一。它具有材质坚硬、速生、丰产、优质的特点，是目前工业纸浆生产的重要原料，也是世界上造林推广最快和利用价值最高的树种之一。桉树离体培养的研究始于20世纪70年代末，巴西、澳大利亚、南非、中国、新西兰、日本、泰国、印度以及欧洲不少国家都成功地利用离体培养技术对桉树进行了大规模工厂化育苗，桉树快速繁殖育苗时间短、产量大，对优良品种的推广造林有着极其重要的作用。在我国南方，桉树也是主要的速生丰产造林树种之一。但因为桉树树种间天然杂交频繁，常产生杂种现象，后代严重分离，用有性繁殖方法很难保持桉树的特性，用传统方法也较难在短时间内大量繁殖出桉树的优良无性系，利用组织培养技术，可加快繁殖速度，保持优良性状，是林业苗木良种化、工厂化的有效途径。

1. 桉树外植体选择和灭菌

取幼嫩茎段、叶柄、叶片为外植体，可以腋芽和顶芽作为外植体，也可以用种子作为外植体。不同的外植体其形态发生途径有所不同。

采用营养繁殖表现优良的桉树林木良种，作为无性系工厂化育苗生产的材料。采用经幼化处理的桉树良种的枝条作为营养繁殖的外植体。为减少接种材料的污染，采取外植体时，应选择连续三天以上晴好天气后进行。也可在采集外植体前1个月，把选好的植株放到温室、塑料大棚或有顶棚的地方，每周用0.1%多菌灵做全株喷洒1次，2～3周后即可采集外植体材料。采集野外植株的外植体材料比较麻烦，接种后的污染率也比较高。为降低污染率，可对需采集的枝条部分喷射0.1%的多菌灵，然后套上干净的塑料袋，2～3周后再采集外植体材料。

对外植体消毒时，将外植体用自来水冲洗5 min。在无菌条件下，用75%酒精消毒 5 ~ 10 s，用无菌水冲洗 3 ~ 5 次。用 1 g/L 升汞溶液，加吐温 -20 两滴浸没材料，轻微摇动，消毒 2 ~ 5 min，再用无菌水冲洗 5 次。

2. 桉树继代培养

桉树的成苗途径有两种方式：一是由腋芽或顶芽诱导出大量丛生芽，直接获得完整植株；二是由愈伤组织经不定芽分化成完整植株。为了种性的安全，一般在组织培养快速繁殖中应用腋芽或顶芽诱导丛生芽途径。

（1）由试管苗的腋芽和顶芽诱导出大量丛生芽，再经分株转移获得完整植株。以带芽节段和顶芽作外植体，接种于初代培养基 MS+6–BA0.5 ~ 1.0 mg/L+IBA0.1 ~ 0.5 mg/L 上。经过 30 天左右培养，每个外植体可形成一个或多个芽。1 个赤桉外植体在启动培养中最多能产生 17 ~ 22 个芽。在无菌条件下，将这些丛生芽中较大的个体切割成长约 1 cm 的苗段，较小的个体分割成单株或丛生芽小束，再转接到新增殖培养基上，约经 30 天的培养后又可诱发出大量密集的丛生芽。如此反复分割和继代培养，即可在较短时间内获得数量巨大的无根苗，将这些无根苗经分割后转接到生根培养基上，经 2 ~ 3 周培养即形成完整植株。

（2）愈伤组织的诱导。将经灭菌的节段材料切成 1 cm 长的小段，或将其腋芽部分单独切下分别转接到 MS+6–BA1.0 mg/L+KT0.5 mg/L+IBA0.5 mg/L 培养基上。节段外植体经 12 天左右即可从切口处首先产生愈伤组织。经过 12 天左右的培养，即可陆续见到有愈伤组织分化出无根苗。每块愈伤组织上所产生的不定芽数目及芽的大小与愈伤组织的外植体来源有密切关系。由试管苗腋芽外植体诱导出的愈伤组织所产生的不定芽较少（每块愈伤组织产生 10 ~ 20 个），但比较粗壮；由试管苗节间切段诱导出的愈伤组织所产生的不定芽特别多，一般每块能产生 50 个以上的无根苗，最多的达 250 个，但各个芽很小，呈微芽形式。继代培养后转入壮苗培养基上，长出健壮丛生芽。

3. 桉树生根培养基及根的诱导

生根试验都以 1/2MS 为基本培养基，附加 0.5×10^{-6}IBA，每升糖用量 20 g，pH 为 5.8。试验室温度（27 ± 3）℃，光照强度 1000 lx，光照时间 8 h。

桉树组织培养工厂化育苗过程中，试管绿苗生根速度是一个比较重要的问题。因为生根速度快，诱导根所需的时间就短，整个生产周期也就缩短，育苗所需成本就降低。

生根效果以 IBA 为最好，适用于供试验的各桉树树种，其次是 ABT，GA3 不适用于作桉树的生根促进剂，雷林 1 号桉在没有生根促进剂处理的情况下也有很高的生根率，是桉树工厂化育苗的一个有前途的树种。

4. 桉树炼苗和移栽

桉树试管绿苗接种在合适的生根培养基上后，一般 10 ~ 12 天开始发根，到 21 天时就已达到生根的最高峰，根长约 1 cm。在此时将试管苗连瓶取出放于室外。进行约 1 周的移植前锻炼，可达到最佳移苗效果。移植前应在移植棚内揭开瓶盖 2 ~ 3 天，让试管苗经光照和湿度的锻炼，移苗时用小流量的自来水冲进瓶内，摇动几次，把苗倒出，再用小流量的自来水冲洗黏附在根部的培养基，将苗分等级后即可进行移植。

为降低成本和提高工效，可采取直接移苗到容器土上的办法，只要充分注意容器土的成分配比，移苗成活率可超过 70%，移植初期的小苗对空气湿度很敏感，容易产生顶梢和叶子萎蔫现象，此种现象一出现，小苗就难以恢复正常生长，移栽成活率也大大降低。因此，试管苗定植后要淋透水，放在塑料罩或塑料棚内，保持空气湿度在 85% 以上，由于试管苗较幼嫩，移植的 1 个月内必须遮阳，开始时遮光 70%，半个月后可减至 50%。桉树是喜光树种，不宜长时间遮光，因此待幼苗长出 1 ~ 2 对新叶片后即可撤阴。

第四章 现代农业中的粮食作物高产栽培技术

农业经济在我国社会经济发展中占有很大比重，是经济发展的基础保障。在我国农业经济建设过程中，粮食作物在我国大部分地区都有着广泛的种植，应结合相应的高产栽培技术，全面提升粮食作物的种植经济效益。基于此，本章从小麦、水稻、玉米与高粱的角度，分析现代农业中的粮食作物高产栽培技术。

第一节 小麦高产栽培技术分析

一、小麦在国民经济中的意义

（一）小麦是重要的粮食作物之一

“随着近些年生活水平不断提升，人们对粮食作物的产量以及质量有了更高的要求。小麦属于我国主要粮食作物之一，其产量和质量在一定程度上会对人们的生活以及社会的发展产生很大影响。”[①]1940年以来，世界小麦播种面积和总产量均超过水稻而雄居第一位，和水稻、玉米、薯类一起并称为世界四大粮食作物。世界粮食贸易结构中，小麦贸易范围广、参与国家多，是粮食贸易的主体。小麦生产在粮食作物生产中占有举足轻重的地位。

（二）小麦的营养价值较高

小麦籽粒中富含人类所必需的多种营养物质，其中碳水化合物含量为60%～80%、蛋白质含量为8%～18%、脂肪为1.5%～2.0%、矿物质为1.5%～2.0%。此外，籽粒还含有多种维生素。小麦籽粒蛋白质含有人类所必需的各种氨基酸，富含面筋，所以，面粉发酵后可以制作松软、多孔、易于消化和被吸收利用的馒头或面包以及其他各种各样的食品。

---

① 蒋波．优质小麦高产栽培及病虫害绿色防控技术探究[J]．种子科技，2023，41(01)：103.

制粉留下的麦麸是优质的牲畜家禽精饲料。小麦秸秆既可作家畜饲料、建房物资，也可作褥草，又可作编织、造纸原料，还可作燃料、沼气原料或沤制有机肥料。此外，籽粒干物质含量高、水分含量低（一般在13%以下），所以，它易于贮藏、运输和加工。

(三) 小麦是整个农业生产的基础

第一，小麦在作物种植制度中占有重要地位。小麦可利用冬季低温季节生长发育，这在作物种植制度中具有重要意义。它既可和水稻、旱粮等作物轮作，又可和油菜、豌豆、绿肥等冬作物间、混作，还可和棉花、玉米、花生、辣椒等春作物套作。由于其可和其他多种作物实行轮、间、混、套作，所以，提高了复种指数，增加了粮食作物的年总产量。

第二，适应性广，增产潜力大。小麦具有广泛的遗传基础和大量的形态与生态变异，以及丰富多样的栽培类型和广泛的适应性，对温、光、水、土的要求范围较宽。因此，小麦是世界上分布最广的作物，除南极洲外，其他各大洲均有种植。不论是在山区、丘陵、高原、平原，或旱地、稻土，甚至是低洼盐碱、沙漠等都可种植。

第三，易取得稳产。小麦在其生育期间，所受的自然灾害相对比棉花、水稻、玉米等作物少，所以，利于取得稳产。小麦一生中可能遭受的灾害有旱、涝、冷冻害、干热风和病虫害等。

第四，适于机械化栽培，提高劳动生产率。在耕作、播种、中耕除草、施肥浇水、收割、脱粒、贮藏、运输与加工等作业中，易于实行机械操作，大大提高劳动生产率。

二、超高产小麦栽培技术

小麦亩产逾越千斤之后再想夺取超高产，必须具有超高产的基础和相应的配套栽培措施。不仅要有超高产的品种，还要有适宜的土壤条件和肥力水平，既要探究超高产小麦的需水规律和需肥规律，又要建立好合理的群体结构，只有群体适宜、个体健壮、产量三要素协调，才能达到预期目标。

(一) 小麦超高产的前提基础

1. 小麦超高产的品种

"根据当地情况选用优良品种。选用抗逆性强、具有高产潜力的优良品种。"① 鉴

① 刘伟，赵敏，胡伟，等. 超高产小麦栽培管理技巧 [J]. 乡村科技，2016(28)：19.

于不同品种形成产量在穗粒重和成穗数上存在明显差异，一般把小麦品种分为三大类型：一是穗子较小的多穗型品种；二是穗子较大的大穗型品种；三是穗子中等的中穗型品种。从各地高产栽培的经验来看，分蘖成穗率高的中间型和多穗型品种高产稳产性好，管理难度较小，出现超高产的频率较高，容易获得超高产。

2. 适宜的土壤条件

(1) 地面平整，便于灌排。超高产麦田要求土地平坦，坡降一般控制在0.1%~0.3%，这样可以提高土壤的蓄水保墒效果，保证施肥均匀、供水一致、小麦生长整齐。易涝麦田要有健全的排水系统，严防积涝成灾。

(2) 土层深厚均匀中间无明显障碍层。小麦的根系活动范围广，一般可下扎2 m，最深可超过5 m，为使根系得到良好发展，要求土层厚度超过2 m。而且，最好能在2 m土层内保持相对均匀一致，中间无明显障碍层次(如胶黏层、铁板沙、粗沙层、砂姜层等)，以利根系下扎。坚硬的犁底层会阻碍根系伸展，同时影响水分上下移动，一旦形成应及早打破。

(3) 耕作层较厚，结构良好。耕作层也叫熟土层，或称活土层，它是向小麦提供水分、养分的主要载体。小麦根系的80%左右都分布在这一层中，加厚耕作层是实现小麦超高产的共同经验，一般要求耕作层厚度超过24 cm。耕作层还应具有良好的结构，为此，需要运用人工培肥和合理耕作等措施使之保持疏松绵软状态，形成良好的团粒结构，以实现水肥气热协调。

(4) 地下水埋藏深度适宜。地下水是耕层土壤水分的补给源之一，但埋藏深度不宜过浅，干旱地区水分蒸发量大，如果地下水沿土壤毛细管源源不断上升，会使盐分过多地积存于土壤表层，引起反盐，对小麦生长十分不利。因此，干旱地区地下水埋藏深度必须保持在1.5 m以下，湿润地区一般不存在盐胁迫问题，地下水埋藏深度至少也应该大于1 m，以免烘托形成耕层带水发生湿害。

3. 适宜的土壤肥力

超高产小麦对耕层土壤肥力的要求主要体现在以下方面：

(1) 丰富的土壤养分。有机质含量通常被称作反应土壤肥力水平的一项重要指标。它的作用是多方面的：①有机质的积累能够不断地改良土壤团粒结构，促进土壤水肥气热协调；②丰富的有机质有助于繁衍大量有益微生物，进而增强土壤熟化程度，提高肥力水平；③在有机质被分解矿化过程中，可以释放出小麦所需要的多种养分和二氧化碳，其中二氧化碳从地表释放出来，可以适当补充小麦群体内光合作用所需二氧化碳之不足。超高产麦田通常要求土壤有机质含量较高，其中，易氧化有机质占有机质总量的50%以上，除有机质外，其他养分含量也要达到较高水平，而且相互间比例协调。

（2）良好的松紧度、通透性和保蓄能力。土壤质地是决定松紧度、通透性和蓄水保肥能力的首要条件。黏质土壤质地细腻、结构紧密、通透性差、宜耕性差，虽然保肥蓄水能力强，但对小麦根系伸展不利。砂质土壤质地粗糙、结构松散、通透性好，宜于耕作，但保肥蓄水能力差难以获得超高产。只有壤质土壤最适于高产小麦，尤以中壤土为最好，轻壤土次之。

结构状况是决定土壤松紧度、通透性和保蓄能力的另一个重要因素。只有那些富含有机质的土壤，才能形成土壤团粒结构，各团粒之间的空隙保证了土壤的通透性和适宜的松紧度，团粒内部均有良好的保蓄能力，目前用来衡量土壤松紧度的主要指标是容重，通常要求高产麦田的土壤容重小于1.3克/立方米。

（3）适宜的酸碱度及其他。小麦对土壤酸碱度的适应范围比较广，pH5～8都可以生长小麦。但小麦最适宜的酸碱度是pH6～7，可依此作为选择小麦高产田的酸碱度指标。土壤的盐分含量是影响小麦生长的重要障碍因素之一，当含盐量大于0.2%时，就会影响小麦生长。通常要求高产田的土壤含盐量小于0.1%。土壤中没有其他有害（或过量）金属元素及污染物。

（二）超高产麦田的需水需肥规律

1.超高产麦田的需水规律

小麦吸水主要在根系中的根尖部位进行，其中，又以根毛区的吸水能力为最强，根冠、分生区和伸长区次之。根系吸水的动力主要靠根压和蒸腾拉力，其中蒸腾拉力是吸水的主要动力，此吸水量可占总吸水量的90%以上。在二者共同作用下，使吸水到蒸腾过程接连不断的进行，总的趋势是水从水势高的地方向水势低的地方流动。于是水被输送到植株的各个器官，维持着体内一切正常的生理活动，环境稍有不适，可以通过气孔调节以维持体内水分平衡。但环境恶劣，超过气孔可调节范围时，就会对植株造成不同程度的伤害。

我国北方麦区小麦生育期气候较干旱，一般不会发生地表径流。另外，小麦根系生长在2 m深的土体中，正常灌溉，只要不是漏水严重的沙土地，就不会造成土壤深层渗漏。因此，麦田水分消耗主要有两种：一是地表蒸发；二是植株蒸腾。

（1）地表蒸发是指那些从小麦植株间的地面直接散失的土壤水分。蒸发量的大小受气象因素、农艺措施和田间覆盖等多方面影响。地表蒸发的水分基本属于无效消耗。在干旱的条件下，栽培过程常运用一些保墒措施（如划锄松土、地膜覆盖等），以降低这部分无效消耗。土壤水分过多时，则需要破土散墒等措施，增加地表蒸发量，以调节土壤水分使之维持适宜水平。

（2）植株蒸腾是指通过蒸腾作用由植株表面（主要是叶片的气孔）散失到植株体

外的水分。蒸腾作用是作物的重要生理功能之一。在自然条件下，维持正常的蒸腾与维持正常的气体交换是同一过程。只是在蒸腾作用下，作物才能获得生命所需的二氧化碳，而且蒸腾作用是降低温度防止叶片和植株表面过热的重要方法。蒸腾还可以使叶肉细胞渗透压增大，水势下降，提高叶片吸水的拉力。由此看来，植株蒸腾而散失的水分是小麦生理需水，属有效耗水。

（3）地面蒸发与植株蒸腾比例。在小麦不同生育期，地表蒸发与植株蒸腾的比例有明显差异。小麦生产前期，植株幼小，地面裸露部分大，裸露地面缩小，植株蒸腾比例加大，生育后期叶面积回落，生理活动减弱，蒸腾耗水有所减弱，地面蒸发也会有所回升。高产麦田覆盖度大，生理活动旺盛，蒸腾耗水量较大，地面蒸发量相对较少，有助于提高水分效率；低产田与此相反，其水分生产效率难以提高。

2. 超高产小麦的需肥规律

（1）小麦需要的营养元素。在小麦生长发育过程中需要多种营养元素，其中，数量最大的是碳、氢和氧，来自空气和水，占植物干重的90%～95%。氮、磷、钾和其他矿质元素主要依靠根系从土壤中吸收，其重量占植株干中的5%～10%，根据其在植株中相对含量的多少，又可分为大量元素和微量元素。大量元素有氮、磷、钾、钙、镁、硫；微量元素有铁、硼、锰、钼、铜、锌和氯。不管是大量元素，还是微量元素，他们均具有重要的生理作用，都是维持小麦正常生理活动的营养成分，一旦缺乏某种营养元素，就会出现不同程度的缺素症状，轻者影响生长，重者停止生长或死亡。对于大多数土壤来说，土壤中的氮、磷、钾不能满足小麦生长的需要，需要通过施肥给予补充；土壤中其他营养元素和含量一般都能满足小麦生长的需要，但也可能缺乏某种元素，可以根据土壤养分的测试结果，确定含量是否需要补充。

（2）超高产田的需肥量。一般认为每生产100 kg小麦籽粒需要的氮、磷、钾的数量分别为3 kg、1 kg和3 kg，比例为3∶1∶3。随着小麦产量的提高，每生产100 kg小麦籽粒需要的氮、磷、钾比例有所增加，超高产麦田的需钾量超过需氮量并具有以下规律：

第一，氮、磷、钾的供需总量随着产量的提高而增加，符合作物一般养分需肥规律。

第二，在养分利用上，氮、磷、钾表现出完全不同的趋势。氮的利用率随着产量水平的提高而上升；磷的利用率始终维持在30%的低水平；钾的利用率随着产量水平的提高而下降，表现出越是产量高，越要增施钾肥。

第三，根据氮、磷、钾各自的利用率，亩产600 kg的麦田肥料供应量为氮每亩23.3 kg、磷每亩19.4 kg、钾每亩35.8 kg。

（3）超高产小麦不同生育阶段养分吸收特点。一般亩产500kg的麦田，除了受追肥因素的影响，小麦自然吸肥高峰出现在孕穗期，需磷高峰比需氮、需钾高峰稍晚。开花后对氮、磷的吸收强度虽然也有明显下降，但直至成熟仍然保持一定的吸收能力。而亩产高于600 kg的超高产小麦需肥规律有些新的特点，播种小麦氮和钾的吸收高峰分别提前到返青期至起身期和起身期至拔节期，磷的吸收高峰推迟到扬花期至灌浆期，钾的吸收在扬花期至灌浆期前仍能吸收一定数量。

（三）超高产麦田的肥水运筹

1. 肥水运筹的科学依据

小麦一生中各叶片从生长到衰老，与植株生育进程以及其他各器官的形成都保持着密切的“对应”关系或“同伸”关系。通过观察叶片数目、出叶速度、叶片大小可以反映小麦植株生长发育的全面情况。小麦植株各器官的生长建成都分为5个阶段呈“S”形曲线完成，凡处在开始生长阶段（简称始伸期）的器官对栽培措施的反应最为敏感、促控效果最为显著。根据小麦叶龄这个容易识别的指标可以判断植株和各部器官的生长发育进程，同时能预见不同叶龄时期施用肥水对哪些器官促进效益最为显著，并探索出自由控制小麦株型的长相及促控方法，据此提出了“小麦叶龄指数促控法”这一栽培技术体系。

2. 不同叶龄期施肥水对小麦株型的影响

由于春季追肥浇水的时间不同，对株型的影响主要有以下三种类型：

（1）春1、2叶露尖追肥浇水。中部叶片较大，上下两层相对较小，叶层呈两头小、中间大的菱形分布，基部节间稍长。在群体较小的情况下，此时追肥浇水对提高亩穗数和早期光能利用率有利；群体较大时则易发生早期郁蔽，并使基部节间延长。

（2）春3、4叶露尖时追肥浇水。上部叶片较大，基部第1～2节间较长，叶层呈倒锥形分布。群体偏大时，孕穗期前后郁蔽严重，极易因“头重脚轻”造成倒伏，但对群体小的麦田扩大营养体，提高穗数有利。

（3）春5、6叶（倒二叶、旗叶）露尖时追肥浇水。植株中上层叶片较小，并且上三叶呈塔形分布，基部1～2叶间短粗，上部节间相对较长，冠层中、下部光照较好，利于壮秆防倒，提高千粒重。

3. 超高产麦田肥水促控措施

（1）深施足量底肥，蓄足底墒是超高产小麦管理的基础。小麦生长发育所需的主要肥料（氮、磷、钾），除氮肥外，基本上均可作为底肥施用。氮肥作为底肥施用量的多少与是否深耕关系密切，氮肥深施做底肥可以明显延长肥效期，提高氮肥利用率，浅施则相反。因此，只要是深耕、深施底肥，底施氮肥的用量就可以加大，可占小麦全生育期氮肥总量的70%左右，减少追施氮肥的数量。施足底肥、蓄足底墒有利于根系深扎、培育壮苗，增强小麦的抗旱能力，保证小麦在拔节前不追肥并在适度干旱的情况下仍能稳健生长，从而达到简化管理节水增产的目的。

在我国淮河以北的小麦主产区，小麦生长在干旱季节，施足底肥不会造成土壤深层氮肥渗漏。另外，只要不过早播种，因冬前温度低，所以不会造成小麦冬前旺长。过去在小麦高产栽培管理中存在一次浇水追氮肥过多的问题，易造成小麦起身后麦苗旺长、氮素代谢过旺，田间郁蔽、贪青晚熟和后期倒伏或早衰等问题应加以纠正。

(2)“V”(大马鞍)形促控法。在底肥、底墒足，冬前浇好越冬水的前提下，返青后及时松土保墒。在能够保证适宜成穗数的群体条件下，返青后蹲苗40～50天，到倒二叶至旗叶露尖前后再追肥浇水。后期浇好扬花水和灌浆水。此法上3片叶较短而厚，下部两节较短而粗，株型较小，叶层分布合理，在同等叶面积系数前提下，可以提高光能利用率，穗多粒饱，高产不倒，是超高产的理想株型。

(3)“W”(双马鞍)形促控法。在冬前促进的基础上，在麦田群体偏小，或选用的是叶片较小并且对肥水不敏感的抗倒能力强的品种，在难于保证足够成穗数的情况下，返青后20～25天以内控制肥水，耧麦松土，促麦苗早发稳长；在春生2叶(倒4叶)露尖前浇水(高肥地不追肥)，以提高成穗数；其后再蹲苗30天左右，控节防倒；在旗叶露尖至挑旗期再追肥浇水，攻穗大粒多。后期浇好扬花水和灌浆水。采用“W”形促控法株型大小适中，茎秆粗壮，穗子较大，穗数较多，容易获得超高产。

(四)超高产小麦栽培的技术规程

1.超高产小麦的播前准备

超高产麦田对施肥整地播种的质量要求较高，每一环节都应该按技术要求严格完成，这是能否实现高产的保证。

(1)蓄足底墒。凡播种前底墒不足的麦田，应在耕地前浇好底墒水，或在上茬收获前10～15天浇水备墒。

(2)土壤条件和施肥原则。超高产麦田应选择土地肥力高、浇水条件好的高产田，一般要求耕层土壤养分含量为有机质在12 g/kg以上、碱解氮在90 mg/kg以上、速效磷在60 mg/kg以上、速效钾在120 mg/kg以上。

(3)深耕深施底肥。在耕地前将有机肥和基施化肥均匀撒于地表，深耕25cm翻下，深施肥料土壤深层养分较多、浅层较少，有利于延长肥效期，特别是氮肥提高了肥料利用率。由于肥料在土壤中分布深广，土壤养分浓度均匀适度，有利于根系生长和深扎，高产麦田土壤养分充足，不用再施种肥。

(4) 精细整地。掌握好适耕期，耕后结合旋、耙、耱等措施，使表层土壤松软细碎，达到上虚下实，无明暗坷垃和根茬，保证土地平整。

(5) 种子处理。包括精选、晒种、种子包衣或药剂拌种等。提倡机械精选，尽量选用粒大饱满、发芽率高、发芽势强的种子。晒种既可打破休眠又可提高种皮透性，有助于增强发芽势，种子包衣应按当地易发病虫害进行选择。

2. 超高产小麦的播种

(1) 播种期。因各地气候条件不同，品种特性各异，播期也不尽相同，应掌握的基本原则为冬前大于0℃、积温在480～650℃范围较为合适，这样的积温冬前容易形成壮苗。具体时间大约是：黄淮北片冬麦区半冬性品种10月8日—15日，弱春性品种10月13日—20日；黄淮南片冬麦区应适当偏晚。播种过早，因底肥充足，前期温度高，麦苗容易旺长，降低了小麦越冬期的抗寒能力；播种过晚则难以形成壮苗。

(2) 确定基本苗。每亩基本苗的多少主要由播量决定，播期越早播量应越少，反之应增加。

(3) 播种方式。播种深度以5 cm为宜，行距13～15 cm。适当缩小行距，增加播种幅宽，可以加大株距，减少小麦生育前中期的行间漏光，避免株间叶片过于密集。可改善株间叶片的光照条件，有利于形成壮苗，提高群体的光能利用率。同时可以保证在小麦起身至拔节期蹲苗控小株型的情况下有较多的穗数。要求播种深浅一致，行距株距均匀，不漏播、不重播。播种后只要土壤不湿黏就要及时镇压，以防跑墒影响种子出苗。

3. 超高产小麦的冬前管理

在苗齐、苗匀的基础上，以促根增蘖为中心，争取培育壮苗。小麦出苗后应及时查苗，在漏播和缺苗断垄的地方补种，对过密成簇苗进行疏苗。同时做好化学除草。

适时浇好越冬水，浇水时间应掌握在昼化夜冻时，但不要过迟，以防浇后突然降温地表结冰损伤麦苗。浇水后要在回暖的午后及时中耕松土，防止地表裂缝，防冻保墒。适期播种的麦田，越冬前每亩总头数为80万～100万。如果播种时底墒充足、麦田地表不虚，也可不浇越冬水。

4. 超高产小麦的春季管理

小麦返青期应在土壤化冻前及时耧麦松土保墒。如果越冬温度低，越冬后小麦枯叶较多，影响春生新叶光照，可用竹筢及时搂掉枯叶，改善小麦的光照条件。在水肥管理上，可以根据苗情分类管理。

第一种情况：对底墒较足、群体适中或较大的麦田，春季第一水应推迟到倒二叶至旗叶漏尖时浇水；群体偏大的或成穗率高的品种在基部第一节间定长，旗叶漏尖时浇水；群体适中而成穗率较低的品种在倒二叶漏尖前后浇水。结合这次浇水每亩追施尿素 8 ~ 10 kg。

第二种情况：麦田群体适中或偏小、所种植的品种叶片较小并且对水肥不敏感，同时抗倒伏能力强可以在土壤冻层融化后，日平均气温稳定在 6℃时浇水，对于高水肥地块，只浇水，不追肥，以免小麦起身后旺长；对于长势不均匀的地块，可以少量追偏肥，每亩追施碳酸氢铵 10 kg 左右，这是小麦大致处在春生一叶到春生二叶露尖时，浇水后应及时中耕松土，防止地面板结。春季第二水推迟到挑旗前后再浇，每亩追施尿素 8 ~ 10 kg。以上两种情况是根据春季气候干旱年份采取的水肥管理措施，在春季雨水较多的年份，要根据实际情况对浇水时间和追肥数量进行相应的调整。

高产麦田比一般麦田容易发生病害，特别是白粉病、锈病，起身期预防小麦病害是最有利的时机，如果等到后期发现病害再去预防，效果一般不好，而且需要增加用药量和喷药次数，既费钱又费力，事倍功半。

5. 超高产小麦的后期管理

(1) 浇水。只在倒二叶露尖时浇过一水的麦田。如抽穗前干旱，应在小麦抽齐穗后至扬花期浇水，每亩追施尿素 2.5 kg，土壤很肥的麦田可不追肥。如小麦灌浆初干旱，上述麦田可在小麦扬花后 15 ~ 20 天再浇水一次。春季在返青和挑旗期已浇两水的麦田，一般应在小麦扬花后 5 ~ 10 天浇水一次，如遇后期干旱时可在小麦扬花后 20 ~ 25 天再浇水。以上浇水均应注意天气变化。在刮大风和下雨时不能浇水，后期浇水最好在早晚凉爽时浇，水量不宜过大。

(2) 病虫害防治。一般在小麦扬花后 3 ~ 5 天施用氧化乐果防治蚜虫，如蚜虫发生较早，应提早进行防治。在防治蚜虫的同时，如发现其他病害（如白粉病、锈病）应选配适宜的药剂与防治蚜虫同时进行喷药。小麦抽穗至扬花如阴雨天较多，容易诱发赤霉病，对于不抗赤霉病的品种应在小麦扬花前和扬花后各喷施一遍多菌灵。对小麦吸浆虫发生较多的麦田，应在小麦抽穗时撒毒土或喷药进行防治。

(3) 叶面喷肥。在防治蚜虫的同时，可喷磷酸二氢钾或微肥、菌肥等，以提高籽粒饱满度和品质。

(4) 及时收获。在小麦蜡熟末期至完熟初期及时收获。

三、强筋小麦高产栽培技术

强筋小麦的栽培技术要求在保证强筋小麦品质特性的基础上，提高产量和效益，达到优质高产、高效的目的。强筋小麦的栽培技术对品质的要求是保证生产的小麦籽粒蛋白质含量高、湿面筋含量高，面团稳定时间长、容重高、出粉率高等。每一项栽培措施都应该围绕达到上述品质指标和高产、高效的要求来制定。在继承传统的小麦高产经验的基础上，实现强筋小麦丰产高效，要突出抓好以下关键技术：

（一）优质高产强筋小麦品种的选用

小麦的品质特性和产量特性是其遗传基础决定的，栽培措施对其有重要的影响。要生产高质量的强筋小麦，首先要选用优质高产的强筋小麦品种。根据近几年来市场需求现状和品种的综合表现，适宜种植的半冬性品种有新麦 9408、高优 503、郑麦 9405 等，弱春性品种的有郑麦 9023、豫麦 34、郑农 16 等。各地要结合当地生态、生产条件，选用适宜品种，以免造成减产或品质变劣。要选用经过提纯复壮的质量高的种子。播种前用高效低毒的小麦专用种衣剂拌种，有利于综合防治地下害虫和苗期易发生的根腐病、纹枯病，培育壮苗。

（二）培肥地力，深耕细耙

强筋小麦应种植在具有较高的土壤肥力和良好的土肥水条件的田块。土壤肥力为 0 ~ 20 cm 的土壤有机质在 12 g/kg 以上、全氮在 0.8 g/kg 以上、速效磷在 15 mg/kg 以上、速效钾在 90 mg/kg 以上、有效硫为 16mg/kg。总施肥量一般为每亩施有机肥 3000 kg、纯氮 14 kg、纯磷 7 kg、纯钾 7 kg、硫酸锌 1 kg。在一般肥力的麦田，有机肥全部，化肥氮肥的 50%，全部的磷肥、钾肥、锌肥均施作底肥，翌年春季小麦拔节期再施 50% 氮肥。在土壤肥力高的麦田，有机肥的全部，化肥氮肥的 1/3、钾肥的 1/2，全部的磷肥、锌肥均作底肥，翌年春季小麦拔节期再施 2/3 氮肥和 1/2 钾肥。

适当深耕，打破犁底层，不漏耕；耕透耙透，耕耙配套，无明暗坷垃，无架空暗垡，达到上松下实；耕后复平，作畦后细平，保证浇水均匀，不冲不淤。播前土壤墒情不足的应造墒播种。

（三）适期播种，提高播种质量

种植规格，一般应适当扩大畦宽，以 2.5 ~ 3.0 m 为宜，畦埂宽不超过 40 cm，以充分利用地力和光能。可采用等行距或大小行种植，平均行距以 23 ~ 25 cm 为宜。严格掌握播种期，半冬性品种适播期为 10 月 5—15 日，亩播量为 5 ~ 7kg；弱春性品种适播期为 10 月 15 日以后，亩播量以 6 ~ 8 kg 为宜。要用小麦精播机播种，严格掌握播种行进速度和播种深度，要求播量精确、行距一致、下种均匀、深浅一致，不漏不重播，地头、地边播种整齐。

(四) 强筋小麦的合理促控

冬前管理以促为主，12月上旬普遍进行冬灌，平抑地温、促进根系发育和预防春旱；返青期控水、控肥，控制春蘖滋生，加速两极分化，避免基部一、二节间生长过长，防御后期倒伏，同时要中耕和防治纹枯病，对亩群体超过80万头的旺长地块要采取深锄断根或化学控制；拔节期进行肥水促进、追施氮肥，促进大蘖生长，搭好丰产架子，提高分蘖成穗率，巩固后期氮营养，提高籽粒品质；后期以控为主，适度的土壤“干旱”对强筋小麦品质提高有明显的正效应，不但籽粒内在品质较好，而且对籽粒角质率、黑胚率、容重等外观品质有明显改善，收购等级提高。

(五) 强筋小麦的适期收获

强筋小麦的收获期和晾晒过程对品质有重要影响，收获期偏早和偏晚都会导致强筋小麦产量和品质下降，尤其是收获期遇雨将导致籽粒角质率明显下降。强筋小麦的最佳收获期是蜡熟末期。收获前要进行田间去杂，提高商品粮纯度。实行统一机收，按品种单收，防止机械混杂。收获后要及时分品种晾晒，晾晒时要摊薄、多翻，使粒色均匀，然后去除杂质，分品种安全储藏。

第二节　水稻高产栽培技术分析

一、南方杂交水稻丰产栽培技术

我国水稻栽培历史悠久，“开展针对水稻高产栽培和病虫害防治技术的研究，能够在一定程度上为水稻种植业发展和国家粮食安全提供指导性帮助”①。杂交水稻自1973年研制成功以来，在我国大面积推广，与常规稻相比杂交水稻增产明显。杂交水稻是两个遗传上有较大差异的品种杂交所产生的杂交种，与常规水稻品种相比有杂种优势。这种优势主要表现在三个方面：①根系发达，对水肥的吸收能力强；②分蘖力强，生长旺盛，光和同化力强；③穗大粒多，杂交稻普遍比常规稻穗大，一般每穗比常规稻要多20～30粒，穗大粒多也是杂交稻增产的一个重要因素。由于杂交稻有更强健的生理机能，分蘖强、穗多、穗大，因此显现出巨大的杂种优势。

① 张春吉．水稻高产栽培和病虫害防治技术[J]．广西农业机械化，2022(06)：36.

好的品种需要有与之配套的栽培措施，才能更充分发挥品种的增产潜力，夺得高产。在多年的生产实践中，各地都总结出了适合当地的杂交水稻栽培技术。水稻栽培技术考虑的主要因素有：①合适的品种，品种要适合当地的生态条件，包括气候生态条件、光温条件等；②合适的播种时期，要能有效规避灾害天气及其他自然灾害，如高温、低温冷害和虫害等，充分利用光温资源有效规避灾害，从而达到高产优质的生产目的；③田间管理技术措施最优化，包括育秧方式、大田种植群体结构和田间管理等措施的配套。概括起来主要有选择合适的育秧方式，培育适龄壮秧；适时移栽，做到合理密植；加强田间肥水和病虫管理等部分。

（一）杂交水稻品种和播种适期的选择

1. 品种选择的原则

杂交水稻要获得高产，选择合适的优良品种至关重要。合适的优良品种包括以下两个方面的内容：

（1）品种具有好的种性，主要表现为品种产量高，具有高产潜力。同时该品种必须适应当地的生态生产条件。不仅高产，而且稳产，这就要求有好的抗逆性，能抗当地主要病虫害。另外，品种的生育期适合当地的自然条件，不同的茬口选用不同生育期的品种。一定要选用经国家、省审定的品种，并且种植地处于该品种标明的适用范围以内。

（2）品种的种子品质可靠。现在所有的杂交水稻种子都必须经过包装，没有散装的种子，所以遇到散装种子不要购买，以免买到假劣种子，造成不必要的损失。

2. 杂交稻生产的影响因素

在南方稻区，影响杂交稻生产的主要因素有苗期低温、抽穗扬花期高温和低温。

（1）苗期低温。杂交籼稻苗期不耐低温，日平均气温稳定上升到12℃以上播种才安全，这是早稻或中稻要考虑的重要因素。如在湖南3月底、4月初气温稳定在12℃以上，早稻可以在3月底、4月初播种；豫南稳定超过12℃的时间在4月20日左右，因此杂交稻的播期应定在4月20日以后，两段育秧时前期在温室或地池中保温育小苗，播种期可以稍提前，可提前到4月10日至12日。

（2）抽穗扬花期高温和低温。相对于常规稻而言，杂交稻抽穗扬花期容易受高温和低温的影响，一般将连续3天日平均气温高于30℃、低于22℃定为杂交籼稻抽穗扬花期高、低温受害指标。中稻抽穗杨花期可能遇到高温热害，晚稻穗杨花期可能遇到低温冷害。根据当地气象资料通过播种期和品种生育期的调节是避免抽穗期热害和冷害的主要方法。

3. 品种选择与播种适期确定

品种应通过省或国家的品种审定。播种适期的确定应综合考虑各种因素。主要考虑能安全齐穗，如晚杂品种要保证在寒潮之前抽穗杨花以顺利灌浆结实。早、中杂品种主要根据早春的低温而定，在稳定超过12℃才能播种；早杂品种还要考虑生育期与晚造的衔接，选择好品种，生育期不能过长，以免延误晚造的插秧。另外，还要考虑各地的其他特殊自然条件限制因素。

现在各地种子经营公司多，推广的品种多而杂，很难有推广面积很大的重点品种，加之现在新品种出现快，因此应根据当地情况，参考当地农技人员的意见，选择合适的品种。

(二) 培育适龄壮秧

培育好适龄壮秧是水稻栽培中关键的一环，育秧阶段的中心任务是培育适龄壮秧。水稻有多种育秧技术，应根据当地自然条件、耕作制度、劳力资源等因素选择合适的育秧方式。在此论述应用较为广泛的湿润育秧和两段育秧技术。

1. 水稻壮秧的标准

秧苗生长均匀，高矮整齐一致，没有高低不齐的现象；苗挺有劲，叶片青绿正常，生长健壮，有光泽、有弹性，叶色不过深、过浅；假茎 (秧身) 粗壮，分蘖发生早、节位低，移栽时带1～2个分蘖；根多而白，没有黑根，没有病虫害；秧龄适当，叶龄适宜，既不过老也不过嫩，一般在30～35天；插后死叶死蘖少、返青快。培育壮秧要注意一些主要的技术环节：种子的处理、整地、播种季节、播种的密度、合理施肥、田间管理等。

2. 种子的处理与催芽

(1) 晒种。浸种催芽前选晴暖天气连续晒种2～3天，并做到晒匀、晒透、勤翻动。

(2) 选种。一般采用清水选种即可。晒好的种子用清水浸泡，捞起浮在水面的秕粒 (杂交稻秕粒也能发芽，捞起后可把秕粒单独放在一起浸种催芽)。

(3) 消毒。浸种时种子用药剂消毒可杀灭一些病菌，预防病害如稻瘟病、稻粒黑粉病等。种子消毒药剂有很多，如强氯精、多菌灵等。可以根据当地农技人员或农药经销商的推荐使用。这里介绍强氯精的用法：每4～5 kg水加10 g强氯精，3 kg种子清水浸泡24 h后，再用药水浸24 h，清水冲洗后再催芽。浸种的时间和水的温度有关，一般为50～60℃ (每日平均水温与浸种日数的乘积)，在水温20℃左右时需浸种2～3天。

(4) 催芽。催芽的要点是高温破胸、通气催根、保温催芽、摊晾炼芽。在豫南中稻的播种季节，气温比较低，催芽时要采取保温的措施。一般先用50℃的温水淘种增温，用稻草或麻袋包裹保温，谷堆温度控制在35～40℃，超过40℃及时翻动降温，破胸（露白）后适当淋水，但破胸前不可多淋水以免引起烂种。破胸后要立即把谷堆散开以通气散热，促进根的生长，并用30～35℃的温水淋种、翻堆使温度均匀，但水分不要过多。齐根后把大堆改成小堆，厚堆摊薄，以利于继续散热。同时用20～25℃的温水适当淋种，并不时翻动，使堆温保持在25℃左右，通过调节温度使根芽生长整齐，使谷芽根短芽壮（标准：芽长半粒谷，根长一粒谷）。最后将催好的芽谷摊晾一段时间以增强谷芽的抗寒能力，然后准备播种。

（三）杂交水稻的育秧方法

1. 半旱育秧

半旱育秧又叫作湿润育秧，主要原理是秧苗前期田间保持干干湿湿，使秧苗根系充分发育以培育壮秧。在播种至扎根立苗前，秧田保持土壤湿润通气以利根系生长发育，扎根后至3叶期采用浅水勤灌，结合排水露田，3叶期后灌水上畦，浅水灌溉，改变传统水育秧水播水育的习惯。与传统的水育秧相比有明显优点：土壤通气性好，有利于根系的生长发育，提高了秧苗的素质，促进栽后早生快发；同时提高秧苗的抗逆性，减少烂秧的发生。

（1）秧田的选择。一般选择地势平坦、背风向阳、土壤肥沃、排灌方便、杂草少、无病虫害、离大田较近的地方做秧田。

（2）苗床的整理。早整地，早做床，耕深8～10 cm，将土块弄碎整平，直到秧田平坦、土壤疏松。秧田要施足底肥，增施适量腐熟农家肥或磷、钾肥。一般每亩秧田施氮磷钾含量25%的水稻复合肥40～50 kg或施尿素8～10 kg、钙镁磷肥30 kg、氯化钾5～10 kg。湿润育秧提倡用通气秧田，更有利于秧苗的生长。具体做法是：施足基肥的秧田经浅耕平整后开沟做畦，畦宽1.3 m，畦沟宽30 cm，深15～20 cm，秧田四周挖环田沟渠。灌水上厢面，根据水平面将秧厢面初步摊平。然后把沟中的稀泥浇上厢面，再次按水平面将厢面摊平后即可播种。

（3）播种。播种要均匀，以种子的1/2入泥为宜。每亩秧田播种量为10～15 kg，播后蹋谷。用湿润育秧，杂交水稻每亩大田一般需播种子1～1.5 kg。

（4）秧田的管理。秧苗三叶期以前，以旱长为主，畦内有水即可，秧田在晴天显干（厢面干裂）时放水上厢面，当天立即放掉；三叶期后，应及时施肥。秧苗二叶一心期，每亩追尿素5～8 kg，灌浅水，可促秧苗分蘖，秧苗三叶一心期，可看苗情酌施一些尿素，灌水1次，促使秧苗分蘖。秧田灌水谨防大水漫灌，只要叶片不打卷，就可不灌水。插秧前5～7天施尿素5～7 kg做送嫁肥。插秧前几天不能脱水，以免拔秧困难。

2. 两段育秧

两段育秧即将育秧阶段分为旱育小苗培育和旱育小苗寄栽两个阶段。两段育秧前期，小苗在温室或可保温的地池中保温旱育至两叶一心阶段，然后再寄栽于寄秧田，在寄栽田秧苗占有更多的空间。这样前期旱育胁迫，秧苗寄插后秧苗分布均匀、单株营养条件好，使得两段育秧有明显的优点：早发性强、两段秧苗健壮、根系发达、抗逆性强、分蘖早、成穗率高、穗形大、产量高且能提早成熟。同时由于旱育阶段采取保温措施成秧率高，比湿润育秧高30%左右，用种量少。

通过人工控制温度、湿度，满足秧苗生长需要，在适时提早播种时能避免“倒春寒”引起的烂秧问题，提早了豫南杂交稻制种播种季节，从而使杂交稻制种抽穗扬花期避开了立秋后的连阴雨天气，是杂交稻制种在豫南成功的关键之一。两段育秧在寄栽条件下秧龄可延长到40天，十分有利于解决季节冲突。因此，两段育秧技术在河南省豫南稻区被广泛采用。

（1）播种和旱育秧管理。豫南稻区春稻的播种期一般在4月20日至25日，麦茬稻则一般在4月下旬播种，这时日平均气温在12℃，可不采用保温措施，当播种时间提早至4月10日至12日，这时则必须采取下述保温育小苗的方法培育旱育小苗。豫南稻区两段育秧旱育秧阶段广为采取的方式有温室无土育小苗和地池育小苗。

第一，温室无土育小苗。温室无土育小苗是两段育秧利用温室培育小苗的一种方式，在豫南农村也可利用现成的小型土温室（如蔬菜温棚、雏鸡孵化温棚等）进行无土小苗培育。具体做法是：用竹片编制成简易的秧盘，上铺塑料薄膜，将催好芽的种子摊在秧盘上，放入温室内。温室内置煤灶加温。应注意保持温室内的温湿度，室内温度保持在25～28℃，相对湿度80%～90%；如温度过低，可在室内用煤灶烧水加温。在温室内7天左右，待小苗长出一叶一心时，炼苗1天便可栽植。

第二，地池育小苗。地池育小苗是两段育秧培育小苗的另一种方法。地池育苗的秧龄弹性较大、播量较小时，可延长在苗床生长的时间，移栽有较大的灵活性。具体方法是：选择背风向阳、地势平坦、土壤肥沃、管理方便的地方，如房前空地、菜园等向阳处，按东西走向做成宽约1.3 m的地池，长度依种子量而定，但最多不超过20 m，以利后期通风降温。苗床整平后，上面再铺上3～4 cm厚的肥土，可用腐熟的土杂肥与细土混匀做成，或用肥土与河沙按1∶1的比例拌匀，或直接用塘泥。将催好芽的种子均匀撒入，一般1平方米播种子0.5 kg左右，盖上过筛土或细沙，用喷雾器或喷壶浇透水（水不再下渗，表面有积水）。然后用竹片做弓架，再盖上薄膜，四周压实，薄膜上用绳子固定牢，膜内挂温度计。

播种后要注意苗床膜内温度的变化，特别是晴天中午前后，现青前膜内温度以

35～38℃为宜，不能超过4.0℃，现青后控制在25～30℃，温度高时揭开地池两端的薄膜通风降温，一般晴天上午将地池两端揭开小口通风，下午4点左右气温开始下降时把膜盖好以保温。播后7～10天，小苗从一叶一心到二叶期时寄栽，寄栽前2天要揭膜炼苗。

(2) 寄秧田的管理。

第一，寄秧田的选择和整理。寄秧田要选择土壤肥沃、排灌方便的田块，离大田要近或直接在大田的一角，以方便秧的搬运。提前15天翻耕晒垡，一般要三犁三耙，最后一次耕地时施尿素10 kg、钙镁磷肥30 kg，或施氮、磷、钾总含量为25%的复合肥40 kg左右，寄栽前2～3天将田耕整平，做到泥烂地平，达到田面高低不差寸，寸水不露泥。

第二，小苗的寄栽。春稻一般按4.5 cm×6 cm的密度寄栽，每穴插2粒谷的苗，按1.5 m宽作厢。麦茬稻由于一般寄秧田里秧龄较长，长的达40天，因此寄栽的密度要稍稀一些，一般6 cm×10 cm，以达到在寄秧田里有足够的分蘖(每穴7～8个)，控制本田分蘖，实现高产。

第三，寄秧田的管理。寄秧一般秧根带泥，栽时以秧苗站稳为宜，栽后1～2天，厢面不上水以促进扎根，活棵后灌浅水(约1 cm)，缺水时以细流灌溉。施肥促进秧苗分蘖，亩施尿素4～5 kg。注意病虫害的防治。插秧前5～7天亩施5～7 kg的尿素作送嫁肥，并注意不要断水，以防扎根过深，拔秧时断根，不易拔秧。

两段秧分蘖力强，一般抛秧后5天开始分蘖，插秧时(约25天后)可达5个蘖，一般比普通的水育秧要多2个蘖，秧苗素质更好。

(四) 杂交水稻大田的管理

1. 整地与底肥的施用

早平地、早抽水，在插秧前15～20天开始抽水泡田、耕地；做到地等苗，绝不能苗等地，一般应做到三犁三耙。在最后一次水耕地前施底肥，底肥一般施复合肥或尿素、钾肥和磷肥混合拌匀后撒施，一般每亩施氮、磷、钾总含量为25%的水稻专用复合肥50 kg，或施碳酸氢铵40～50 kg(也可施用尿素15～20 kg)、钙镁磷肥50 kg、氯化钾15 kg左右。施下的肥料随整地机械翻动，以做到全层施肥，同时也提高了肥料的利用率。整地要平，要求达到“寸水不露泥”“灌水棵棵到，排水处处干”的标准，以利于水的管理，夺得高产。

2. 秧苗移栽

(1) 移栽秧龄。根据秧苗类型，在当地安全移栽期内，适时早移栽。早杂品种在早春播种，秧龄控制在30天左右，不超过35天。晚杂品种秧龄控制在25～30天较好，最迟不能超过35天。在豫南，春稻一般在4月20日至25日播种，5月底移栽。两段育秧在旱秧阶段薄膜覆盖，可适当提前播种，可提前一星期左右。秧龄一般控制在30～35天，麦茬稻有时要等地，秧龄可延长至40天，注意在寄秧时要加大密度，但不能插得太密。

(2) 合理密植。杂交中稻每亩一般插1.5万～2万穴，每穴1～2粒谷的秧，3～5苗，共6万～10万基本苗，插植规格可参照20 cm × 26 cm的规格。豫南稻区现在一般都插得过稀，很多田块都稀至每亩1.3万穴以下，有的甚至低至1万，导致基本苗过少，严重影响产量的提高，这是值得广大农民注意的问题。根据品种特性、土壤肥力和管理水平的高低适当调整栽插密度，肥田、早插田可以稀一些，瘦田、迟插田可以密一些。杂交早稻每亩一般插2.5万穴；杂交晚稻每亩一般插2万穴，每穴1～2粒谷的秧，3～5苗。

(3) 移栽要求。水整地后稍沉实再插秧，一般地耕整好后第二天插秧，不可随整地随插秧，以免秧苗下陷，影响秧苗生长、分蘖。

插秧时要当天拔秧当天插完，不要插隔夜秧，减少植伤；浅插，以利禾苗早生快发。插秧时，田里放浅水要做到插得浅(不超1.5 cm)、插得直(行直、秧苗插的直立，可拉绳插)、插得匀(每穴苗数均匀)，插后及时灌深水，以不淹没秧心为准，以利秧苗恢复。

3. 大田的水分管理

(1) 返青期。拔秧和插秧过程中，根系受损，茎叶也易受损，大田水少时，根系和泥浆结合不好，影响水分吸收，本来秧苗因根系受损水的吸收能力下降，一旦供水不足更易引起返青期延长甚至死苗。因此，返青期的灌水原则是：深水返青，在返青前保持3.3～6.6 cm的深水，一般在插后灌深水并保持3天以上。尤其是杂交晚稻插秧期温度高，水分蒸发快，一定要保持深水。

(2) 分蘖期。分蘖期的管水原则是浅水分蘖、间歇灌溉。禾苗返青后即进入分蘖期，此时应保持浅水层，一般在插秧后5～7天灌深水、施分蘖肥，锄草并结合耘田以利通气，促进水稻根的生长和分蘖的发生。耘田后每5～7天灌水一次，然后让水自然落干，落干1～2天后再灌水，保持干干湿湿的状态，以利土壤通气，同时又保证对水肥的吸收。雨天则应该把水放掉。在整个分蘖期间都应采取这种管水措施。

(3) 晒田。晒田是水稻种植过程中的重要一环，通过晒田可控制稻株对氮的吸收，促进钾的吸收，调整禾苗的长势长相。同时控制无效分蘖，使部分高位小分蘖因脱水而死亡，巩固有效分蘖，提高成穗率。掌握晒田的时机非常重要，晒早了苗不够；晒迟了，无效分蘖多，对产量影响都很大。晒田的方法有：到时晒田法和够苗晒田法。到时晒田法就是营养生长末期，幼穗分化开始时进行晒田。够苗晒田法是每亩苗数达到要求时开始晒田。一般达到每亩28万~30万苗时开始晒田，这样基本能保证每亩结20万~25万穗。晒田的标准、田里稍硬(人走有脚印)，有白根跑面，田边有裂痕；禾苗叶色黄绿、叶子较挺，风吹沙沙作响；在田边看，禾苗中间高，四周低。生产上一般采取“苗到不等时，时到不等苗”的原则进行晒田，具体田块要根据禾苗的长势长相确定晒田的程度，一般长势过旺的田、肥田重晒，长势差的田、瘦田轻晒或仅仅是露田。

(4) 孕穗期。一般晒田结束后即进入幼穗分化期，有的在晒田过程中就进入幼穗分化期。这个时期管理得好可促进有效穗穗大、粒多，缺水会影响幼穗的发育，造成颖花退化，影响产量。此时水分管理应保持干多湿少的原则，以保持和促进根系的活力，适当控制最后三片功能叶的生长，使叶片短、厚、直立，茎基部三节间短而粗，防止倒伏。具体的做法是：晒田结束复水后以灌浅水为主，具体的做法是：灌水(浅水)一次田面，让其自然保持2天左右，后续几天自然落干，待田里水快干时再进行灌溉。

(5) 抽穗开花期。杂交水稻从打苞开始到抽穗结束，对水极为敏感。这一时期对水的需求多，占全生育期需水量的25%~30%，是水分临界期。尤其杂交中稻抽穗时节往往处在高温季节，此时应适当深灌水，提高田间湿度，降低温度，促使抽穗整齐和扬花授粉。长期灌深水，不利于根系的生长，这时可白天灌深水、晚上排水露田以降温。如遇异常的高温天气还应喷洒清水，改善穗层小气候，降低影响。

(6) 成熟期。抽穗后，植株根系容易衰老，此时的管水原则是：应在确保供水的条件下增加土壤通气机会，以气养根，养根保叶，延长根系活力，防止叶片早衰。具体的水分管理方法是：间隔5~6天灌水一次，然后让其自然落干，使大田干干湿湿，以保持土壤通气而湿润，维持老根的活力，促使其再发一次新根。保持功能叶进行有效的光合作用，增加千粒重。

4. 大田的合理施肥

杂交稻的特点是：根系发达、分蘖力强，靠分蘖多和大穗夺取高产，因此，需肥量大，合理施肥对产量影响重大。杂交稻的施肥原则应为：以基肥为主，早施追肥，适当补施穗粒肥，以达到前期发苗快，中期建立起丰产而稳健的苗架，后期不早衰。

(1) 底肥的施用。施足底肥，底肥量要占全部生长期施肥量的50%~60%，一般每亩施碳酸氢铵50 kg、钙镁磷肥50 kg、氯化钾15 kg，或施肥料有效成分相当的复合肥，如氮、磷、钾总养分含量25%的水稻复混肥50 kg，在最后一次耕地或耙地时施下。底肥的施用量还要根据不同田块情况酌情施用。提倡施有机肥，如种植绿肥等，一方面可改善土壤结构，另一方面可减少化肥的施用量。

（2）追肥的施用。早、晚稻生育期较短，一般一次性施追肥，返青后一次性每亩施尿素 8 ~ 10 kg，氯化钾 3 ~ 5 kg，一般在插秧后 7 天左右灌深水施肥。中稻生育期长，追肥一般分两次使用，第一次施尿素 5 ~ 8 kg，其后结合耘田每亩再施尿素 4 ~ 6 kg。

（3）穗粒肥的施用。晒田复水后，根据禾苗的长势情况，可酌情补施一定量的肥料。在以下情况下可施穗肥：土壤肥力较差的田块，晒田后叶色偏淡、生长势一般或差的田块。施用的方法是每亩施尿素 2.5 ~ 3 kg、氯化钾 4 ~ 5 kg。需要注意的是，施用穗肥要慎重，尤其是尿素绝对不能超过 5kg，以免生长太旺引起病虫害，后几片叶旺长改变株叶型不利于后期通风透光。

（4）补施粒肥。杂交中稻抽穗后根系活力下降，功能叶逐渐枯黄，容易脱肥而引起叶片过早发黄枯死，稻株光合作用的能力即被削弱。补施粒肥能防止功能叶早衰、提高结实率、增加千粒重，其施用主要采用叶面喷施的方法。各地市面上都有多种叶面喷施肥料，可根据当地情况施用。如每次每 667 平方米用磷酸二氢钾 100 g、尿素 0.5 ~ 1 kg 混合喷施于稻株茎叶上。连续在破口期至灌浆期喷施 2 ~ 3 次。

二、北方粳稻丰产栽培技术

（一）北方粳稻的选种

选择适应当地生长，在有效生育期不贪青，能全部成熟的中晚熟品种；选择米粒透明、有光泽，垩白粒率低，米粒整齐碎米少，食味适口性好，市场畅销的三级以上优质米品种；选择株高 90 ~ 110 cm、分蘖率高、秆强不倒、抗病性强、不早衰、活秆成熟、大穗型且适合本地区种植的优质高产品种。如黑龙江选用松粳 9、吉林选用吉粳 88、辽宁选用辽星 1 号、宁夏选用宁粳 40 等。

（二）苗床地的选用与管理

苗床地应选择背风、向阳、离住地近、有水源、能排水、好管理的平川地，按水田种植面积的 2% 计算，1 公顷水田需 200 平方米苗床地面积。营养土选用 30% 草炭土、60% 当地无药害的优质土、10% 的腐熟农家肥，混合拌好备用。1 平方米苗床用营养土 10kg，按此数乘以育苗面积计算营养土用量。

秋做床，平整床面，去除床面杂草及多年野生草根，床面施入一定量的农家肥和稻壳、碎稻草等，松翻床土 15 ~ 20 cm，使苗床有肥力，床土通气、透水、增温。育苗大棚四周设排水沟，床面积雪大时扣大棚前要清除床面的积雪。3 月 8 日至 10 日，哈尔滨地区（地区一次标注，下同）粳稻育苗大棚扣膜，提高棚内床土化冻深度，增加棚内床土温度。

(三) 钵体稀播早育

1. 浸种催芽

3 月 20 日粳稻选种，晒种 2 天，以增强种子发芽活力。3 月 22 日粳稻浸种，采用 1 : 1.1 的盐水漂种，清除不饱满的种子。再用清水洗净种子上的盐分，用提前 7 天晾晒好的清水加浸种药剂（施保克、使百克、咪鲜胺等）浸种 72 ~ 96 h，待粳稻种子吸水量是种子重量的 1/4 时进行催芽。催芽前先用清水洗去种子表面的药液，再用温水对种子增温，使种子平均温度在 25 ~ 28℃时装袋。温室催芽，温度控制在 25 ~ 28℃，催芽时间 30 ~ 48 h。待种子 90%破胸、芽长 0.8 cm 时，以厚度 5 cm 摊平晾种，晾好的种子保持其干湿度盖好，低温炼芽。

2. 育苗

首先选用粳稻壮秧剂把营养土拌好，可选用黑龙江省农科院生产的苗福牌（三合一）粳稻壮秧剂（每袋 15 kg）与 800 kg 营养土混合配制，可育钵体播种苗床 80 平方米。营养土要求混拌均匀、干湿适当，以手捏成团、落地即散为好。

钵体育苗时，把营养土撒放在钵盘上，用平板刮匀、刮平，去除多余细土，对钵体土面压坑，用配套精量播种器在钵体土坑内播种，每孔播一粒芽种，播种后上覆 0.5 ~ 0.7 cm 厚的营养土，把钵盘在苗床上按顺序摆排好，用小孔径水喷头对钵体苗床浇透水，待床面没有积水时，在每 40 平方米苗床上覆一袋“丁扑合剂灭草剂”混合土。为保持床面湿润、不干裂，苗床上铺一层薄膜保湿，苗床与薄膜间撒放适量粗秸秆作隔热层，防止高温时薄膜烫伤秧苗。当苗床种芽 90% 出土进入立针期，及时撤膜，撤膜后必浇 1 次透水，以后发现苗床有干土部位或湿度不够，应马上浇水，一定要保持床土相对含水量在 70% ~ 80%，干湿度适合，确保一次性出全苗，达到苗全、苗齐、苗壮。

3. 苗期管理技术

秧苗 1 叶期，控制温度在 25 ~ 32℃；秧苗 2 叶期，控制温度在 25 ~ 28℃。1 平方米苗床喷施 15%多效唑可湿性粉剂 0.25 ~ 0.30 g，稀释浓度以每千克 3 克为宜，控制秧苗徒长，增强秧苗分蘖；秧苗 3 叶期，控制温度在 20 ~ 25℃，开始通风炼苗。在离地面 60 cm 高的挡风膜上部放风控温（不可直接地面放风，地面放风风口处秧苗长势差），随时观察苗床的干湿度和棚内温度，防止秧苗青枯病、立枯病的发生，发现病情应及时喷施立枯灵等农药进行防治。5 月 10 日（插秧前 5 ~ 6 天）大棚秧苗进行大通风，秧苗移栽前补氮，施尿素每平方米 50 g，要求撒施均匀一致，施肥后浇 1 次透水，以防尿素颗粒烧苗。5 月 13 日撤去大棚膜进行移栽前露天通风炼苗，秧苗喷施1次氧化乐果，以防止移栽后秧苗潜叶蝇的发生。秧苗移栽当天，起苗前每平方米苗床施入100 g磷酸二铵做移栽送嫁肥，此肥不可早施，过早施用会产生肥害。

（四）宽窄行定量浅栽

5月15日前后，平均气温在12.5℃时即可进行粳稻钵体培育大苗移栽。移栽时秧苗素质要求：苗龄45天，秧苗敦实矮壮、富有弹性，株高15～18 cm，主茎基宽0.6～0.7 cm，平均主蘖苗每株4棵，根系发达、无病害，经过露天72 h以上大通风炼好的健壮秧苗。

插秧选用宽窄行尺寸、定量、浅栽。行株距（50+33）cm×16 cm，每平方米15穴，每穴2株，每亩插秧1万穴，每亩保苗（主蘖苗）8万～10万棵。插秧要求水田一定要耕细耙平，平整作业后田面沉淀24～48 h，水深1～2 cm，均匀一致。移栽采用拉线法，定好行距尺寸，按线摆栽，摆栽时不可深插，做到"浅插、插齐、插直、插匀"。

（五）垄作沟灌

1. 插秧田垄作技术

粳稻秧苗插秧2天后，待插秧田内泥浆半定浆时，保持秧田水深3～4 cm，在插秧田行间进行人工踩水沟，此技术必须代水踩沟，每人每次两脚岔开踩两条水沟，以水鞋脚印"一印挨一印"慢速前移，踩沟深度8～10 cm。要求所踩沟深要一致，沟中间无隔，达到顺畅通水的目的。通过以上踩沟技术操作，插秧田即形成"秧苗行成垄，行间变水沟"的垄型水田。以上技术彻底将粳稻田"淹水灌溉模式"变为"垄作沟灌模式"（机械化做垄，可于插秧前代水做垄，垄上插秧效果更好）。此种模式的应用，使秧苗根部能充分吸水，保障了秧苗生长用水，可控制垄上含水量在70%～80%，使垄上田土透气，土有活力，从而促进秧苗根系生长，实现长根、壮秧、促分蘖，使秧苗分蘖早生快发，低节位分蘖，早分蘖、多分蘖，增强有效分蘖棵数，促进粳稻秆强秆壮不倒伏，利于形成大穗。

2. 插秧田沟灌技术

秧苗移栽后10天内，插秧田水位保持在垄顶面以上1～2 cm，保障秧苗返青扎根用水（秧苗扎根之前不可缺水）。秧苗移栽10天后，此时秧苗已返青扎根，苗根已具有在田土里吸收水和养分的能力，可进行循环性、周期性灌水，6～8天灌1次饱和水，待田间沟内接近无水时，再灌下一次饱和水。水田施肥、除草、除虫、防病等项目可在每次灌水后进行。

6月25日左右粳稻进入幼穗分化期，此时已进入粳稻分囊高峰期，秧苗可进行够苗控蘖烤田，由于采用“育大苗”栽培技术和宽窄行浅栽、垄作沟灌技术，大秧苗表现为蘖多苗壮，此时早期分蘖的有效大苗已进入幼穗分化期，营养分配向穗部转移，抑制分蘖继续增长，减少无效分蘖的发生，可以靠粳稻生育转换自身调节来限制，无须重烤田，烤田的目的只是改善土壤环境，增加土壤透气性，促进根系生长，因此，烤至田不陷脚的程度即可，做到苗体不受伤，生长活力强。

7月1日左右起开始进行排水烤田，烤至田水自然落干、田不陷脚，即可上浅水或跑马水（遇阴雨天敞开田水口至田不陷脚为止），干湿交替2～3次，至抽穗前15天结束。7月以后粳稻进入孕穗、抽穗、扬花、灌浆期，此时正是粳稻需水期，4～5天灌1次饱和水，在这期间以保持沟内水不干为主。8月20日—9月20日，粳稻进入定浆、结实、黄熟期，此时灌水应以跑马水为主，7～8天灌1次水。待地面干裂，沟内无水，再灌下一次水。

（六）井水灌溉增温措施

井灌水温度不足14℃时，对粳稻秧苗的生长限制约束很大，可严重降低粳稻产量，所以，应设法提高井灌水进水田时的水温。可采取的措施包括：在井水出水口处修建一个300平方米的晾水池，池深50 cm，可存水100～150立方米，水池中设两道可单向流动的隔水墙，使水在池中按单向流动转向出水口，这样可使井水在池中晾晒增温；每个水田池子应间隔6～8 m，设2～3个进水口，各进水口轮流向池中灌水；采用单池灌水法，不可一次灌多个池子，也不可以几个池子串灌。

（七）粳稻的施肥标准

粳稻高产栽培提倡增施农家肥，优质腐熟农家肥每亩1000 kg。水田基础用肥（底肥），施尿素每亩7.5～10.0 kg、磷酸二铵每亩7.5～10.0 kg、硫酸钾每亩5 kg，在旋耕整地前施入水田，通过旋耕搅拌，达到全层施肥。粳稻插秧后3～7天，结合水田灭草，把丁草胺、一克净等灭草剂与尿素混拌施用，每亩施尿素5 kg。7月15日至20日，即粳稻抽穗前18天，幼穗长1.0～1.5 cm，倒二叶长出2～4 cm时，每亩施尿素2.5 kg、硫酸钾5 kg做穗肥，以满足粳稻幼穗生长，达到壮秆、攻大穗的目的。粒肥的施用可提高叶片含氮量，提高粳稻光合同化能力，延长叶片功能和维持根系活力，使粳稻活秆成熟、不早衰、籽粒饱满。

为保障粳稻米质，减少大米中的含氮成分，粒肥应在粳稻齐穗后14天（粳稻定浆期）施用。8月25日前后，每亩施尿素1.5 kg或结合喷施磷酸二氢钾1.0 kg+尿素0.25 kg，叶面喷施2次。

(八) 收获与加工

粳稻进入黄熟后期，达到90%的籽粒黄熟即可进行收割。收割时捆成小捆，10捆一堆，摆人字架进行风干，6 ~ 7天翻转1次稻捆，再晾6 ~ 7天，当粳稻籽粒含水量降到15% ~ 16%时即可进行脱粒。为了保障大米加工过程中米粒整洁，不出惊纹粒，须做到：粳稻成熟后，霜冻前进行适时收割；收割后的粳稻，晾晒10 ~ 14天，时间不可太长，籽粒含水量不能低于15%；脱粒后的粳稻不能在阳光晾晒下进行降水，应隔光风干降水；加工后的大米要隔光、低温、通风、防潮保存。

三、沿黄粳稻丰产栽培技术

沿黄稻区是河南省水稻的重要生产区，对发展粳稻种植、生产优质粳米有着得天独厚的自然条件，同时，对促进种植业结构调整、增加农民收入具有重要意义。实现水稻高产高效的两个重要因素：一是优良品种；二是科学的栽培技术。采用优良品种是优质高产高效稻米生产的基础，配套的科学栽培管理可以减轻病虫危害、减少生产投资，是实现优质高产高效稻米生产的条件。

(一) 沿黄粳稻的优良品种选择

水稻优良品种是一个优良的水稻群体，此群体在植株形态、生物学特性、产品质量上具有相对整齐一致性，能适应当地的自然条件，品质优良，具有高产、稳产性和较强的抗逆性。因此，选择适宜本地区种植的优良水稻品种，是种植水稻取得高产、高效的基础，因为这类品种生态特性和经济特性较好。

在选购种子时，为了保证种子质量，一定要到正规的种子生产、供应部门购买。并且购买的最好是近年本区域审定的或国家审定的适宜本地区种植的水稻品种。

(二) 沿黄粳稻的壮秧培育

1. 壮秧的优点

壮秧比一般秧苗有较多的优点：壮秧根多而白，吸肥吸水能力强，能源源不断地供给地上部较多的养料和水分；壮秧的假茎（秧身）粗壮，维管束数量较多而大，养分、水分的运转畅通，利于地上、地下部营养物质的交换；壮秧的叶片发育比较充分，细胞组织比较坚实，光合作用强，产物丰富，对不良的外界环境条件有比较强的抵抗能力；壮秧移栽到大田后返青快，出叶顺利，分蘖早，分蘖发生多而节位低。总之，壮秧表现出了旺盛的活力，为争取穗多、穗大打下了高产的基础。

2. 壮秧的标准

适龄移栽的秧苗，其壮秧标准在形态指标上有如下表现：秧苗生长均匀，高矮整齐一致；苗挺有劲，叶片青绿正常，生长健壮，有光泽、有弹性，叶色不过深、过浅；假茎（秧身）粗壮，分蘖发生早、节位低，移栽时带 1～2 个分蘖；根多而白，没有黑根，没有病虫害；秧龄适当，叶龄适宜，既不过老，也不过嫩；移栽后死叶、死蘖少，返青快，出叶顺利，很快转入正常生长。

3. 育秧方式

随着水稻栽培技术的进步，水稻育秧技术也不断发展，已形成了适应不同种植制度、环境条件、秧龄长短、品种特性的水稻育秧技术。育秧的方式也是多种多样，目前常用的育秧方式主要有湿润育秧、旱床育秧和塑盘育秧三种。而湿润育秧是目前沿黄稻区普遍采用的育秧方式，它改变了传统水育秧水播水育的方法，而是采用通气湿润秧床育秧，增加了秧田通气性，有利于根系生长，提高了成秧率，有利于培育壮秧，而且可培育出不同秧龄的壮秧。

4. 培育壮秧

采用湿润育秧方式，培育带蘖壮秧，要认真做好以下环节的工作：

(1) 培肥秧田。选用灌排方便、土壤肥沃、背风向阳的地块作秧田，秧田与大田面积比为 1 :(10～12)。按时间早晚做调酸和底肥处理，播前 20～30 天每平方米用硫黄粉 100g 均匀混于 10 cm 的土层中或每 20 平方米用 1.5 kg 水稻壮秧剂 + 细土 7.5 kg 充分混合拌匀，撒施于 2～3 cm 深的秧田土壤中，预防后期立枯病。播前 3～5 天，每亩施足暖性有机质肥 4～5 立方米，或硫酸二铵 30 kg、硫酸铵 45～50 kg、硫酸钾 15～20 kg、硫酸锌 2 kg、进行旋耕，使土壤与肥料混合均匀，整平、起畦抬床。畦宽 1.5～2 m，沟宽 30 cm，沟深 10～15cm，耧平待播。

(2) 种子处理。首先选晴朗天气晒种 2～3 天（严防水泥地烫种），然后进行风选，或用 30% 的泥水选种，撇出秕子，捞出饱满种子，用清水冲洗干净后浸入 2% 生石灰水或 1‰的 50‰多菌灵溶液 48 h。捞出冲洗干净，裹入麻袋（或其他保温材料），放在朝阳处 24 h 即可破胸露白。

(3) 把好播种质量关。春稻一般在 4 月 15 日至 20 日播种，亩播量为 40 kg 左右；麦茬稻一般在“五一”前后播种，每亩播 30～40 kg。畦面放水抹平，撒子时一定要均匀，用铁锨拍、抹平，将种子盖严。有条件的可撒盖 0.5～1 cm 的腐熟土粪或炉渣，以利谷粒吸水、增温，促进扎根、出壮苗。

(4) 掌握好肥水管理。秧田肥水管理要掌握少量多次施肥和浅灌、勤灌、勤排的原则。从播种到一叶一心期，保持畦面湿润，要勤灌勤排，做到前水不见后水。保水好的田块 5～7 天灌一次水，盐碱地 3～4 天灌一次水，防止反碱，保证出苗顺利。死水田也要疏通排渠，进行排水通气，以提高地温；二叶期前亩施尿素4～5 kg（或碳酸氢铵12～15 kg）作断奶肥，落干后每亩用多效唑40 g，兑水50 kg进行喷雾，促使蘖多秧壮；三叶一心期亩施尿素8～10 kg（或碳酸氢铵25～30 kg），浅水勤灌促进秧苗分蘖。移栽前5～7天亩施尿素5～8 kg（或碳酸氢铵20 kg左右）作送嫁肥，落干炼苗，移栽前1～2天灌水润苗催根。

（5）注意病虫草害防除。

秧田除草：播种后5天左右每亩用扫氟特75毫升或60%丁草胺乳油100毫升，兑水50 kg喷雾，防止杂草滋生蔓延。

秧田病虫防治：5月中、下旬，每亩用40%氧化乐果100毫升＋异稻瘟净100毫升，兑水50 kg喷雾，防治稻蓟马、灰飞虱和苗瘟；6月上旬至移栽前，每亩用甲胺磷100毫升或扑虱灵100 g加三环唑100 g、农抗715需要500 g，兑水50 kg喷雾，防除螟虫、白叶枯病、叶瘟和条纹叶枯病，防止将病、害虫及虫卵带入大田。

（三）沿黄粳稻的大田管理

水稻从插秧到成熟的生长发育阶段为本田生育期，可划分为前期、中期、后期三个阶段。从插秧到幼穗分化始期为前期（又叫作返青分蘖期）；幼穗分化始期到抽穗为中期（又叫作拔节孕穗期）；抽穗到成熟为后期（又叫作抽穗结实期）。前、中、后期三个阶段的生育特点各不相同，高产栽培主攻方向也不同。大田管理就是针对各个阶段稻苗的生育特点和主攻方向，采取相应的管理措施，搭好高产苗架，实现高产。

1. 精细整地，施足基肥

在水稻栽前施入田中的肥料统称为基肥。前茬作物（小麦、油菜等）收获后，要及时灭茬、趁墒耕翻、放水泡田。对于土壤含水量高的黏重田块，可晒垡2～3天；亩施过磷酸钙50 kg加碳铵（碳酸氢铵）50 kg或二铵20 kg加碳铵35 kg，硫酸钾10 kg，硫酸锌1～1.5 kg作基肥，随即耙田、耧平，使土肥混合均匀，以备灌水插秧。

2. 水稻的合理密植

合理的株行距不仅能使个体（单株）健壮生长，而且能促进群体最大发展，最终获得高产。插秧密度与品种分蘖力强弱、地力、秧苗素质，以及水源等密切相关。

土壤肥沃、秧苗健壮、分蘖力强的品种宜稀插；土壤质地较差、秧苗素质弱、插秧时期晚的应适当密植，要浅插、匀插。深度1～2 cm，宽行窄株插秧，东西行向。栽插规格：中穗型品种30 cm×13 cm（高肥田），栽插2～3苗；27 cm×13 cm（中肥田），栽插3～4苗；多穗型品种（27～30）cm×（10～13）cm，栽插3苗左右。肥田宜稀，瘦田宜密；早插宜稀，晚插宜密。栽插株行距要一致，使每穴稻苗均匀生长，形成高质量群体。

3. 合理施肥

掌握“前轻、中重、后补”的施肥方法。插秧后3天，亩施5～8 kg尿素或15～20 kg碳铵作返青肥；插秧后7～10天，重施分蘖肥，一并做好化学调控孕穗始期可亩施促花硫酸二铵和硫酸钾各5～6 kg；色叶偏淡、落黄较早的可施到6～7 kg，再加2～3 kg尿素；叶色浓绿的减量迟施或不追施。除草，即结合追施分蘖肥，亩用15%多效唑20～30 g，加除草剂拌细土2～3 kg，然后均匀掺入碳铵30～35 kg或尿素12～15 kg，撒入田间，田内需保持浅水。抽穗至成熟期若出现脱肥现象，可伴随病虫害防治进行叶面补肥，以喷施磷钾肥和微量元素为主，亩施磷酸二氢钾200 g或多元素锌硒液肥200毫升，兑水30～40 kg喷施叶面。

4. 科学灌水

移栽后，深水活苗，返青后浅水分蘖，浅水勤灌，前水不见后水。保水差的田块3～4天灌一次水，保水好的田块5～7天灌一次水，死水田也要疏通排渠，进行排水通气，提高地温。够苗及时晒田，肥田多晒（7～10天），瘦田少晒（5～7天），盐碱地只晾不晒。晒田（烤田）的好处：控制无效分蘖，减少养分浪费；控制拔节过长过快，防止后期倒伏；增加土壤透气性，改善根系活力，防止早衰；使叶片上举，通风透光，促进光合作用，减少病害。拔节期田间以湿润为主，孕穗期田间浅水勤灌；抽穗扬花期，田间保持寸深浅水、活水勤灌；灌浆期干湿交替，乳熟期前以湿为主，蜡熟期以后以干为主。成熟前1周断水。

5. 适时收获与储藏

当黄熟谷粒达到95%时，要及时收获，防止养分倒流。对易脱粒品种收获时，要轻搬轻运，避免产量损失。收获后的稻谷要及时晾晒至安全储藏含水量，以免霉烂、变质。

第三节　玉米高产栽培技术分析

一、玉米高产的土壤基础

（一）玉米丰产的土壤条件

第一，土层深厚，结构良好。玉米根层密、数量大，垂直深度可达1 m，水平分布1 m左右，在土壤中形成一个强大而密集的根系。玉米根数的多少、分布状况、活性大小与土层深厚有密切关系。土层深厚指活土层要深，心土层和底土层要厚。活土层即熟化的耕作层，土壤疏松，大小空隙比例适当，水、肥气、热各因素相互协调，利于根系生长。

第二，土壤疏松通气，利于根系下扎。通气良好的土壤，可提高氮肥肥效。故在播前深耕整地，生长期间加强中耕，雨季注意排涝，以增加土壤空气的供应，保证根系对氧的需要。

第三，耕层有机质和速效养分高。在玉米生育过程中，提高土壤养分的供应能力是获得高产的物质基础，玉米吸收的养分主要来自土壤和肥料。土壤的供肥能力视有机肥料多少而定，增施有机肥料，既能分解供给作物养分，又可不断地培肥土壤，为玉米持续高产创造条件。

(二) 玉米高产的基础——深耕改土

第一，深耕改土的原则和方法。深耕对调节水、肥、气、热有明显效果，活土层加厚，总孔隙度增加，利于透水蓄水。在播种前，除多耕、多耢，使土块达一定碎度外，还要重施有机肥，并应根据必要与可能实行秸秆还田，以逐步提高土壤的有效肥力。

第二，玉米的整地技术。夏玉米具有生长期短的特点，同时三夏农活紧张，因此要争分夺秒，抢时抢墒早播。夏玉米的耕作方法不外乎小麦收后采取全套耕、摆、耢的复合作业措施，边耕边播种，麦收后按玉米行距冲沟，先灭茬再播种，以及利用前茬深耕的后效等方法。

二、玉米的施肥技术

(一) 玉米合理施肥的生理基础

玉米在生长发育过程中，需要的营养元素很多，如氮、硫、磷、钾、钙、镁、铁、锰、铜、锌、硼、钼等矿质元素和碳、氢、氧三种非矿质元素。其中，氮、磷、钾、硫、钙、镁六种元素，玉米需要量最多，称为大量元素；铁、锰、铜、锌、硼、钼等元素需要量很少，称为微量元素。

1. 玉米对氮、磷、钾的生理作用

(1) 氮。玉米对氮的需要量比其他任何元素都要多。氮是组成蛋白质、酶和叶绿素的重要成分，对玉米植株的生长发育起到重要作用。玉米缺氮的特征是株型细瘦、叶色黄绿，首先是下部老叶从叶尖开始变黄，然后沿中脉伸展呈楔（V）形，叶边缘仍为绿色，最后整个叶片变黄干枯。这是因为缺氮时，氮素从下部老叶转运到上部正在生长的幼叶和其他器官中去的缘故。缺氮还会引起雌穗形成延迟，或雌穗不能发育，或穗小粒少产量降低。如能及早发现和及时追施速效氮肥，可以消除或减轻这种不良现象。

（2）磷。玉米需要的磷比氮少得多，却对玉米发育很重要。磷可使玉米植株体内氮素和糖分的转化良好；加强根系发育；还可使玉米雌穗受精良好、结实饱满。玉米缺磷，幼苗根系减弱，生长缓慢，叶色紫红；开花期缺磷，花丝抽出延迟，雌穗受精不完全，形成发育不良、粒形不整齐的果穗；后期缺磷，果穗成熟期延迟。在缺磷的土壤上增施磷肥作基肥和种肥能使植株发育正常、增产显著。

（3）钾。钾对玉米正常的生长发育起重要作用。钾可促进碳水化合物的合成和运转，使机械组织发育良好，厚角组织发达，提高抗倒伏能力。而且钾对玉米雌穗的发育有促进作用，可增加单株果穗数，尤其对多果穗品种效果更加显著。玉米缺钾，生长缓慢，叶片呈黄绿色或黄色，叶边缘及叶尖干枯呈灼烧状是其突出标志。严重缺钾时，生长停滞，节间缩短，植株矮小，果穗发育不良或出现秃顶，籽粒淀粉含量降低、千粒重减轻，容易倒伏。如果土壤缺钾必须重视钾肥的增施。

2. 玉米对微量元素的生理作用

（1）硼。硼素的缺乏常出现在碱性的土壤上，硼可作为基肥使用，每亩用量 0.1 ~ 0.25 kg。给玉米施硼肥可以显著提高植株生长素的含量及其氧化酶的活性，并加速果穗的形成。

（2）锌。缺锌多发生在 pH ≥ 6 的石灰性土壤上。锌肥可作基肥和种肥施用，每亩施用硫酸锌 1 kg；浸种处理时，可用浓度 0.02% ~ 0.05% 的硫酸锌溶液浸 12 ~ 24 h；根外施肥常用浓度为 0.05% ~ 0.1%，在苗高 5 寸时午后日落前进行喷施。施锌肥可加速玉米发育 5 ~ 12 天，并使开花期以后呼吸作用减弱，有利于干物质积累。

（3）锰。缺锰多发生在轻质的石灰性土壤上。锰肥作基肥常用量，每亩施硫酸锰 1 ~ 2.5 kg；浸种时可用 0.05% ~ 0.1% 硫酸锰溶液浸 12 ~ 24 h，种子与溶液比例为 1∶1.5；根外追肥可用 0.05% ~ 0.1% 的硫酸锰溶液，视植株大小，于黄昏前每亩喷施 25 ~ 50kg。

3. 玉米对矿质营养元素的需要和吸收

玉米籽粒产量与氮、磷、钾数量的比例关系为玉米是高产作物，需肥较多，一般规律是随着产量的提高，吸收到植株体内的营养数量也增多。一生中吸收的养分，以氮为最多，钾次之，磷较少。

(二) 玉米施肥技术

1. 玉米施肥的原则

玉米施肥应掌握以基肥为主，以种肥、追肥为辅；以有机肥为主，以化肥为辅；基肥、磷钾肥早施、追肥分期施原则。施肥量应根据产量指标、地力基础、肥料质量、肥料利用率、密度、品种等因素灵活运用。

培肥地力是玉米高产、稳产的基础。在连作玉米地块，不要连续单施化肥，特别是连续单施硫酸铵酸性氮素化肥，最好以有机肥为主配合化肥施用，效果好。有机肥用量必须逐年增加，施入量大于支出量，地才能越种越肥，产量才能逐年提高。

2. 玉米基肥的施用

玉米施肥应以基肥为主，基肥应以有机肥料为主。基肥用量一般应占总施肥量的60%～70%。基肥施用方法要因地制宜。基肥充足时可以撒施后耕翻入土，或大部分撒施、小部分集中施。如肥料不足，可全部沟施或穴施。夏玉米因抢耕、抢种或肥源不足常不能施用基肥。但为了提高夏玉米产量，除应积极广开肥源、做好劳力调配，力争增施基肥外，亦可在前作地上多施基肥。玉米能很好地利用前作基肥的后效。

3. 玉米种肥的施用

玉米施用种肥一般可增产10%左右。在基肥不足和未施基肥的情况下，种肥的增产作用更大。种肥主要是满足玉米生长初期对养分的需要，能促进根系发育，幼苗生长健壮，为后期生长打好基础。种肥以速效氮素化肥为主，适当配合磷、钾化肥以提高其肥效。肥料要施在种子层的种子旁边，距种子4～5 cm的地方，穴施或条施均可。过近会烧坏种子根，过远则起不到种肥的效果。

4. 玉米追肥的施用

(1) 苗肥。凡是套种或抢茬播种没有施底肥的夏玉米，定苗后要抓紧追足有机肥料。

(2) 拔节肥。拔节肥能促进中上部叶片增大，增加光合面积，延长下部叶片的光合作用时期，为促根、壮秆、增穗打好基础。拔节肥的施用量要根据土壤、底肥和苗情等情况来决定。在地力肥、底肥足、植株生长健壮的条件下，要适当控制追肥数量，追肥的时间也应晚些；在土地瘠薄、底肥少、植株生长瘦弱的情况下，应当适当多施或早施。拔节肥应以施速效氮肥为主，但在磷肥和钾肥施用有效的土壤上，可酌量追施一部分磷、钾肥。据中国农业科学院试验，用N、P之比1∶1混合肥料追拔节肥，增产效果显著。

(3) 穗肥。穗肥是指在雌穗生长锥伸长期至雄穗抽出前追施的肥料。此时正处于雌穗小穗、小花分化期，营养体生长速度最快，雌雄穗分化形成处于盛期，需水需肥量多，是决定果穗大小、籽粒多少的关键时期。这时重施穗肥，肥水齐攻，既能满足穗分化的肥水需要，又能提高中上部叶片的光合生产率，使运入果穗的养分多，粒多而饱满，产量提高。只要在苗期生长正常的情况下，重施穗肥都能获得显著的增产效果。特别是在化肥不足的情况下，一次集中追施穗肥，增产效果显著。

三、玉米的灌溉与排水

（一）玉米对水分的要求

第一，播种出苗期。玉米从播种发芽到出苗，需水量少，占总需水量的 3.1% ~ 6.1%。

第二，幼苗期。玉米在出苗到拔节的幼苗期间，植株矮小，生长缓慢，叶面蒸腾量较少，所以耗水量也不大，占总需水量的 17.8% ~ 15.6%。这时的生长中心是根系，为了使根系发育良好，并向纵深伸展，必须保持在表土层疏松干燥和下层比较湿润的状况。

第三，拔节孕穗期。玉米植株开始拔节以后，生长进入旺盛阶段。这个时期茎和叶的增长量很大，雌雄穗不断分化和形成，干物质积累增加。这一阶段是玉米由营养生长进入营养生长与生殖生长并进时期，植株各方面的生理活动机能逐渐加强；同时，这一时期气温还不断升高，叶面蒸腾强烈。因此，玉米对水分的要求比较高，占总需水量的 29.6% ~ 23.4%。特别是抽雄前半个月左右，雄穗已经形成，雌穗正加速小穗、小花分化，对水分条件的要求更高。这时如果水分供应不足，就会引起小穗、小花数目减少，因而也就减少了果穗上籽粒的数量。同时还会造成“卡脖旱”，延迟抽雄和授粉，降低结实率而影响产量。

第四，抽穗开花期。玉米抽穗开花期，对土壤水分十分敏感，如水分不足、气温升高、空气干燥，抽出的雄穗在 3 ~ 4 天内就会“晒花”，甚至有的雄穗不能抽出，或抽出的时间延长，造成严重的减产，甚至颗粒无收。这一时期，玉米植株的新陈代谢最为旺盛，对水分的要求达到它一生的最高峰，称为玉米需水的“临界期”。这时需水量因抽穗到开花的时间短，所占总需水量的比率比较低，为 13.8% ~ 27.8%；但对于每日每亩需水量的绝对值来说却很高，为 3.69 ~ 3.32 立方米 / 亩。因此，这一阶段土壤水分以保持田间持水量的 80% 左右为好。

第五，灌浆成熟期。玉米进入灌浆和蜡熟的生育后期时，仍然需要相当多的水分，才能满足生长发育的需要，这时需水量占总需水量的 31.5% ~ 19.2%，这期间是产量形成的主要阶段，需要有充足的水分作为溶媒，才能保证把茎、叶中积累的营养物质顺利地运转到籽粒中去。所以，这时土壤水分状况比起生育前期更具有重要的生理意义。灌浆以后，即进入成熟阶段，籽粒基本定型，植株细胞分裂和生理活动逐渐减弱，这时主要是进入干燥脱水过程，但仍需要一定的水分，占总需水量的4%～10%来维持植株的生命活动，保证籽粒的最终成熟。

(二) 玉米的合理灌溉

第一，玉米播种期灌水。玉米适期早播，达到苗早、苗全、苗壮是实现高产、稳产的第一关。

第二，玉米苗期灌水。玉米幼苗期的需水特点是植株矮小、生长缓慢、叶面积小、蒸腾量不大、耗水量较少。

第三，玉米拔节孕穗期灌水。玉米拔节以后，雌穗开始分化，茎叶生长迅速，开始积累大量干物质，叶面蒸腾也在逐渐增大，要求有充足的水分和养分。玉米拔节孕穗期间加强灌溉和保墒工作，是争取玉米穗多、粒多提高产量的关键环节。

第四，玉米抽穗开花期灌水。玉米雄穗抽出后，茎叶增长即渐趋停止，进入开花、授粉、结实阶段。玉米抽穗开花期植株体内新陈代谢过程旺盛，对水分的反应极为敏感，加上气温高、空气干燥，使叶面积蒸腾和地面蒸发加大，需水量达到最高峰。

第五，玉米成熟期灌水。玉米受精后，经过灌浆、乳熟、蜡熟达到完熟。从灌浆到乳熟末期仍是玉米需水的重要时期。这个时期干旱对产量的影响，仅次于抽雄期。玉米从灌浆起，茎叶积累的营养物质主要通过水分作媒介向籽粒输送，需要大量水分，才能保证营养运转的顺利进行。

(三) 玉米的田间排水

大部分玉米产区在玉米生育期间正是雨季，尤其是黄淮流域夏玉米产区，雨量多集中在7—8月，如无排水准备，低洼地区很容易遭受涝害，因此采取有效措施，做好排水防涝工作很重要。

四、玉米的合理密植

(一) 玉米合理密植的生理基础

玉米产量由每亩穗数、每亩粒数和粒重组成。合理密植就是为了充分有效地利用光、水、气、热和养分，协调群体与个体的矛盾，在群体最大发展的前提下，保证个体健壮地生长发育，达到穗多、穗大、粒重，提高产量。

1. 玉米合理的群体结构

玉米合理的群体结构是根据当时当地的自然条件、生产条件和品种特性来确定的。所谓合理的群体结构即群体与个体、地上部与地下部、营养器官与生殖器官、前期生长和后期生长都能比较健全而协调地发展，从而经济有效地利用光能和地力，促使穗多、穗大、粒多、粒饱，最后达到高产优质低成本的目的。

当光合势、光合生产率和经济产量系数三者的乘积最大时，籽粒产量最高，其群体结构也是合理的。在种植密度较稀时，光合生产率及经济产量系数虽较高，但每亩绿叶面积较小，全生育期光合势也较小，每亩籽粒产量不高；种植过密时，光合势大，但每亩绿叶面积过大，过分郁蔽，光合条件恶化，光合生产率下降，经济产量系数降低，所以籽粒产量也不高。

2. 玉米高产的群体结构

根据不同地区的自然条件、生产条件和玉米不同品种的生育特点，确定不同生育时期合理群体结构指标，因地制宜地规划出当地玉米高产的群体结构图型，作为主攻方向，做到目的明确、心中有数，然后根据具体情况，采取促控措施，实现各时期的群体指标。

(二) 玉米合理密植的方式

1. 玉米的等行距种植

等行距种植方式株距随密度而有不同，一般行距为 60～70 cm。其特点是植株在抽穗前，地上部叶片与地下部根系在田间均匀分布，能充分地利用养分和阳光；播种、定苗、中耕锄草和施肥培土都便于机械化操作。但在肥水高、密度大的条件下，在生育后期行间郁蔽，光照条件差，光合作用效率低，群个体矛盾尖锐，影响进一步提高产量。

2. 玉米的宽窄行种植

宽窄行距一宽一窄，一般大行距为 80 cm、窄行距在 50 cm 左右，株距根据密度确定。其特点是植株在田间分布不匀，生育前期对光照和地力利用较差，但能调节玉米后期个体与群体间的矛盾，所以，在高水肥、高密度条件下，大小垄一般可增产 10%。在密度较小的情况下，光照矛盾不突出，大小垄就无明显增产效果，有时反而会减产。

五、玉米的播种和田间管理

(一) 适时种好玉米

1. 做好玉米播种准备

(1) 选用优良品种。我国北方地区，玉米播种面积大、品种多，自然条件复杂，栽培制度各异，各地在选用良种时，应注意以下原则：

第一，选用抗病品种。近年来，北方各地普遍发生玉米各种病害，其中，玉米叶斑病已成为玉米的主要病害，一旦发生，轻者减产，重者造成毁灭性的灾害。另外，玉米病毒病也有发展。为了保证玉米高产稳产，选育和推广抗病品种，尤其是抗大、小斑病的品种，是生产上迫切需要解决的问题。

第二，选用良种必须因地制宜。任何优良品种都是有地区性的和有条件的，并非良种万能。不同的品种或杂交种，对肥水的反应、抗旱、耐涝、抗病力、区域适应性、产量水平及品质等都是有差别的。选用良种时，必须根据其品种特点与适用范围，做到因地制宜、良种良法配套，才能获得丰产。不论从外地引进或从当地新选育的品种或杂交种，在大面积推广前，必须在试种示范过程中，了解和掌握其生育特性，并总结出一套有针对性的栽培管理措施，才能发挥良种的增产作用。

(2) 精选种子及种子处理。为了提高种子品质，在播种前应做好种子精选工作。经过筛选和粒选，除去霉坏、破碎、混杂及遭受病虫为害的籽粒，以保证种子有较高的质量。对选过的种子，特别是由外地调换来的良种，都要做好发芽试验。一般要求发芽率达到90%，如低于90%，要酌情增加播量。

种子处理玉米在播种前，通过晒种、浸种和药剂拌种等方法，增强种子发芽势，提高发芽率，并可减轻病虫为害，以达到苗早、苗齐、苗壮的目的。

2. 做好玉米播种工作

(1) 适时早播增产的意义。

首先，适时早播可以延长玉米生育期，积累更多的营养物质，满足雌雄穗分化形成以及籽粒的需要，促进果穗充分发育，种子充实饱满，提高质量。

其次，可以减轻病虫为害。对玉米增产影响严重的病虫：苗期有地老虎、蝼蛄、金针虫、蛴螬等为害幼苗，造成玉米缺株；中后期有玉米螟为害茎叶和雌雄穗，导致减产。适期早播可以在地下害虫发生以前发芽出苗，至虫害严重时，苗已长大，增强抵抗力，因而减轻苗期虫害，保证全苗；同时，还可以避过或减轻中后期玉米螟为害。

(2) 夏玉米早播技术措施。早播是夏玉米夺取高产的关键措施。群众有“夏播无早，越早越好”的经验。早播所以能增产，除早播可以延长生育期，减轻或防止小斑、花叶、条纹、毒素等病害外，还可以减轻或避免“芽涝”的为害。在华北一带，一般7月上旬雨季来临，有的年份6月下旬雨季就开始，早播则可利用雨季来临前的时节充分生长，根系发育良好，雨季来临后，增强抗涝能力。甚至正值拔节，不仅避开了“芽涝”，还可以转害为利，满足拔节时期对水分的需求。

麦田套种是华北地区分布最广、面积最大的一种间套作方式。套种玉米的时间，晚熟种宜早，中熟种宜晚，肥地宜晚，瘦地宜早，一般以小麦收获前10～15天为宜。如小麦亩产在400 kg以上，宜晚勿早，以小麦收获前7天左右套种玉米较好。套种玉米出苗后，处于地表板结透气性差、地干水分少、地薄养分缺的不良环境条件下，易发生缺苗或者形成弱苗，麦收后应及时移苗补栽，勤锄灭茬，加强肥水管理。

育苗移栽夏玉米育苗移栽，播种期比直播提早，早播除了可以促进增产外，因玉米在育苗期间和移栽后的缓苗期都有蹲苗促壮的作用，还可以使玉米株矮、穗位低、次生根增多、单株叶面积减小，因此，移栽比直播玉米具有抗旱、抗倒伏和密植全苗等优点。

(二) 加强玉米的田间管理

1. 玉米的苗期管理

玉米苗期的生育特点主要是以长根为中心，壮苗先壮根。因此，必须加强苗期管理，以促进根系发育，控制地上部茎叶生长，使幼苗达到根多、苗粗壮、茎扁、叶宽厚、叶色深绿、植株敦实、壮而不旺的旺苗要求。其措施除苗期追肥外，还应抓好以下工作:

(1) 移苗补栽。如缺苗较少，可带土补栽；如缺苗在10%以上时，可囤苗补栽。所谓囤苗补栽，就是把大田间出来的苗放在阴凉处，根部用土封好，泼点水，经过24 h，生出新根，即可补栽。补栽的苗要比缺苗地的苗多1～2叶片，并注意浇水，施少量化肥，促苗速长，赶上直播。

(2) 适时间苗、定苗。间苗要早，一般在3～4片叶时进行。这是因为幼苗初生根对土壤通气、营养和水分有一定的要求。间苗过晚，由于植株拥挤，互相遮光，互争养分和水分，初生根生长不良，从而影响地上部的生长，故间苗应早，特别是在旱地穴播及播量增大时更应如此。间苗时应去掉小苗、弱苗、病苗。当苗龄为5～6片叶时，应进行定苗。定苗时应留下壮苗。特别是麦套玉米早定苗尤为重要。间苗、定苗最好在晴天进行，因为受病虫为害或生长不良的幼苗在阳光照射下常发生萎蔫，所以易于识别，有利于去弱留壮。

(3) 中耕。这是苗期管理的一项重要工作，也是促下控上增根壮苗的主要措施。中耕可以疏松土壤、流通空气，不但能促进玉米根系的发育，而且有益于土壤微生物的活动。

2. 玉米的穗期管理

根据穗期是玉米营养生长和生殖生长同时并进的旺盛生长时期的生育特点，合理分配水肥，以促进生殖生长，并适当控制营养生长；同时还要促使植株中、上部叶片生长良好，使玉米植株生长敦实粗壮，基部节间短，节间断面呈椭圆形，叶片宽厚，叶色深绿，叶挺有力，根系发达，达到壮株的丰产长相。为此，穗期的田间管理中心任务是攻秆、攻穗，严防缺水，避免“卡脖旱”和涝害、适期追肥、灌水。

3. 玉米的花粒期管理

根据花粒期营养生长逐渐停止而转入以生殖生长为中心的生育特点，田间管理的中心任务是为授粉结实创造良好的环境条件，提高光合效率，延长根和叶的生理活动，防早衰争活熟，提高粒重。具体措施除增施攻粒肥和勤浇攻粒水外，还应抓好以下工作：

(1) 人工去雄。当雄穗刚抽出而尚未开花散粉时进行。去雄过早，易拔掉叶子影响生长；过晚，雄穗已开花散粉，失去去雄意义。去雄时，每隔一行去掉一行，也可以每隔两行去掉两行或一行。在去雄行内可全部去掉，也可以隔株去雄。去雄株数一般以不超过全田株数的1/2为宜。靠底边几行不应去雄，以免影响授粉。

(2) 继续防治玉米螟。一般在抽穗后至乳熟期常有玉米螟为害穗部，继续加强玉米螟防治工作是保产增收的重要措施。

(3) 适时收获。一般当苞叶干枯松散、籽粒变硬发亮时，即为完熟期，可进行收获。如玉米系籽粒青贮兼用，或种回茬麦者，可在蜡熟中末期提前挖秆腾地，使籽粒后熟，这样做既不影响产量，又有利于后茬小麦的整地播种；同时还可以利用仍带绿色的茎叶青贮，解决牲畜冬季饲料问题。

第四节　高粱高产栽培技术分析

高粱，别名蜀黍、高粱米、芦粟、蜀秫等，脱壳后即为高粱米，籽粒呈椭圆形、倒卵形或圆形，大小不一，呈白、黄、红、褐、黑等颜色，一般随种皮中单宁含量的增加，粒色由浅变深。胚乳按结构分为粉质、角质、蜡质、爆粒等类型，按颜色又有红、白之分；红者又称为酒高粱，主要用于酿酒，白者用于食用，性温味甘涩。

高粱按性状及用途可分为食用高粱、糖用高粱、帚用高粱。高粱在我国、朝鲜、印度及非洲等地皆为食粮，食用方法主要是为炊饭或磨制成粉后再做成其他各种食品，比如面条、面鱼、面卷、煎饼、蒸糕、年糕等。高粱是酿酒、制醋、提取淀粉、加工饴糖制酒精的原料。“高粱既具有食用价值，又具有药用价值，经济效益较好。因此，市场对高粱的需求一直以来都比较稳定。”①

高粱主要分布在年降水量 500 mm 以下的地区。中国北方春季少雨、蒸发量大，为了保证播种时土壤中有足够的水分，耕翻后应及时进行耙耱镇压、碎土整平，保蓄土壤水分，播种后进行镇压，使种子和土壤紧密接触，以利于出苗。中国东北西部半干旱地区，常实行原垄播种，即不耕翻土地，早春季节及时进行耙地并耥沟镇压，防止水分蒸发。通常 5cm 土层温度稳定通过 12℃时播种，出苗正常。

一、高粱需适时播种育苗

中国各地春播的适宜播种期，一般为 4 月上旬至 5 月中旬，于麦收前 15 ~ 25 天播种，麦收后及时灌水施肥，促进生长发育。播种深度一般为 3 cm。当 10 cm 土层温度稳定通过 12℃以上时即可播种。高粱最适宜的播种期是 4 月下旬，常规种植宜早播，杂交种宜迟播。播种期过早、土温低、出苗时间延长，易导致烂种。烂芽严重，出苗率低且不整齐；播期过迟。生育后期易受高温伏旱影响，穗部虫害也重。一般移栽油菜、小麦地的在 4 月中下旬播种。

高粱育苗应选用土质偏沙，背风向阳，肥力中上等的菜园地作苗床。床土要深挖细软，开好厢沟，结合施肥整平、整碎，做到平整、细软，土肥融合，水分适中。播前要精选种子，筛选出无病虫害、大而饱满的种子，曝晒 3 ~ 4 天，用 50℃的温水浸种 6 h，晾干水汽后播种。一般栽一亩地需播种 250 ~ 500 g，一般常规种 250 g、杂交种 500 g。每亩苗床播种 4 ~ 6 kg，混泥撒播，播后盖细土 1 cm 或泼施浓猪粪盖种，再搭拱盖膜保温。出苗后及时揭膜，三叶时定苗，保持株间距 3 cm，并追施清粪水 2000 kg 提苗。如有蚜虫，可用 10% 吡虫啉 5000 倍液喷雾防治，雨后及时移栽。

二、高粱的合理密植

中国的种植品种大部分为高秆和中秆种，在一般的土壤肥力条件下，每公顷种植 8 万 ~ 12 万株，土质肥沃管理水平高的土地，每公顷种植 15 万株左右。夏播高粱一般每公顷种植 9 万 ~ 12 万株。当高粱苗有 5 ~ 8 片叶时抢雨带土移栽，其中，杂交种 5 ~ 6 叶，常规种 6 ~ 8 叶。过早移栽，苗嫩根少，对环境适应性差，返青成活慢；

① 何春霞. 高粱优质高产栽培技术 [J]. 种业导刊，2022(02)：35.

过迟移栽，苗老穗小，产量低。目前，生产上种植密度偏稀，应适当增加苗数，一般小麦油菜地实行间套种植，按（93 ~ 40）cm ×（33 ~ 40）cm 的规格进行宽窄行栽培，田坎土台按 50 cm × 33 cm 的规格进行宽行窄株栽培，每窝栽 2 株，保证亩有基本苗 5000 ~ 8000 株。移栽时，做到窝大底平，苗直根伸，盖土 3 cm，可边栽边浇定根清粪水，以提高成活率。

三、高粱的科学配方施肥

高粱根系发达、吸肥力强。据分析，每生产 100 kg 高粱籽粒，需要吸收纯氮 2.6 kg、五氧化二磷 1.36 kg、氧化钾 3.06 kg。高粱施肥应提倡有机肥与无机肥配合，或氮、磷、钾配合，一般中等肥力的土块每亩施碳铵 35 ~ 50 kg，钙、镁、磷肥或过磷酸钙 30 ~ 40 kg、农家粪 2000 ~ 3000 kg、硫酸钾 5 kg、硫酸锌 0.5 kg。施肥方法以重底早追为宜，农家粪的 70% 和磷、钾、锌肥全作底肥，移栽成活后及时用碳铵加清粪水提苗，特别是杂交高粱，宜早不宜迟；拔节前看苗酌情追肥，可施水粪 30 ~ 40 担，碳铵或硫铵 5 ~ 7.5 kg。

四、高粱的田间管理

田间管理的主要措施是间苗、蹲苗、中耕除草等。主要抓好以下关键环节：

第一，查苗补缺，当高粱移栽成活后应及时查苗补缺，减少缺窝、缺株。

第二，中耕培土，移栽成活后，结合施肥进行第一次中耕，并铲除杂草；拔节前再结合施拔节肥进行第二次中耕，并培土上行。

第三，施肥抗旱，如遇干旱，叶片发红，可用磷酸二氢钾喷施防治。

第五章 现代农业中的经济作物高产栽培技术

栽培技术是影响农作物产量的重要因素之一，技术种类复杂，受影响因素众多，与农作物增产增收关系密切，随着农业科学技术推广的深度普及，农作物高产栽培技术成为近年来我国农作物种植重点应用的农技之一。基于此，本章探究麻类作物高产栽培技术、甘蔗高产栽培技术、向日葵高产栽培技术、夏芝麻高产栽培技术。

第一节 麻类作物高产栽培技术分析

一、红麻高产栽培技术

我国栽培红麻的区域非常广阔，南起海南岛，北至黑龙江，除青海、西藏外，在北纬47° 以南各省（区）都有种植。各地在高产栽培技术上已形成模式化栽培，现综合整理如下：

（一）红麻的播前准备

1. 深翻耕、细整地

深栽细整有利于创造疏松、深厚的耕作层，促进根系发育，增强红麻的抗风抗倒伏能力。各地的深翻经验是，北方麻区春旱严重，保墒十分重要，采取秋季深翻，耕深 20 ~ 25 cm，耕后冬灌，无灌水条件的农田，秋翻后要立即耙糖保墒。秋耕宜早宜深，早春解冻后耘耙整地。春季土壤细整细耙有利于苗全苗壮，早生快发。

南方麻区一年多熟，春雨较多，不能秋耕。一般春耕时都抢晴翻耕，深度 16 ~ 20 cm，耕后及时修好排水系统。湖南、广西麻区采用春深耕细整地，做深沟高畦，畦面要土细平整，以利于排水保苗，减少病害。浙江麻区复种指数高，套种结构多种多样，多数采用麦麻套种或麦麻绿肥套种。凡套种绿肥的麻田，春耕之前，在绿肥地上喷施农药，消灭金龟子和地老虎等地下害虫。

2. 轮作与套种

红麻套种、间作是挖掘土壤潜力，提高复种指数，增加单位面积上的粮、麻产量的有效途径，其经济效益比较显著。我国南方麻区，根据当地的自然条件、耕作特点和作物生长发育规律，不断改革排作制度，因地制宜地创造出一套红麻间、套种方式。

(1) 冬作物套种红麻。浙江省是长江流域一年多熟制的麻区，红麻多数套种在冬季作物行间。其套种方式有两大类别：第一种方式是红麻前作畦中绿肥，沟边小麦。第二种方式是红麻前作为满畦小麦或油菜，主要分布在黏土麻区，肥力水平较高，红麻苗期迟发，但后劲很足，所以产量较高。

(2) 稻、麻、油一年三熟。南方地区，日照强、气温高、太阳辐射能高，无霜期长，在以水稻为主的粮食区采用稻、麻、油一年三熟制。

红麻—晚稻—油菜 (或绿肥)：红麻在春分播种，8 月初收获，立秋边抢收边插晚稻，冬季种油菜或绿肥。

早稻—红麻—绿肥：早稻采用早熟品种于 3 月初插秧，6 月初收获，6 月中旬播红麻，11 月中旬收获，再间种绿肥。若夏红麻采用育苗移栽，其纤维产量会更高。移栽方式是立夏播种麻苗，早稻收获时，苗高 20 ~ 30 cm 即行移栽。

(3) 玉米套种红麻。采用生育期短的早熟玉米品种，选用前期生长较慢，中后期生长较快的晚熟红麻品种，错开播种期来协调共生期间的群体与个体生长之矛盾。

(二) 红麻的播种时期

适时早播是红麻夺取高产的措施之一。早播不仅延长了红麻的生育期，使麻株的营养物质积累的时间延长，以充分利用光能，使株高秆壮。更重要的是早播促进红麻早节位纤维的形成与发育，从而提高了麻株的纤维含量，获得高产。

红麻种子在适宜温度下发芽较快且整齐。播种过早，气温低，昼夜温差大，影响种子发芽和出苗，甚至出现烂种，即使出苗也会因晚霜或低温侵袭而死苗；播种过迟，虽然出苗快，但有效生育期短，早节位的纤维积累比例小，致使麻株茎嫩皮薄，纤维含量低。至于每一地区确定适宜播种期时，应结合当地的气候、温度变化而确定。

从历年经验来看，华南麻区早春气温高，断霜早，一般春分至清明播种为宜；长江中下游地区的安全播种期，前作为绿肥的，以 4 月中下旬播种为宜，前作为蚕豆、油菜、大小麦等迟熟作物，宜采用套种或育苗移栽办法，变迟麻为早麻；华北地区的经验是“霜前播种，断霜出苗”，即在 4 月中旬始播，4 月下旬或 5 月初播完；东北辽宁地区以 4 月 25 日至 5 月 5 日为适宜播种期。播种时为实现一播全苗，在种子发芽率达 80% 左右时，每亩播种量为 1.5 ~ 2.0 kg，种子若生命力强，发芽率高，质量好，播种量可适当减少，但不宜低于 1.25 kg。

(三) 红麻的播种方法

我国传统的播种方法为人工开沟，手工撒籽，这种方法费工费时。为缩短播种时间，保证播种质量，达到出苗快、出苗齐、出苗匀的要求，目前正推广通用播种机播种，不但缩短了播期，提高了工效，而且播种质量好，落籽均匀，深浅一致。南方麻区的砂壤土麻地，使用滚筒形式的简易播种器播种，也获得较好的效果。红麻播种深度，南方春雨多，以 2 cm 左右为宜，北方常常春旱，播种略深。

(四) 红麻的苗期管理

狠抓红麻苗期管理，促苗早发旺长是夺取高产的重要环节。苗期管理的重点是抓全苗，培育壮苗。

1. 抓全苗

全苗是高产的基础，红麻播种后 5 ~ 7 天即可出苗。但常受人为或自然环境因素的影响，往往难全苗，易出现缺苗断垄现象，必须针对缺苗原因，抓住主要矛盾，采取有效措施，保证一播全苗。

2. 培育壮苗

红麻种子发芽出土后，一个月左右时间是蹲苗发根阶段，麻苗生长很慢，加强苗期田间管理，有利于根系发育，促苗早发快长，主要措施如下：

(1) 早间苗定苗。早间苗、匀留苗，适时定苗是培育壮苗的一环。间苗要早，间苗迟了易造成苗挤苗，势必形成大量弱苗，难以育成壮苗。壮苗的标准是：出苗一个月内，株高 30 cm 左右，有叶 8 片，根系发达，茎秆健壮。在早间苗的基础上，早定苗可使麻苗单株营养面积早扩大，麻苗早发，根系早盘根，早壮根。定苗时要以等高为主，等距为辅，借地留苗，去密留稀，去弱留壮，去大小留中间，达到留匀留足的要求，从而能在大面积上实现全苗壮苗，降低笨麻率。

(2) 早中耕除草。苗期早中耕，勤中耕能除尽杂草，改善土壤的通气性，促根壮发。尤其是南方地区，春季低温多雨，勤中耕松土能增加土壤的通透性，提高土温，降低土壤湿度，防止病虫蔓延。一般苗期中耕 3 ~ 4 次，中耕的原则是：头遍浅、二遍深，三遍四遍到草根。第一次中耕在间苗后进行，第二次中耕在定苗后进行，第三次中耕在株高 30 cm 左右实行深中耕以利于保水、保肥和防倒，麻田封行前还可以进行一次中耕。在播种后发芽前，喷施化学除草剂扑草净，可使麻地减少中耕次数以减轻杂草为害。在旺长初期追肥时中耕一次，即能达到较好的效果。

(3) 排水防渍。红麻苗期耐渍性较弱，对水分反应十分敏感，幼苗受渍，土壤缺根系呼吸受阻发育慢，养分吸收能力较弱，麻苗发红生长不良。所以在高湿的南方地区，应注意排水防渍。

此外，追施苗肥也是培育壮苗、促苗早发的一个重要因素。

(五) 红麻的合理密植

合理密植问题即红麻高产群体的结构问题，是高产栽培研究的重要内容。红麻群体与个体的矛盾，表现在群体生产力与个体生产力的关系上 (即有效麻多与单株生产力高的关系)。合理的群体，必须在提高单位面积有效株数的同时，保持较高的个体生产力。红麻栽培的适宜密度范围，受土壤肥力、管理水平，以及使用品种不同而有所差异。从各地高产经验来说，当前在施肥水平不断提高、管理日益精细的情况下，定苗密度以每亩 1.8 万 ~ 2.0 万株为宜。部分地区采用窄行麦麻套种方式的每亩定苗以 1.6 万 ~ 1.8 万株为好。

(六) 红麻的施肥技术

1. 红麻要施足基肥

基肥一般以绿肥、堆肥、饼肥、人粪尿等有机肥为主。北方麻区多在播种前亩施土粪 4000 ~ 5000 kg，并配施过磷酸钙 15 ~ 25 kg 和 10 kg 氧化钾；南方麻区播种前每亩翻压绿肥 1000 kg 或土杂肥 4000 ~ 5000 kg，播种后每亩再用 150 kg 左右草木灰盖种。

2. 酌施种肥

播种时施少量种肥，对促进幼苗生长有良好作用。尤以土壤较瘦的地块，或施用基肥较少的麻地，种肥以速效性氮肥为主，一般每亩用 2 ~ 2.5 kg 尿素。种肥用量不宜过多，要切忌与湿种混拌，以免引起烧种，影响出苗。

3. 轻施苗肥

苗肥要轻施、勤施。南方麻区苗肥一般施两次。第一次施提苗肥，在第一次间苗后结合中耕施用，每亩用尿素 2.5 kg，或兑稀薄人粪尿或猪粪水泼施；第二次施壮苗肥，在定苗时苗高 10 cm 左右，抢晴天施下，每亩施尿素 3.5 ~ 4 kg 或兑水或兑入粪尿水浇施。

4. 重施长秆肥

长秆肥 (又称旺长肥) 是主攻单株生产力，增加有效株数，夺取高产的关键。北方麻区一般在 6 月中下旬，苗高 50 cm 左右时，追施一次长秆肥。长江流域与华南麻区，夏季雷雨较多，1 次不宜用量过多，一般分 2 次施用。第一次在 6 月上旬，麻苗封行后即将起发，麻苗约 40 cm 高时施下，每亩用尿素 3.5 ~ 4 kg，加饼肥 25 ~ 30 kg；第二次在 7 月上旬，株高 100 ~ 120 cm 时，每亩再施尿素 5 ~ 6 kg。

5. 巧施赶梢肥

赶梢肥要“看天、看地、看麻”巧施。在长江流域麻区，一般于7月底或8月初施下，每亩用尿素2.5 ~ 4 kg，氯化钾7.5 ~ 10 kg，草木灰100 ~ 150 kg。以促进红麻稳长稳发，增强抗风抗倒能力，有利于茎秆与纤维发育。

二、黄麻高产栽培技术

(一) 黄麻麻田的建设与整地

1. 麻田的建设

黄麻属高秆作物，生育期长，产量高，需肥、水多。因此，搞好麻田建设，提高土壤肥力是黄麻高产栽培的基础。黄麻对土壤的要求是，疏松肥沃，结构良好，耕作层达24 cm左右，有机质含量达1.2% ~ 8.3%，速效磷达100 mg/kg，速效钾达50 mg/kg以上，排灌方便，旱涝保收，黄麻播后100天内土壤水分能控制在20% ~ 25%，土地平整，土面平坦，宜于稻麻轮作。

2. 麻田的整地

整地为黄麻出苗早发、根系发育创造了深厚、肥沃、疏松的土壤环境，要求深、平、细、匀、伏。

(1) 深。为使黄麻扎根深，根系发达，必须深耕。对翻埋绿肥或厩肥做基肥的麻田，更需结合施肥适当深耕。深耕后于播种前还须浅耕多耙，达到土肥相融。在稻田上种麻的，因土质黏重，冬耕时要多次深翻晒田，加速土壤风化，以利于黄麻生长。

(2) 平。就是要使畦面平整，中间略高，防止积水，以减轻苗期病害，减少死苗和僵苗。

(3) 细。即耙细土块。对土壤黏重的麻田，要多犁多耙，使土粒粗细适宜，使种子与土壤接触紧密，利于吸水萌发。

(4) 匀。翻耕深浅一致，土肥混合均匀，利于黄麻群体生长整齐，提高有效株数。

(5) 伏。土壤疏松伏贴，可以达到蓄水、调肥、通气、增温的目的。麻区农民常在麻田翻耕后，土壤干湿适宜的条件下对麻田进行镇压，使土壤疏松伏贴，以利于幼苗的扎根及麻株根系对水肥的吸收。

(二) 黄麻的播种、育苗、移栽

1. 播种日期

黄麻种植地域范围较广，南北的气温、日照相差悬殊。因此，须根据不同地区和不同的栽培品种来确定本地区的播种期。实践证明，当气温稳定在15℃以上，日照不短于12.5小时即可播种。在华南麻区以清明前后为宜。长江中下游麻区宜在谷雨后立夏前播种为宜。

2. 播种质量

(1) 精选和处理种子。种子要进行风选，除去嫩籽、秕籽，粒粒饱满能提高种子的发芽率和发芽势，达到出苗整齐健壮。播种前晒种3～4天，也能提高发芽率。播前以0.5%的退菌特拌种后，密封15天左右，能减轻苗期病害。

(2) 适量播种。在正常条件下，圆果种黄麻的播种量为每亩0.75 kg左右，与春粮套种的麻区，应适当增加到1～1.5 kg为宜，长果种黄麻籽粒小，播种量应适当减少。

(3) 施用种肥。合理使用种肥是培育壮苗的重要措施，近年来，浙江麻区从单纯以草木灰盖种，发展到带氮带磷下种。

(4) 精细播种。播沟要浅，深度一致，播种要均匀，防止断垄漏播。播后覆土要薄，均匀一致，并做轻度镇压，使种子与土壤紧密接触，促进快齐出苗。

3. 育苗移栽

育苗移栽是在相应的耕作制度下解决前后作物矛盾，达到黄麻适期播种的重要措施。

(1) 育苗。选择土质好、通风透光、排灌方便的苗床地，施足基肥，一般每亩以1000～1500 kg人粪尿淡浇“毛板”(翻耕后尚未耙平的地)，耙平整细后播种。播种期可以比大田略早几天。播后清沟排水，防止厢面积水。出苗后及时防病治虫，间苗除草，薄施追肥。苗高3.5 cm左右时每亩施氮肥3～5 kg，后再视苗情酌施。

(2) 移栽。大田作物收获后，待麻苗高15～18 cm时移栽。移栽选择阴雨天进行。拔苗时如苗床土壤干燥，需灌跑马水，以减少拔苗断根。选壮苗并把大、小苗分别移栽。麻苗移栽定苗，不宜深于子叶节。移栽后灌水扶苗和杀草灭虫，灌水深度以苗高1/3为宜，灌水2天后应排净积水，保持土壤湿润。

(3) 管理。移栽成活后要及时追肥，一般在移栽后7天左右，施速效氮肥，10天左右进行松土，15天左右结合培土施重肥促麻苗旺长。

(三) 黄麻的田间管理

1. 间苗、定苗

间苗定苗是壮苗早发，控制笨麻的重要环节。黄麻一般在现真叶后及时间苗，使苗间有一定距离，苗高6～7 cm时除劣苗、小苗，苗高10～15 cm时定苗。按密植规格注意株间距离，力求均匀，确保匀株密植。

2. 中耕、除草

要及时间苗除草，在有条件的麻区，结合化学除草，采用地膜覆盖，可大大减少麻田的杂草数量，节省除草用工。床田中耕除草，一般进行 3 ~ 4 次。中耕的深度则视土壤情况而定，黏性土宜深，轻砂土宜浅。第 1 ~ 2 次中耕宜浅，以 3 cm 左右为宜，以后中耕可深至 6 ~ 10 cm。最后一次中耕，可结合培土防倒。

（四）黄麻的合理密植

黄麻对光能的利用是黄麻纤维产量的生理基础，合理密植的主要目的就在于充分利用光能。圆果种黄麻亩产 500 kg 的群体结构出苗数在 20 万株以上，第一次间苗每亩留苗 8 万 ~ 10 万株，第二次间苗留苗 2.2 万 ~ 2.5 万株，封行前定苗 2.0 万株，收获时每亩有效麻株为 1.5 万 ~ 1.6 万株，笨麻率控制在 20% ~ 25%，有效麻株高 380 ~ 400 cm，单株纤维重 14 ~ 15 g。长果种黄麻与圆果种黄麻相比，麻茎上、下粗细均匀，定苗密度稍大，一般每亩定苗 2.0 万 ~ 2.5 万株，收获时有效麻株 1.6 万 ~ 1.8 万株为宜。

（五）黄麻的施肥技术

施肥是黄麻栽培技术中的重要措施之一。黄麻的不同生长发育阶段对氮、磷、钾三要素有不同的要求，需肥量也不相同。因此，黄麻施肥的原则是：数量上要足，肥料三要素必须配合施用，方法上采用“前促、中轰、后控”，以促为主，促控结合。

第一，施足基肥。基肥是苗期早发的前提，也是黄麻全生育期的营养基础。因此，基肥必须施足，包括种肥在内应占全年总施肥量的 50% 左右。

第二，勤施薄施苗肥。施好“黄芽肥”，即当黄麻出苗 80%，子叶黄绿色时，每亩以稀薄人粪尿 250 ~ 400 kg 兑水泼浇，或以 2 ~ 2.5 kg 尿素撒施，以利于培育壮苗，减少死苗。早施“提苗肥”，对套种在春粮里的麻苗更为重要，一般是在苗高 3 ~ 5 cm 时，松土后每亩用氮素化肥 5 kg 左右兑水浇施。然后结合间苗、定苗，每苗施“平衡肥”尿素 4 kg 左右，为旺长打下基础。

第三，重施旺长肥。麻苗高 50 ~ 70 cm 时进入旺长期，需肥量迅速增加，是黄麻对氮、磷、钾吸收量最大的时期，故肥料要早施、重施。遇旱时，施肥必须结合灌水，以水调肥，充分发挥肥料的作用。

第四，巧施赶梢肥。黄麻进入纤维积累盛期，既需要有旺盛的长势，又要稳长不贪青，保持较高的碳素同化能力，故应视黄麻群体的长相决定施肥措施。长势旺盛的不再施肥，长势差、早衰的可酌情施“赶梢肥”，但不宜太多，每亩施硫酸铵 5 kg 左右。

(六) 黄麻的排灌技术

水是黄麻生命活动的介质、光合作用的原料。同时，水又是组成麻株的主要成分，其含量占麻株总量的70%～91%。因此，掌握黄麻的需水特性，科学用水，合理排灌是夺取黄麻高产、稳产的关键之一。

黄麻播种后，如遇久晴不雨，土壤含水量降到20%以下时，可灌跑马水，使种子发芽出苗，特别是当播种后，如遇低温干旱，更要及时灌水保芽，确保安全出苗。苗期遇旱，要根据旱情、苗情适量灌水。灌水时必须做到随灌随排，防止渍水，影响麻苗生长。黄麻转入旺长期后，需肥需水量多，要根据土壤肥力、麻株的长相及时灌溉。但灌水必须合理，既要节约用水、降低成本，又要发挥灌水的最大作用。灌水的方式，以沟灌为好，如果采取大水漫灌，容易引起土壤板结和麻株倒伏。在有条件的地方除发展喷灌外，还可将地面灌溉逐步改为管道灌溉。灌溉时间一般以早晚为宜，避免在烈日的中午灌水，以免因土温急剧变化引起麻株发生不正常的落叶现象，影响光合作用的进行。旺长期在持续干旱条件下，每隔7～10天灌水一次，长江流域麻区，一般7月灌水3～4次，8月灌水1～2次。生长后期，要根据耕作制度、品种特性和麻株长相及时断水，促进麻株落黄和纤维成熟。

黄麻的生长期中有三个时期特别需要加强排水工作：一是播种后，长期低温阴雨，土壤水分过多，种子因缺乏空气不能发芽，甚至造成烂种；二是苗期常因多雨易烂根，并利于立枯病、炭疽病等苗病的蔓延，造成大量死苗，引起缺株断行，严重时必须翻耕重播。进入旺长期前，要严格控制水分，既可促进根系往下深扎，起到蹲苗的作用；又可控氮促碳，有利于纤维的形成和积累；三是老落期，是纤维发育最盛的时期，需要干燥的环境，控水控肥，促进落黄，有利于纤维发育。深沟、高畦、畦面呈龟背形，畦宽合适并及时清沟是保证排水的基本措施。

三、亚麻高产栽培技术

亚麻的产量和品质是遵循一定的气候、土壤等自然条件和其自身生长发育（包括纤维发育）规律，再通过人们的栽培技术措施所形成的综合表现结果。

亚麻栽培的任务就是要在认识和掌握自然规律和亚麻生长发育规律的基础上，制定出合理的农业技术措施，保证亚麻正常的生长和发育，促进亚麻高产优质。

单位面积的原茎产量是由单位面积收获时的有效麻株数（以下简称株数）与单株生产力所构成的。构成单株生产力的主要因素又是株高和茎粗。株高与产量的关系最为密切，因为它是构成单株（个体）产量的决定性因素；而成麻株数也是构成单位面积（群体）产量的重要因素。因此，亚麻栽培的主攻方向应该是在保证单位面积上有足够成麻株数的基础上促进株高的增长，从而获得原茎的高产。

（一）亚麻的耕作制度与轮作

因地制宜地实行合理的轮作，是获得亚麻高产的有效措施之一，可以减轻病虫害和杂草的危害，调节土壤养分，是保证亚麻全苗和生长发育良好的一项重要措施。生产实践证明，把亚麻生产纳入合理的轮作制中，不仅亚麻能连续获得稳产高产，而且由于亚麻根系较浅，只能吸收土壤中上层的养分，则残剩养分有利于后茬作物的生长。

前作不同，影响亚麻的生长发育和产量。一年两熟产区，水稻、烤烟和豆科作物都是亚麻的良好前作。

我国亚麻的轮作方式，各个产区不一致，主要取决于当地适宜种植的作物及其比例，耕作管理水平和病虫害危害情况等。随着农业生产的发展，轮作方式也在不断变化。如黑龙江夏种亚麻一年一熟产区的轮作方式有：玉米—亚麻—大豆—高粱或谷子；大豆—亚麻—玉米—高粱—谷子；玉米间作大豆—亚麻—小麦—玉米；小麦—亚麻—大豆—玉米。如云南省亚麻一年两熟种植的轮作方式有水稻—亚麻—水稻—油菜（小麦、蚕豆）、玉米—亚麻—玉米—油菜（小麦、蚕豆）等；一年三熟的轮作方式有水稻—再生稻—亚麻—水稻—再生稻—冬马铃薯等。

（二）亚麻的品种选择

选用优良品种是亚麻优质高产的内在因素，是亚麻产业健康有序发展的关键所在。因此，选择品种既要考虑该品种的特性，也要考虑当地的自然条件和生产水平。

（三）亚麻的选地与整地

1. 亚麻的选地

亚麻属于播种密度高、根系较弱、需肥水较多的作物。因此，亚麻种植应选择土层深厚、土质疏松、肥沃、保水保肥、地势平坦、排水良好的土地。风沙土、黏重土和排水不良的涝洼地土壤不宜种植亚麻。

2. 亚麻的整地

提高整地质量是亚麻苗齐、苗全、苗均、苗壮的关键。亚麻是双子叶植物，种子很小，种子发芽后拱土能力较差，同时作为直播密植作物，它的植株细弱，根系相对不发达，因此相较于杂草的竞争能力较弱。整地要求地面平整，表土疏松，底土紧实，形成透气、保水、保温的土壤环境条件，以利于亚麻的播种作业，又能为种子发芽、出苗提供适宜的苗床，达到一次播种一次全苗的目的。

(四) 亚麻的播种技术

1. 亚麻播种量的确定

亚麻播种量应根据单位面积上的有效保苗株数、种子的千粒重、发芽率、清洁率进行计算。实际上在计算过程中，应把没有发芽能力的种子和杂质扣除，补以等量的具有发芽能力的种子，同时还要加上田间损失率。具体计算公式如下：

$$种子发芽率(100\%)=\frac{供试验种子数-不发芽种子数}{供试验种子数} \tag{5-1}$$

$$种子清洁率(100\%)=\frac{试验种子重量-含杂质重量}{试验种子重量} \tag{5-2}$$

$$田间实际播种量(千克/亩)=\frac{千克重(g)\times 每平方米有效播种粒数 \times 667m^2}{种子发芽率 \times 种子清洁率 \times 田间保苗率 \times 1000 \times 1000} \tag{5-3}$$

2. 亚麻种子的处理

为了防治病虫害，同时促进亚麻根系发育、增加抗旱能力、改善生理功能、提高产量和纤维品质，播种前应进行种子处理，种子处理一般有以下几种方法：

(1) 微肥拌种。采用0.2%锌肥或铜肥溶液拌种，可以增产。其做法是把种子放在干净的场地上薄薄摊开，然后将配好的硫酸锌或硫酸铜溶液均匀地喷在种子表面，以种子表面透湿为宜。待种子阴干后，充分搅拌一次。

(2) 杀菌剂拌种。为防止亚麻苗期病害，播种前需要进行种子消毒处理。目前普遍采用炭疽福美拌种，用药量为种子量的0.3%。经过与锌肥拌种后，用炭疽福美或多菌灵拌种。要做到均匀拌种，这样不仅可以防止亚麻苗期病害的发生，而且还可以提高保苗率。

(3) 杀虫剂拌种。为了防治地下害虫，在播种前可以用杀虫剂拌种。

(4) 生根粉拌种。为促进苗期亚麻根系发育，提高抗旱能力，可在播种前利用生根粉拌种。生根粉是中国林科院研制的促进植物生根的一种植物生长调节剂，广泛用于各种林木的扦插和多种作物的生长调控。

(5) 种衣剂拌种。在西欧发达国家亚麻种子普遍采用种衣剂拌种。由于种衣剂中含有杀菌剂、杀虫剂、植物生长调节剂、微肥等。既可以预防苗期病虫害，又可以促进亚麻根系生长。

(6) 稀土拌种。采用稀土硝酸盐(有效成分为38.7%)，每亩种子用40 g拌种，能改善亚麻的生理功能。具有增加产量、提高纤维品质的效果。

种子的处理十分关键，它对亚麻种植中的病虫害防治起到积极的作用，同时它能增加亚麻的抗旱能力、改善生理功能、提高产量和纤维品质。因此，一定要在播种前对亚麻种子进行处理。特别是有条件的种植区，应对亚麻种子进行全方位的处理，没有条件的种植区至少应进行杀菌剂和杀虫剂处理。

3. 亚麻的播种方法

亚麻种植大多采用全耕播种法，也有些地区小面积试验半免耕播种法和全免耕播种法。

（1）全耕播种法。播种前对田块进行翻犁、施肥、整地后，根据地块理出宽1.5 ~ 2 m的墒面，碎土耙平，墒面四周开通灌溉和排水沟。选择早晚无风时段，把事先处理好的亚麻种子按播种量进行撒播入墒，用耙子轻耙使种子入土，然后进行镇压。亚麻播种后及时镇压是非常必要的，它能使种子充分与土壤接触，发挥毛细管作用，使土壤下层的水分上升，保证亚麻种子发芽所需的水分，加快出苗。亚麻播种深度以3 ~ 4 cm为宜。在土壤黏重、水分充足、雨水较多的种植区，播种深度宜浅；而在土壤干旱、墒情不好的情况下，播种深度可深些，但最多不能超过5 cm。

（2）半免耕播种法。此播种法适用于土壤水分含量充足，或灌溉条件优越，且前作为水稻、豆类等矮株作物的田块。具体播种法：前作收获时尽量去除根茬，规划出1.5 ~ 2 m的墙面，把处理好的亚麻种子均匀地撒播在已规划好的墒面上，然后用事先准备好的细土覆盖种子，也可用开沟理墒出的土壤进行覆盖，但应尽量捣碎土块，覆盖深度以3 ~ 4 cm为宜。半免耕播种法的关键在于播种时应尽量把种子覆盖完全，播种后，土壤必须保持足够的水分，使亚麻种子在最短的时间内出土，以保证出苗率。

（3）全免耕播种法。此播种法具体操作为水稻收获后，把部分稻草均匀地铺在田间，晴天太阳暴晒干燥后点火焚烧。充分焚烧冷却后，把事先处理好的亚麻种子均匀地撒播在焚烧后的草木灰里，然后立即灌水，但不能漫灌。

（五）亚麻的田间管理

1. 亚麻的管水

纤维用亚麻是需水较多的作物，形成1g干物质，需要400 ~ 430 g水。亚麻种子发芽需吸收种子质量的160%的水分。随着植株生长需水量有所增加，出苗到快速生长前期占全生育期总耗水量的9% ~ 13%，快速生长期到开花期占75% ~ 80%，开花后到工艺成熟期占11% ~ 14%。快速生长期到开花期土壤持水量在80%左右最好，开花到成熟期土壤持水量以40% ~ 60%为宜。

一般在播种后、枞形期、快速生长期、开花期分别灌一次水，有条件的地块还可以适当增加灌水次数。灌水时发现地块浸湿即可洒水，水平面最好不要漫过墒面，特别是在种子发芽前，以免造成种子和肥料流失，影响出苗率。在没有灌溉条件或灌溉条件不足的地块不宜种植亚麻，同时也要避免在低洼、水分过多或排水不良的田块种植亚麻。

2. 亚麻的施肥

(1) 基肥。亚麻根系发育较弱，前期和中期需大量的氮、磷、钾肥。因此，应重施基肥。基肥以农家肥为主，因为农家肥在土壤里分解得较慢，是一种营养价值全面的速效和迟效兼有的有机肥料，能在较长时间内持续供应亚麻生长发育所需要的养分。它不但能满足亚麻全生育期吸肥的需要，起到壮秆长麻，防止倒伏的效果，而后还有培肥地力的作用。基肥应早施，最好是从前茬培肥地力入手，就是在前作大量施入有机肥料，培肥地力，当种植亚麻时，亚麻能够及时利用土壤里已被分解好的残肥，提高亚麻的产量和质量。若前茬没有施肥基础或土壤肥力较低，可在整地之前施入。施有机肥料做基肥时，农家肥一定要先发酵（熟肥）完成，并且捣细。在整地前运到地里，均匀地散开，浅耙 10 ~ 15 cm，将粪肥耙入土中。这样一来，既可防旱保墒，又为亚麻的生长发育创造了一个肥多、土碎的土壤条件。

(2) 种肥。亚麻是需肥量较多的作物。因此，在施用农家肥做底肥的基础上还应施用化肥做种肥，以满足亚麻幼苗和生育前期对养分的需要，这对亚麻的增产有显著的效果。由于亚麻根量少，根系弱，且多集中在 5 ~ 10 cm 的土层中，吸肥能力较差，因此施用种肥时，结合整地将化肥深施于 8 cm 左右的深度为宜，这样可以提高亚麻根系的吸收能力和充分发挥肥效。

(3) 追肥。

第一，氮、磷、钾肥料。虽然在播种前施足了农家肥做底肥，同时施用化肥做种肥，但追肥也是亚麻种植中必不可少的环节。亚麻出苗后如果生长得较弱、叶片呈淡绿色和黄色、叶片较小且紧紧向茎靠拢时，说明缺少氮素，可以适当追施氮肥。这样可明显改善亚麻的生长状况，促进亚麻纤维的发育，提高产量，改善品质。然而追肥不能太晚，否则会引起亚麻生育期延长，亚麻生长不正常。具体方式是在亚麻株高 6 ~ 10 cm 时，在雨前把氮肥撒施到田间。追施磷和钾不但增产效果好，而且有提高纤维品质和防止倒伏的作用，特别是氮肥施用较多，亚麻生长繁茂的地块。钾肥和磷肥的施用方法是作为底肥一次施入或在亚麻快速生长期撒施。

第二，微量元素肥料。微量元素铜、锰、锌、硼等在土壤中的含量很少，但却是植物生长发育所必需和不可替代的。在亚麻进入快速生长期时对亚麻进行根外追施锰、铜、锌、硼等微肥，可以明显提高亚麻的产量和出麻率，改善纤维品质。微量元素施用浓度以锰 0.1% ~ 0.5%、铜 0.2% ~ 0.5%、锌 0.1% ~ 0.15%、硼 0.15% ~ 0.25% 为宜。由于地质等多方面的因素，各地土质和微肥含量相差较大，因此施用时可根据具体情况来确定施用量和施用方法。

四、汉麻高产栽培技术

汉麻是一年生作物，不长期占用耕地，与传统作物的栽培管理方法相似，很受农民欢迎。由于其本身含有微量的大麻酚成分，汉麻在种植过程中，几乎不需要杀虫剂和除草剂，符合农业的可持续发展。在间作时，汉麻可以帮助作物抵抗病虫害和杂草，减少农药使用量，在很大程度上减缓了环境污染。汉麻对土壤中的重金属离子有吸收作用，在轮作时，可以提高下一轮作物的土质。另外，汉麻植株生命力旺盛，对土地要求较低，可以在山坡、荒地等贫瘠的土壤上播种。汉麻的种植特点为其发展奠定了良好基础。古代农民不仅总结出选择适当的季节播种汉麻，而且积累了丰富的田间管理经验。

(一) 汉麻的耕作与施肥

1. 深耕多耕

种汉麻的土壤，要实行深耕，加深活土层，并耕细耕匀，改善土壤理化性质，增强土壤的保水保肥能力，使之有利于汉麻根系发育，促使株高茎粗，从而提高产量。

2. 施肥

我国各地麻农多用有机肥料做基肥，一般亩施有机肥 2000 ~ 2500 kg，结合秋深耕翻入底层，或在春耕时浅翻入土。汉麻基肥一般要占施肥总量的 70% ~ 80%。各地还有在播种前于土壤表层施入豆饼、麻渣、人粪尿或化肥等，使土壤全耕作层肥力充足，迟效肥与速效肥结合，既满足了幼苗阶段对速效养分的需要，也能较好地保证快速生长期的养分供应。

汉麻追肥一般宜早。以苗高 25 ~ 30 cm，将进入快速生长期时，结合灌头水追肥为最适宜。追施化肥量一般每亩用尿素 7.5 ~ 10 kg。此外，有的麻区强调多施基肥而不施追肥的，原因是避免因化肥量少，撒施不匀，引起田间麻株相互竞长，造成生长不齐，小麻增多，出麻率降低等。因此，追肥要因地制宜，讲求实效，是十分重要的。

(二) 汉麻的播种技术

1. 种子精选

精选种子是培育早苗、齐苗、壮苗的一项有效措施。各麻区的共同经验是：播种用的种子要经过风选和筛选，除去秕粒、嫩籽、杂质，挑选饱满、千粒重高、大小均匀、色泽新鲜且发芽率高的种子做种，达到提高出苗率和苗全苗壮的要求。

2. 播种期

汉麻种子能在低温（1～3℃）条件下发芽，其幼苗又有忍耐短暂低温的能力，因而形成各麻区汉麻播种期的幅度都比较大。从各地汉麻播种期看，由于气候、土壤、品种、轮作制度的不同，差异很大。辽宁在4月上旬，吉林、黑龙江在4月中下旬至5月上旬播种。河北蔚县麻区，在砂壤土上于4月下旬至5月初播种，而在阴湿冷凉的下潮地或黏壤土地上，则延迟到5月下旬播种。山东省泰安麻区3月下旬至4月上旬播种春麻，6月上旬（芒种）播种的为夏麻。

汉麻播种期与栽培利用目的不同有关。采麻栽培时，一般适时早播，而采种栽培时，为了使种子灌浆成熟阶段处在秋季冷凉的气候条件下，一般播种较晚。播种期还要与当地温度相吻合。汉麻在5～10 cm土温上升到8～10℃以上时播种，从播种到出苗10～15天。在此情况下，尽早播种，苗期时间长，根系扎得深，起到培育壮苗的作用。苗壮又为快速生长打下基础，使麻株生长加快，麻田群体整齐，增加有效株数，提高了出麻率和增加了纤维产量。早播快长又为适时早收，利用较温暖的水温沤麻，达到高产优质，经济收益高的效果。因此，汉麻适时早播，既要注意到播种时的地温和快速生长期的气温（19～23℃），还要照顾到沤麻时所要求的水温（20℃以上）。只有三者结合，才能达到综合效果。

3. 播种方式

各地汉麻播种方式分为撒播、条播、点播三种。采种栽培常用点播，采麻栽培多用撒播与条播。撒播可分畦作撒播与大田撒播两种。在精细整地条件下，撒播也能做到匀播密植，获得较好的产量。安徽六安麻区习惯采用畦作撒播，麻农十分讲究撒播技术，分两遍撒，操作精细，每亩撒种25万粒，播后覆细土，再盖上麻叶，减轻麻雀危害，保持土壤温湿度，提高出苗率。河南史河麻区则采用大田撒播，不易播匀，且间苗、中耕、除草等田间管理操作不便，易造成缺苗和生长不一致现象。

纤维用汉麻适于密植，在大面积栽培时应采用条播。条播下籽均匀，播深一致，出苗整齐，便于田间管理。机条播的行距12.5～15 cm（窄行机条播为7.5 cm），楼播的行距一般在13 cm左右，株距均为5～6 cm。

4. 播种量与深度

我国各地汉麻的播种量相差很大，每亩播种量为1～7 kg不等，随品种、栽培目的及播种方式而异。早熟品种比晚熟品种播量多，千粒重高的品种比低的品种播量多，采麻栽培比采种栽培播量多，宽幅条播比机条播或耧播播量多。同时地区之间的差别也很大，例如浙江杭州每亩播0.5 kg左右，四川温江每亩播1.5～2 kg，安徽六安播种3～3.5 kg，河南固始播种3.5～4 kg，山西长治播种5 kg，而山东莱芜则播种 6 ~ 7 kg。

汉麻种子顶土力弱，宜于浅播。在条播地区以播深 3 cm 为恰当，超过 7 cm 则严重影响出苗，在撒播地区一般覆土 2cm 较为适宜。

(三) 汉麻的种植密度

汉麻纤维产量的高低，取决于单位面积的有效株数、株高 (工艺长度)、茎粗与出麻率。一般情况下，单位面积内有效株数多，植株长得高而整齐，麻茎上、下粗细均匀，工艺长度与出麻率均高，即能获得纤维产量高、品质好的经济效果。提高种植密度是增加有效株数的重要途径。但密度过大，则株高下降，且因小麻、死株增多，单株产量降低，单位面积产量亦随着密度的加大而减小。

合理密植，就是要根据地区的生态条件和汉麻的品种特性，在不同生长发育时期，保持一个合理的群体结构，使叶面积的大小、各器官间的生长相互协调，能充分有效地利用地力、阳光和二氧化碳，获得生物产量转化为经济产量的高效率。亚麻的合理密植主要包括以下三个方面内容：①确定合理的基本苗；②因地力情况采用适宜的播种方式，确保栽培密度的播种质量；③根据麻茎的生长规律，使汉麻的初期生长、快速生长和后期生长都具有合理的群体结构。有效株数是纤维产量构成因素的基础，基本苗又是成株数的基础。所以，获得生长均匀而健壮的基本苗后，随着苗情的发展，力争株多株高，秆壮秆匀，小麻率低，是合理密植的基本体现。

(四) 汉麻的田间管理

汉麻自播种到出苗通常需 10 ~ 15 天。出苗到快速生长期是汉麻的苗期阶段 (初期生长)。在此期间，麻田管理的中心任务是确保全苗，促进根系发育，培养整齐健壮的幼苗群体，为进入快速生长期奠定基础。安徽六安地区的麻农就有“一种九管十成收”的说法，充分阐明了田间管理的重要性。而田间管理措施又主要在苗期，麻长高了，不但管理操作不便，而且成效甚少。因此，苗期的精细管理是争取密植全苗，培育壮苗，保株增产的关键。主要措施如下。

1. 播后松土

汉麻播种浅，特别是撒播及畦播地区播种更浅。撒播种子后，一般要用挠钩或手耙纵横向松土多遍，使表土充分细碎覆土均匀，让种子紧密接触湿土，顺利出苗。播后遇雨，地表板结影响出苗，要及时轻耙，破除板结，以免幼苗在土中窝黄或造成缺苗。

2. 间苗与定苗

汉麻间、定苗工作比较细致，是麻田留足基本苗，保证密植增产的关键措施之一。一般间苗和定苗各一次，要求做到早间匀留适时定苗，达到培育壮苗的要求。间苗宜在出苗后10～15天内进行。间苗要求间弱去强留中间，疏开过稠苗丛，拔除生长过高和弱病苗，按制定密度的要求，留匀苗距，使其生长整齐一致。有的麻区间苗两次，第一次在出苗后7～10天进行，只做疏苗工作；第二次则在出苗后10～15天进行，拔高去弱留中间。苗高14～20 cm时，进行定苗。操作细致的在苗高60～70 cm时，再做一次拔除弱株的工作。我国麻农在定苗时，已能大致识别麻苗的雌、雄株。凡幼苗叶片尖窄，叶色淡绿，顶梢略尖的多为雄麻；反之，叶片较宽，叶色深绿，顶梢大而平的多是雌麻。采麻栽培的宜多留雄株，以提高纤维品质；采种栽培的可适当多留雌株，以增加种子产量。

3. 中耕与蹲苗

中耕是苗期的重要管理措施，具有松土除草，散湿增温，促下控上，使幼苗主根深扎和较早较快地生长侧根的作用。麻田要早中耕、细中耕。一般中耕两遍，除结合间定苗进行中耕外，还可以在麻田封行前再中耕一遍。

高肥密植而又底墒充足的麻田宜多中耕进行蹲苗。蹲苗的时期在幼苗后期至快速生长期到来之前。蹲苗可使幼苗根系尽量深扎，发育良好和控制旺苗长势，促进弱苗赶上壮苗，以提高麻田群体的整齐度。这样在之后的快速生长中，群体生长均衡，小麻弱株减少。这是高肥密植田保株增产的一项重要措施。

蹲苗的操作技术：在苗期阶段，多中耕，雨后中耕松土。中耕深度由浅而深，始终保持土表疏松干燥，在下层保蓄一定水分，使麻苗不受旱，能控上促下发育根系。此外，通过延迟灌头水和追肥，达到更好的蹲苗效果。但是蹲苗要适度，只有在幼苗不严重受旱、不缺肥（苗色深绿而不变黄色）的情况下，才能起到蹲苗的良好作用。蹲苗结束后，正值麻苗生长发育的水、肥的临界期，应立即追肥、灌水，促使麻苗进入快速生长期，呈现出长势旺盛、健壮的丰产长相。如果蹲苗过度，麻苗受旱，则会出现“小老苗”，造成减产。

4. 灌溉与排涝

麻苗生长到30 cm左右，进入快速生长期。从进入快速生长期到雄株开花期，是汉麻生长发育最旺盛的时期。该阶段时间短，生长量大，干物质积累多，消耗水分也最多，必须抓好灌溉。北方麻区在汉麻快速生长期，正值干旱少雨季节，灌溉与否对产量影响很大。南方麻区雨水多，一般春播汉麻不需要灌水，但要在播前清理好畦沟，使其在整个生育期间做到雨停水泄，排水通畅，免受涝害。特别是在蕾期多雨时，最容易渍水烂根，应重视排水问题。夏播汉麻生长盛期适逢盛暑，易遭干旱，亦应适时适量灌水。

汉麻开花后到纤维成熟或到种子成熟为后期生长阶段。此时田间管理的中心任务是使麻茎和种子都能成熟完好，达到增产增收。

汉麻开花期长，开花后，麻茎向上生长转慢，进入皮层增厚时期。这时适当地控制土壤水分，有利于纤维成熟。同时开花后落叶渐多，覆盖土面，保持土壤湿润。故这时一般无须灌水。但在采麻栽培收割前 4 ~ 5 天要灌水，增加麻株的含水量，便于镰制和缩短区麻时间，提高纤维的色泽和柔软度。这种水被麻农叫“变色水”。采种栽培或雌、雄麻分期收获的地区，麻株种子成熟要比工艺成熟晚 30 ~ 40 天。在此期间应根据田间的水分状况，适当灌水，使种子灌浆成熟好，产量高。在后期生长阶段，麻株高大，无论采麻或采种栽培，均应在灌水前注意气候变化，严防灌水时或灌水后遇风倒伏。

（五）汉麻的适时收获

在汉麻油、纤兼用的情况下，雄株和雌株应分别收获。一般雄株比雌株早 30 ~ 50 天收获。雄株在盛花期收获，可获得最高的纤维产量，但纤维尚未充实，强力较弱；在开花末期收获，则出麻率最高，纤维品质最好，而且雄株的授粉作用也完毕。雄株在花谢后，如果延迟收获，麻茎很快干枯，纤维的产量和品质都会受到损失。雌株的工艺成熟期和采种适期是以花序中部的种子都开始成熟，种子外面的苞叶呈褐色枯干，而梢部的种子绿包时为最好。因为那时的雌株茎秆纤维已成熟，并且麻籽的产量也较高。如果较迟地收割雌株，不但纤维变粗硬，由于落粒还会降低麻籽产量。但过早收获，则嫩籽、瘪籽多，种子的产量、质量都低。

采纤用汉麻，一般当雄株大多数开花完毕而雌株开始结实时即一次全部收获。这时雄株和雌株的纤维，在质和量方面的差异最小。生产上田间收获适期的特征是：雄花盛开末期，轻轻摇动，花粉纷纷飞散，麻秆基部稍变黄色，下部叶子已凋落，上部叶子呈黄绿色，麻田透亮，雌花开始孕蕾。我国采纤用汉麻，一般一次收获，对田间作业来说是比较方便的，但这时雌株还在继续生长，纤维细胞还未充分成熟，纤维产量比成熟时少，纤维细软而不坚韧，同时雄麻产量约占总产量的 30%，而雌麻到成熟时收获，可占总产量的 70% 左右。因此，从提高纤维的产量和质量来说，汉麻是适宜于分期收获的。

我国北方麻区如河北、山西纤维用汉麻，一般在大暑后收伏麻，处暑间收秋麻，生长期约 100 天；油纤兼用汉麻一般在白露、秋分收获，生长期约 150 天。山东收麻较早，春麻在小暑开始收获，夏麻在处暑收获。南方纤维用麻的收获期在 6 ~ 8 月不等，自播种到收获需 150 ~ 200 天。安徽“火麻”在 6 月中旬左右收获，当地有“夏至十天麻”的农谚；“寒麻”在 7 月中旬收获，当地有“入伏十天麻”的农谚。四川温江、浙江嘉兴，汉麻是水稻的前作，为了不失插秧时期，在 6 月间汉麻还没有开花时便可收获。

收获方法：用手连根拔起或用镰刀、砍麻刀齐地割下，随即割去枝叶，砍掉根部，按老、嫩、长、短、粗、细分别扎成小捆，不待干燥即进行沤麻，或者竖立田间，待其完全干燥后，运回贮藏，以后再沤麻。采种用汉麻收获时，因雌株高大，分枝多，宜用镰刀割下，按茎秆粗细和长短扎成小捆，堆成垛在田间任其干燥，促进梢部种子的后熟作用，然后摔打脱粒。也可拔起或砍下雌株后，割下果枝，铺6.6～10 cm厚，摊晒一天后，用链枷轻轻拍打，使麻叶落净，第二、第三天后再拍打脱粒。这样雌株可不需要经过干燥而能在较温暖的气候下进行沤麻，可以提高纤维的产量和品质。脱粒后再晒1～2天，然后用筛子、簸箕、风车去净碎叶杂质，贮藏在干燥通风的地方。避免种子受潮或遇高温，以免降低发芽率。

五、苎麻高产栽培技术

(一) 新栽麻高产栽培技术

栽麻当年受益多少，能否早丰产，第一年是关键，新麻的培育管理工作决不能马虎。过去麻区有“种麻三年穷”的说法，这主要是部分群众对新麻栽培管理不善，重视不够。如果栽培管理完善，不仅能早受益，而且第二年就能高产。苎麻新栽麻栽培技术主要针对新麻的1～3年，具有以苗促蔸，以蔸养苗，促进麻蔸早生快发等特点。

1. 整地施肥

苎麻整地技术就是按照“深耕熟整，疏松土壤，增加肥力，保水保肥”的原则对苎麻麻园进行整理的技术。苎麻是深耕性作物，整地的好坏直接影响到麻蔸的发育、寿命长短和纤维产量。深耕加厚了耕作层深度，有利于苎麻根系的发展，有利于蓄水、蓄肥和加强抗风能力。

(1) 深耕整地。荒土栽麻，最好在头年夏秋季或冬天挖好，通过伏晒、冬凌或种植一季冬作物，为次年春栽苎麻创造条件。熟土栽麻，可以随挖随栽，深耕要在50 cm以上，其他地块最少也要耕33 cm。湖区冲积土土层较深，土质比较肥沃的，深耕33 cm以上。丘陵山区的黄、红壤，缺乏有机质，必须深耕50 cm以上。

(2) 作厢开沟。厢面大小，根据地势、土质和地下水位而定。土质疏松、排水良好的砂性土和砂质壤土，或者地下水位较低的，厢面可宽至330～400 cm。土壤黏重或地下水位较高的，厢面适当缩小到233～266 cm。坡地横向开厢，厢沟宽33 cm、深16.5～20 cm。厢沟力求整齐一致，便于排水和灌溉。

(3) 施足底肥。底肥以农家肥为主，化肥为辅，迟效肥和速效肥配合，冬季多施热性肥料，使出苗早，出苗整齐健壮。在肥料用量较少的情况下，以条施、穴施为宜。反之，翻土时施入混合粗肥，栽前在行内或穴内施速效混合肥。

2. 栽植时期

一般来说，苎麻栽植时期并没有严格的限制。除冬季有冰冻不宜栽麻外，其他时间均可栽植，但为了获得较高的成活率和合理用地，依繁殖方法的不同，栽麻的适宜时期也有所不同。

（1）种根繁殖的适宜栽植期。种根繁殖以秋末冬初或早春栽植最好，因为秋末冬初栽麻，气温适宜，栽后还可以发根、孕芽，伤口愈合快，能安全越冬。当翌年气温转暖时，麻芽出土早，第一年就能收获2～3季麻，同时又能间作冬季作物，做到合理利用土地；早春栽麻，气温逐渐回升，栽后伤口愈合快，成活率比冬初栽的高，当年也能收一季麻；夏季和早秋栽麻，由于高温干旱，难以出苗整齐，当年也无麻可收。

细切种根和扦插繁殖因需育苗移栽，栽麻时间必须根据麻苗的生长情况而定，一般早春育苗，可在5月间移栽。湖南地区在2月底3月初育苗，5～6月苗高30 cm左右时选阴天或雨前移栽最好。

（2）种子繁殖的适宜栽植期。苎麻种子繁殖的移栽，以早春育苗，抢在春末夏初移栽幼嫩壮苗（8～12片真叶）为好。即使移栽时的麻苗还较小，带土移栽后由于根系完整，生命力强，气候条件适宜，不但成活率高，栽后生长正常，而且生长季节长，当年即可收麻一两次，产量较秋栽或隔年春栽都高。

3. 栽植密度

苎麻的产量由皮厚、茎高、茎粗、有效分株数和出麻率五个因素构成。新麻栽后在一定年限内，其分株数和产量五个因素随麻龄的增长而增加，到一定年限后，则因分株过密产量反而下降，故习惯上大多用稀植的办法，延长麻园寿命，确保持续高产。但稀植受益慢，高产难。近年来，由于推广新技术，配合田间管理，苎麻的栽植密度增加到2500～3000株（无性繁殖苗）或7500～9000株（种子繁殖苗）。不仅能提早受益，而且在坡地有利于拦截降水径流，减轻水土流失及表面蒸发和养分流失，起到了保持水土和发挥肥效的作用。同时密植封行早，有助于抑制杂草生长，还可以使株型紧凑，节间伸长，成熟一致，减少新麻分叉，提高纤维的品质。过度密植会造成茎叶过于繁茂，行间郁闭，单株养分和干物质积累剧减，引起倒伏和无效株增多，产量下降。在一般条件下亩栽2500～3000株（无性繁殖苗）或7500～9000株（种子繁殖苗）为宜。

品种不同，分株力有很大的差异，因此栽植密度也应有所不同。一般分株力弱的品种，应适当密植，亩栽2500～3000株（无性繁殖苗）或7500～9000株（种子繁殖苗）为宜；分株力强的品种，应适当稀植，亩栽1500～2000株（无性繁殖苗）或4500～6000株（种子繁殖苗）为宜；中间型品种介于两者之间，栽植密度以亩栽2000株（无性繁殖苗）或6000株（种子繁殖苗）为宜。

4. 栽植方式

合理的栽植方式，不但可以充分利用土地，增加产量，而且有利于田间管理，防止风害，保持良好的纤维质量。目前，麻产区主要采用正方形、长方形、三角形栽麻或宽行密株的栽麻方式。正方形栽麻营养面积均匀，但不便于田间管理，长方形栽麻刚好相反，有利于田间管理，营养面积不均，不能充分利用地力；宽行密株虽有利于通风透光，田间管理方便，新麻冬季还能间种绿肥，但封行不便，易受旱害和风害。因此，应根据具体情况，在土壤深厚、肥沃、旱情少的平湖地区宜采用长方形和宽行密株的方式栽麻；在多干旱、水土流失和风害的地方，宜采用正方形和三角形方式栽麻。

栽麻方法对提高成活率有很大关系。根据各麻区的经验，冬夏栽麻宜深，盖土2～3 cm，以利于防旱、防冻；春、秋栽麻宜浅，盖土1.5 cm左右以利于出苗早，出苗齐，盖土时应与厢面齐平或略高于厢面，以免清水烂蔸。种子育苗移栽，应按麻苗大小分别带土移栽，覆土齐子叶节，并及时浇安蔸水，晴天还要连续浇水3～4天。

5. 田间管理

栽麻后及时加强田间管理，使出苗生长整齐，长势旺盛，发蔸快，扎根深，对争取早受益、快高产极为重要。

（1）查蔸补缺。新栽麻缺蔸、缺株时，需及时查蔸补缺，保证基本蔸数和苗数。补蔸要及时，如补蔸过迟，跟不上早栽的，仍是弱蔸麻，甚至会荫死。切芽繁殖、育苗移栽的，成活后立即进行查补，发现缺蔸时，及时选大苗大蔸补上。栽麻时，每相隔一定距离在行间栽麻，用以近地补缺，既易成活，又省工。

（2）中耕追肥。新栽麻地空间大，杂草容易滋生，大雨使土壤板结，应勤中耕除草，保持土壤疏松，促进根系发达。冬季间作的，在间作物收获后要立即中耕除草。中耕宜先浅后深，边浅，行间深，最深不超过16.5 cm，不要挖动麻蔸。中耕结合追肥，要求弱蔸多施，强蔸少施，促进生长整齐。中耕时注意清沟，以利于排水。

（3）防旱抗旱。新麻栽后不久即进入高温季节，加上麻地空隙大，土壤水分蒸发快，引起土壤干旱缺水，影响麻苗的正常生长。新麻园防旱可在行中加覆盖物，或挑水泼蔸，或引水沟灌。但沟灌土湿后就要放水，久泡会烂。

（4）破秆。破秆是新麻栽植后的一个重要措施。冬季或春季栽的麻最初发生的地上茎秆要适时刈割，促使多发分株，早收麻。如果刈割过早，麻蔸的扩展会受到抵制，就会影响来年产量。去年秋季或当年春栽的麻一般在二麻期破秆，收一季三麻。破秆的方法一般用快刀齐地砍去麻秆，或者剥皮后，再砍去麻秆。新麻的破秆时间，应由季节和麻株长相而定，春栽麻一般在立秋前株高 1 m 以上、麻株黑秆 2/3 以上破秆为好。新麻生长不好、肥水管理跟不上的，可让它冬季受霜冻死，第二年收麻。同时，个别生长不好的麻蔸可延迟破秆或不破秆，进行蓄蔸，使第二年全园生长一致。

(5) 换蔸。少数麻区采取这个方法，做法是把茎秆挨地挽成一个结子，尽可能不折断麻秆，其目的是抑制地上部生长，改变养分输送的方向，促进地下部发育。冬栽和春栽的苎麻，如果管理精细、及时，可以在头麻收获时换蔸，二麻收获时破秆，收一季三麻。

(6) 新植麻园幼苗打顶。为了解决新植麻园当年发芽小、分株少、生长慢、产量低的问题，湖北省河阳县农牧局进行了大面积的苎麻苗打顶，结果证明幼苗打顶，能促进地下部和地上部的生长，显著增加新植麻的当年产量，打顶时间以麻苗栽活后越早越好，麻苗留茬要低，在 5 cm 以内，带叶 2 ~ 3 片，主要起控制主茎生长，促进茎基部叶节上腋芽萌发，形成分株，从而增加了单位面积上的有效株数。打顶后要加强肥水管理，满足麻苗分株的快速生长需要。另外，打顶麻园在移栽时要适当深栽，使打顶后的分株多从土中长出。当基部出现分株高达 10 ~ 15 cm 时，结合中耕松土，进行培芽，以达到当年丰收、翌年高产的目的。

6. “三当”技术

苎麻“三当”(当年育苗、当年移栽、当年高产) 综合栽培技术是以“选用良种，早育苗，早移栽，密植，增肥，快收”为核心的新植麻园生产综合配套技术。对当年新麻、一二龄麻都有增产作用，应用地区广，使苎麻当年育苗、当年即获高产。

(1) 合理选用良种。选用良种是夺取苎麻高产的基础，要因地制宜选用华苎 2 号、细叶绿、黑皮、芦竹青等优良品种，实行一地一种，做到良种区域化种植。

(2) 因地制宜选用适合的繁殖方法。为保持苎麻的种性，应尽量采用无性繁殖方法。各地可根据具体情况选用细切种根或嫩梢带叶水插、砂插、压条和脚苗、芽苗移栽等新的无性繁殖方法。需用种子繁殖的，也必须坚持不是良种不用，不是老麻园的苗种不用，不是成熟期收获的种子不用，不是预约定田块苗种的不用，以及混杂、来路不明的种子不用的“五不用”原则。

(3) 地膜覆盖，早育早栽。根据各地气候，苎麻地膜覆盖育苗的播期，春季可提前到 2 月上旬至 3 月上旬。采用压条、脚苗和芽苗移栽的无性繁殖方法，年前整理好苗床。种子繁殖育苗的每亩用种 0.5 ~ 1 kg，掺 15 ~ 20 kg 草木灰拌匀后撒播，播后立即盖上稻草，厚度以既不见泥，又可通风为度。盖草后及时喷水，然后平铺地膜，压紧四周。待50%出苗时，揭去1/3的稻草，2片真叶时再揭去1/3稻草，4片真叶时揭去全部稻草，并扎稻草把支起地膜，6片真叶时揭去地膜。苗床内安装一支温度计，膜内温度超过36℃时要通风降温。揭膜后，应立即喷水。露地约1周后，即可起苗移栽。

(4) 改革种植方式，合理密植。传统的种麻方式为稀植大蔸，穴栽，每亩500～1000株(无性繁殖苗)或1500～3000株(种子繁殖苗)，当年收益甚微，“三当”栽培技术要求改传统的穴栽为宽窄行或等行种植，密度为2500～3000株(无性繁殖苗)或7500～9000株(种子繁殖苗)。

(5) 健壮苗打顶，压秆僵弱苗。麻苗移栽成活后，对生长健壮的麻苗在5～6叶时进行打顶处理，留叶2～4片。地上部4～5 cm时，打掉上部生长点(嫩梢)。打顶后及时松土除草。当分枝长到10～25 cm时起土培蔸，培至分枝处1～2 cm以上。每亩施尿素5～7.5 kg，氯化钾5 kg左右。对僵苗、弱苗、高脚苗采用压秆的办法，把麻苗顶端留在土外，7～10天后打掉顶端生长点。蘖芽出土后要及时加强水肥管理。齐苗后要适当培蔸，促使根系生长及防止倒伏。

(6) 加强田间管理，应用生长调节剂。苎麻苗移栽成活后，要立即查苗补苗、松土、追肥。每隔8～10天追施一次肥，每次追施尿素1.25～1.5 kg。苗高40 cm左右，再中耕除草一次，做到田泡草净。每季麻株高40 cm左右时，7～10天根外喷施一次4000～5000倍植物生长调节剂“802”，一般喷2～3次。选晴天下午喷施，一般增产10%以上。坚持抗旱防渍，搞好病虫害防治。

(7) 适时早收头麻，做到麻收“四快”。5月上旬移栽结束的麻，当年可收三季。收获的时间分别是7月中旬、9月初、10月底或11月初。在早育早栽的基础上，采用适当早收破秆麻的措施。这样当季既可收到一定的产量，同时还可促进下季麻的生长发育。一般当麻株黑秆1/3以上就开始收获。收获破秆麻要采用枝剪或镰刀从麻茎基部割断的方法，不能损失麻芽。收麻时要做到麻收“四快”，即快收麻、快砍秆、快中耕、快施肥，缩短收麻时间。二麻、三麻生长期间常遇干旱，要做好防旱抗旱工作。

(8) 合理疏蔸，狠抓冬培新植。苎麻移栽密度大，容易满园。为了协调个体与群体的矛盾，保持次年有一个合理的群体结构，做到持续稳产高产，不致过早败蔸，要视栽植密度和发蔸状况在当年冬或翌年春，进行合理疏蔸，保持麻园的合理密度。狠抓新麻地的冬培工作，重点是施好冬肥，做到每亩施土杂肥10000 kg以上，并加水肥1000～1500 kg，钾肥25 kg左右。

(二) 壮龄麻高产栽培技术

在正常墒情条件下，新栽麻2～3年后进入壮龄高产麻阶段。进入壮龄麻期后，随着麻龄的增长，麻蔸不断壮大，逐渐满园分布，导致分株过密，土壤板结，肥力下降，最终导致减产。因此，必须从壮龄麻起，按麻株的生长特点和土壤环境条件的变化，进行培管，以达到持续高产、稳产。

1. 产量构成

苎麻纤维产量由有效株数、茎高、茎粗、皮厚和出麻率5个因素构成。一般认为一季亩产50 kg以上原麻产量，其产量构成因素是：有效株数1.5～2万株，茎高160～200 cm，茎粗0.8～1.0 cm，皮厚0.8～1.0 cm。但品种不同，产量构成因素又有所不同。

苎麻产量的构成因素与气候条件、栽培措施等关系较大。一般在气候温暖、潮湿、多雨、光强弱、漫射光多的头季麻和山窝苎麻，麻苗生长慢，分株期和生长期长，分株多而高大，但麻皮薄，出麻率低；在高温多旱、光源强的二麻、三麻和平原地苎麻，出苗、生长快，分株期短，分株数少，生长期短，但麻株粗壮，麻皮厚，出麻率高。生产实践中常以厚培冬土，春季迟种来控制头麻幼苗早出土，缩短苗期，减少过多分株和晚期霜害；后期又以提早10天收获四周边蔸麻，增强麻园通风透光，加速纤维发育，提高麻皮厚度和出麻率，同时促使二麻、三麻苗期前移，处于较好肥水条件，提高分株力和麻株的快速生长，从而获得季季高产。可见，采取各种有效措施，改善外界环境条件，协调高产苎麻产量结构形成是可能的。

2. 中耕除草

中耕除草是保持土壤疏松，抑制杂草滋生，控制麻蔸满园，协调高产结构，延长麻园寿命的重要措施。中耕除草，一为冬季深中耕和除草，即三麻收后，有相当长的越冬期，进行一次深中耕除草，全面疏松土壤，清洁麻园，中耕深度12～15 cm，以切断部分跑马根，防止麻蔸过早满园，一般在冰冻前进行。二为各季麻生长期的中耕除草，一般在苗期进行。在生长期进行中耕，切忌伤害根系，以免影响养分吸收。

在长江中下游地区，头麻苗期气温低，雨水多，麻苗生长慢，苗期长，应中耕除草2～3次。第一次在萌芽出土时进行，浅中耕破土。第二次在齐苗期进行，浅中耕深度为3～6 cm，并扯掉蔸上杂草。第三次在封行前清除一次杂草。二麻、三麻期间气温高，幼苗生长快，苗期短，但易造成干旱，影响麻苗生长。因此，在二麻、三麻的苗期强调中耕除草以减少土壤水分蒸发，促进出苗快，出苗多。中耕时，幼龄麻宜深，老麻宜浅；行中宜深，蔸边宜浅。采用化学除草剂来消灭麻园中多年生恶性杂草。

3. 苎麻的施肥技术

苎麻施足基肥很重要。苎麻冬季孕芽、盘芽，早春萌芽出土，都与麻蔸营养条件有密切关系。如果土壤营养条件好，麻蔸储存的养分多，则孕芽多，麻芽壮，出苗生长整齐，根系发达，有利于高产。冬季施基肥占全年施肥量的50%左右。人畜肥、土杂肥、塘泥、饼肥等有机肥料都是苎麻的好肥料，如果冬施基肥不足，可在次年早春补施。

在重施基肥的基础上，还要季季追肥，促进三季麻平衡增产。苎麻追肥，主要是追齐苗肥和长秆肥。齐苗肥应以弱蔸麻多施，壮蔸麻少施为原则，促进苗齐苗壮，提高有效分株数。在苗高60 cm左右，进入旺长期时，应重施一次长秆肥，促进麻株快长。转行季别不同，麻株的生长特点也不同，各季麻的追肥时期和次数也有所区别。头麻气温低，麻苗生长慢，苗期长，追肥次数可增加至2～3次，二麻、三麻气温高，幼苗生长快，苗期短，旺长期来得早，追肥就应提早，可结合前季麻收获后，一次施足。追肥必须以速效肥和半速效肥为主，才能发挥追肥的作用，如腐熟人畜粪、发酵饼肥和化肥等。一般每季每亩追施人粪尿750～1000 kg或猪粪水1500～2000 kg或饼肥50 kg左右，或氮肥10～15 kg。施肥时，土杂肥、塘泥和绿肥秸秆等应结合中耕面施，人畜粪尿泼蔸淋施，化肥既可抢在雨前结合中耕撒施，也可进行穴施或条施。氮肥在土壤中移动性大，应浅施；钾肥移动性差，磷肥不易移动，宜深施。

叶面追肥简单易行，用肥量少，发挥肥效快，既可及时满足麻株生长的需要，又可避免土壤固定和雨水流失。在苎麻旺长期，叶面喷施0.2%的尿素，0.01%的硼和锰，均可增加株高和皮厚，提高纤维产量8.3%～15%。四川推广“一二一”根外追肥法，即用500 g硝酸钾，1000 g尿素，500 kg水喷湿叶面，增产效果显著。

4. 排灌技术

(1) 苎麻需水特点。苎麻虽然是旱生作物，但由于根系庞大，茎叶繁茂，生长迅速，对水分要求较高。一亩苎麻一昼夜需消耗的水分达40m³，但苎麻生理用水较少，主要消耗于土壤蒸发和麻株的蒸腾。水分消耗量的大小取决于光辐射的强度、气温高低和大气相对湿度。光辐射强，气温高，相对湿度小，水分消耗量就大，反之则小。苎麻的不同生育期对水分的要求是不同的，前期和中期麻株需水多，特别是快速生长期，茎叶繁茂，蒸腾量大，对水分要求高，后期对水分要求较低，但土壤含水量低于17%时，则麻株缺水，导致纤维木质化和难以剥制，影响品质和产量。

(2) 防旱、抗涝与排灌技术。我国各产麻区的头麻气温低，雨水多，水分不缺乏，但伏旱和秋旱易影响二麻、三麻生长，严重减产。各麻区群众在长期的生产实践中积累了丰富的防旱经验，如提早收获头麻，及时中耕和旱前覆盖等，均能获得良好的效果。二麻引水灌溉和喷灌增产效果十分显著。将地下 12 ~ 15 cm 深处的土壤取出用手捏成团，一松即散时，就是缺水，是需要灌水抗旱的标志。如果上午 10 ~ 11 时，麻叶轻微萎蔫，也是急需灌水抗旱的标志。灌水时间宜在早晚土温低时进行，灌水次数视旱情而定，大旱时每隔 7 ~ 10 天一次，小旱隔半个月一次。喷灌要每隔一星期一次，每次湿土 10 cm 左右，沟灌以湿透耕作层为准，并随灌随排，防止渍死麻蔸。在水源缺乏时，挑水兑少量人畜粪泼蔸，也能促进出苗生长，获得较好效果。

麻园土壤含水量大于 28% 时，对苎麻生长不利。平原湖区麻园几年到十几年就发生败蔸，其原因也与排水不良有关。因此，平地栽麻必须深沟高畦，湖区栽麻还必须深挖排水渠，丘陵山区栽麻也要做好围山沟。此外，经常保持厢面平整，雨季清沟，使之排水通畅。

第二节 甘蔗高产栽培技术分析

甘蔗是甘蔗属的总称。甘蔗原产于热带、亚热带地区，是一种一年生或多年生热带和亚热带草本植物，属 C_4 作物。是一种高光效的植物，光饱和点高，二氧化碳补偿点低，光呼吸率低，光合强度大，因此甘蔗生物产量高，收益大。甘蔗中含有丰富的糖分、水分。此外，还含蛋白质、脂肪、糖类、钙、磷、铁、天门冬素、天门冬氨酸、谷氨酸、丝氨酸、丙氨酸、缬氨酸、亮氨酸、赖氨酸、羟丁氨酸、谷氨酰胺、脯氨酸、酪氨酸、胱氨酸、苯丙氨酸、γ - 氨基丁酸等多种氨基酸，延胡索酸、琥珀酸、甘醇酸、苹果酸、柠檬酸、草酸等有机酸及维生素 B_2、维生素 B_6、维生素 C。榨去汁的甘蔗渣中，含有对小鼠艾氏癌和肉瘤 180 有抑制作用的多糖类。

甘蔗中含有的水分较多（84% 左右），甘蔗中含有丰富的蔗糖、葡萄糖和果糖，很容易被人体吸收。多量的铁、钙、磷、锰、锌等人体必需的微量元素，其中铁的含量最多，居水果之首，故甘蔗素有“补血果”的美称。

甘蔗下半截甜，这是因为在甘蔗的生长过程中，它吸取的养料除了供自身生长消耗外，多余部分都贮存起来了，而且大多贮藏在根部。甘蔗茎秆所制造的养料大部分都是糖类。所以，甘蔗根部的糖分最浓。除此之外，甘蔗的叶子和梢头部分要积聚充足的水分，以供叶的蒸腾作用所需，根部的水分相对来说较少，梢头的大量水分冲淡了糖分，所以梢头没有根部甜。

一些甘蔗品种具有固氮作用，在固氮菌的作用下能固定大气中的氮，将无机氮转化为自身的有机氮。与豆科植物的固氮作用不同的是，甘蔗不形成根瘤，固氮菌是生活在甘蔗茎的细胞间隙中的。

一、甘蔗的基本栽培技术

(一) 甘蔗整地

整地是为甘蔗生长提供一个深厚、疏松、肥沃的土壤条件，以充分满足其根系生长的需要，从而使根系更好地发挥吸收水分、养分的作用。同时，整地还可减少蔗田的病、虫和杂草。

深耕是增产的基础。甘蔗根系发达，深耕有利于根系的发育，使地上部分生长快，产量高。深耕是一个总的原则和要求。具体深耕程度必须因地制宜，视原耕作层的深浅、土壤性状而定，一般在 30 cm 左右。深耕不宜破坏原来的土壤层次，并应结合增施肥料为宜。

早耕能使土壤风化，提高肥力。所以，蔗田应在前茬作物收获以后，及时翻耕。早耕对于稻后种蔗的田块更为重要。

(二) 开植蔗沟

开植蔗沟使甘蔗种到一定的深度，便于施肥管理。

第一，常规蔗沟。蔗沟的宽窄、深浅要因地制宜，一般在 20 cm 左右深，沟底宽 20 ~ 25 cm，沟底要平。

第二，抗旱高产蔗沟。云南 80% 以上的是旱地甘蔗，推广“旱地甘蔗深沟板土镇压栽培技术”具有较好的抗旱作用。具体方法是：环山沿等高线开沟，深沟板土镇压，沟深 40 cm，沟底宽 25 cm，沟心距 100 cm，用下沟的沟底潮土覆盖上沟的种苗。覆土 6.6 cm，压实。

(三) 甘蔗的施肥技术

甘蔗生长期长，植株高大，产量高。所以，在整个生长期中，施肥量的多少是决定产量高低的主要因素之一。由于甘蔗的需肥量大，肥料在甘蔗生产成本中占有很大的比重，因此，正确地掌握施肥技术，做到适时、适量，而又最大限度地满足甘蔗对肥料的需要，具有重要的意义。

1. 需肥量

每生产 1 吨原料蔗，需要从土壤中吸收氮素 (N)1.5 ~ 2kg，磷素 (P_2O_5)1 ~ 1.5kg，

钾素（K_2O）2～2.5 kg。

2. 施肥原则

根据甘蔗在不同生育期的需肥特征，制定出的施肥原则是：重施基肥，适时分期追肥。如果只施追肥，而不施基肥，则甘蔗容易长成：头重脚轻，上粗下细，容易倒伏。反之只施基肥，不施追肥，则后劲不足，易形成“鼠尾蔗”，影响产量。

（1）重施基肥。肥料主要是有机肥、磷、钾化肥和少量氮素化肥，磷肥和钾肥主要做基肥施用，因为甘蔗对磷肥的吸收主要是在前中期。而且磷肥在土壤中的移动性小，需要靠近根部才易被吸收。甘蔗对钾肥的吸收也主要是在前中期（占80%左右）。而且蔗株在前中期吸收的钾素可供后期所需。所以钾肥宜早施，量少时做基肥一次施用，量多时，拿一半做基肥，另一半在分蘖盛期或伸长初期施用。

（2）分期追肥。按照甘蔗的需肥规律，追肥的施用原则可概括为“三攻一补、两头轻、中间重”。“三攻”就是攻苗肥、攻蘖肥、攻茎肥;“一补”就是后期补施壮尾肥;“两头轻”指苗期、伸长后期施肥量要少;“中间重”指伸长初期施肥量要多。

二、新植蔗的栽培技术

新植甘蔗采用栽种甘蔗苗繁殖，栽种后不久即生根，长出许多嫩芽，形成丛状。收割时仅收割甘蔗茎，将根留在土壤内，即宿根。来年，宿根重新分枝生茎。因此，甘蔗为多年生植物，它的收获多达7～8次，在我国南方地区，一般为3次，即三年后挖去宿根，重新种植。

甘蔗为喜温、喜光作物，年积温需5500～8500℃，无霜期330天以上，年均空气湿度60%，年降水量要求800～1200毫米，日照时数在1195小时以上。近年来，全国推广甘蔗种植新方法，即“深耕、浅种、宽行、密植”，同时施足基肥等使甘蔗亩产量大大提高，根据甘蔗的生长发育特点以及对土壤、营养、水分等外界的要求，下面以春植的糖料蔗为例对新植糖料蔗的栽培技术进行简要阐述。

（一）整地种植

1. 深耕整地

播种前最好进行蔗地机械深耕深松，耕地深度为30～40 cm，深松深度达30～40 cm。蔗地进行深耕深松是提高糖料蔗单产和含糖分，提高劳动生产率和土地产出率，降低生产成本和增加蔗农收入的有效措施，可促进甘蔗的可持续发展。没有机械化耕作的土地也要尽量做到精细整地，使耕作层达到深、松、碎、平，创造良好的保水、保肥、透气和增温的土壤条件，以利于甘蔗的发芽和根系的生长。同时，根据蔗地的地势状况平整土地或修筑成梯田，以用于大雨来临时的排水。

2. 开种植沟

旱地甘蔗宜提倡“深沟浅植”。中等肥力以上的蔗地将传统的窄行种植（90 ~ 100 cm）改为宽行种植（120 ~ 130 cm），沟深 20 ~ 30 cm、沟底宽 25 ~ 35 cm；水田种蔗，肥水充足，行距要适当加宽。同时要注意开好排水沟。为了便于机械化管理和操作，行距可根据使用的机械进行调整。我区目前推广的新台糖品种具有较强的分蘖能力和宿根性，且生长旺盛，要夺取高产必须具有较好的通风透光条件，实践证明，推广 1.2 ~ 1.3 m 的宽行种植，不仅能充分利用地力和光照，减少病虫害的发生，还能确保糖料蔗健壮生长，促进有效蔗茎增加，且蔗茎长、粗、重，从而易获得较高产量。对一些瘦瘠的旱坡地行距可为 100 cm，以增加蔗地的亩有效茎数和减少土壤水分蒸发而达到高产。旱坡地还要按等高线开行，这样可以减少雨水冲刷土壤，起到保水保肥保土的作用。

（二）良种选择

1. 选用良种

因地制宜地选用适宜当地栽培的良种是夺取高产的有效措施，糖料蔗良种是指抗逆性强（特别是抗旱力强）、适应性广、宿根性强且高产高糖的品种。目前，广西推广的良种有新台糖 16 号、22 号、25 号、26 号和 27 号；桂糖 94/116、94/119，粤糖 93/159、94/128、95/168；园林 1 号、2 号、3 号、6 号等品种。实践证明，选用良种，各地可根据品种的特性和本地的气候特点、土壤条件、各品种引种时在当地的表现以及早、中、晚熟品种搭配等多项因素进行选择。一般来说，水田和水肥条件较好的旱地应选用新台糖系列品种，有利于充分发挥品种的高产高糖特性，取得高产高糖产高效。土壤较为贫瘠可选用桂糖 94/116 或桂糖 94/119 等品种，桂中偏北的地方要注意选择耐寒性强的品种，同时要注意同一块地甘蔗品种在新植的时候要轮换，同一蔗区内甘蔗品种宜安排种植 3 个以上品种，避免品种的单一，以减少病虫害的发生。

2. 种茎选择

甘蔗既可用全茎做种又可以用部分茎做种，所以，蔗种又可分为全茎种、半茎种和梢部种，在生产上一般选用植株梢部以下 40 ~ 50cm 的幼嫩茎做种，或者说选用梢部生长点以下 10 个芽做种最好。因茎梢含糖分低，含葡萄糖、果糖、淀粉、蛋白质等较多，而作为原料蔗进厂回收率低、价值低，同时由于其茎芽保护较好，用其做种既可减少原料蔗的损失，减少用种量，又可提高发芽率。特殊情况下可采用全茎做种。但无论用哪一段做种，对种茎的要求是一样的，那就是要新鲜、蔗芽饱满健壮、无病虫害、品种纯正。

3. 种茎处理

(1) 砍种。首先按每段种茎 2 ~ 3 个芽进行斩种，斩种要先剥除叶梢 (蔗壳)，然后将种茎平放在木垫上，芽向两侧，用干净的利刀快速斩种，尽量做到切口平，不破裂，作业时要眼明手快，一边砍种一边要及时将死芽、烂芽、虫芽、气根多和混杂品种剔除掉，以提高种苗的质量。砍下的种苗按芽的成熟程度分别放置，即较老的放一堆，较嫩的放一堆，这样种植时，出苗就比较整齐，便于管理。

(2) 种茎消毒。把斩好的种茎放入 50% 可湿性多菌灵 125 ~ 160 g 兑水 100 kg 的溶液中浸 5 ~ 10 分钟即可。也可用其他消毒农药按照说明进行消毒处理。冬春植蔗特别要做好种子消毒工作，切不可麻痹大意，广西高温高湿，越冬的病源多虫口密度大，病虫滋生繁殖快，很容易发生各种各样的病虫害，如发生凤梨病，造成烂种烂芽、缺苗断垄，影响全年的甘蔗生产。

(三) 甘蔗要施足基肥

甘蔗是高产作物，不仅需水量大，而且需肥量也大，所以，要放足基肥，基肥以有机肥 (农家肥) 和化肥配合施用。要将甘蔗全生育期所需的磷肥、钾肥的全部作为基肥，氮肥则施 20% 左右。一般要求每亩农家肥 500 ~ 1000 kg，钙、镁、磷肥 70 ~ 100 kg、氯化钾 15 ~ 20 kg、尿素 10kg 混合做基肥。或用氮、磷、钾含量分别 10% 复合肥 100 ~ 150 kg 做基肥，用氮、磷、钾含量分别 25% 的复合肥 50 ~ 100 kg 做基肥。其中，有机肥和磷肥应先堆沪 15 天后再施用。基肥的施用，一般选在天气晴朗、土壤温度较低的种植前一天施下较好。化肥应均匀地施放在种植沟内，然后将肥料与土壤拌匀后再下种，尽量避免蔗种与肥料直接接触，以防止烧伤种苗。如有条件的地方可使用酒精废液喷淋甘蔗技术，在甘蔗下种后亩施 5 ~ 6 t 酒精废液，可不施用化肥做基肥，也能满足甘蔗的生长需要。

(四) 甘蔗的合理密植

目前，推广的良种中大部分为中大茎种，要求每亩基本苗数为 5000 ~ 6000 株。春植蔗下种一般 7000 ~ 8000 个芽；冬植可适当增加 15% ~ 20% 的芽，为 8500 ~ 9000 个芽；而秋植蔗下种量可减少 15% ~ 20% 的芽，为 5000 ~ 6000 个芽。要保证每亩中大茎种有效茎数为 4000 ~ 5000 条，中小茎种有效茎数达 5000 ~ 6000 条，这样一来，产量才能有保证。

摆种要求：种茎竖向以品字形或铁轨式双行窄幅摆放，两行种之间距离 8cm 左右，种茎与土壤紧贴，芽向两侧。一般人工摆种，下种时手用力往下轻压，利于蔗茎吸收土壤水分及新根的入土。宽行 (125 cm 以上) 种植的种茎可进行横向摆放，以增加行内的苗数。

（五）除虫除草

摆放好种茎，由于种茎糖分高，易引来各种地下害虫的咬食为害，因此要及时撒上除虫药，如每亩用特丁磷 4 ~ 5 kg，撒施在种植沟内，也可每亩用 3 ~ 4 kg 克百威或 4 ~ 5 kg 甲基异柳磷撒施植沟。然后盖土 3 ~ 5 cm。甘蔗由于行距宽，萌芽慢，因此行间杂草滋生快，影响甘蔗的前期生长，为此最好能在盖土后（一周内）施用除草剂，除草剂可选用 40% 阿特拉津 150 ~ 200 g/ 亩；50% 乙草胺乳油 100 mL/ 亩；25% 敌草隆 200 克 / 亩。两种药减半量混合施用效果更好。均兑水 40 ~ 50 kg 喷雾。此外，进行覆盖和间套种作物减少杂草的生长。

（六）地膜覆盖

地膜覆盖是一项保护性栽培技术，多年来应用于甘蔗上，增产增糖效果显著。地膜覆盖实现增产主要在于：一是提高了土温；二是保持了土壤水分；三是维持了土壤疏松；四是抑制了杂草的生长；五是加快了土壤养分的分解。从而促进蔗芽的早萌动，早出土，提高甘蔗的发芽率。盖膜的方法包括：在完成下种、施肥、喷除草剂等工序后，选用宽 40 ~ 45 cm、厚 0.005 ~ 0.010 mm 的地膜，铺开拉紧，使地膜紧贴蔗行，膜两边用细碎的泥土压紧压实，使地膜露光部分不少于 20 cm，盖膜时土壤必须湿润，土壤干旱时要淋水后才能盖膜。目前，许多地方使用盖膜犁来覆盖地膜，一次就可完成盖土、盖膜等工序，且盖膜质量好，工效高。

综上所述，播种田间作业的顺序为：开种沟—施基肥—盖薄土—摆放种茎—撒防虫药—盖土—淋水（雨天或土壤湿度较大时可不淋水）—喷施除草剂。冬植蔗和早春植蔗加盖地膜。

三、甘蔗“三高”丰产栽培技术

（一）选择良种，合理轮作

推广应用甘蔗良种是提高甘蔗单产的最有效途径，必须选用与蔗区环境条件相适应、抗逆性好、宿根性强的良种，才能获得高产。广西植区选用新台糖 10 号、16 号、20 号、22 号和粤糖 93/159 等早、中、晚熟品种，既保证高产又能兼顾糖厂按时开榨和确保糖料蔗的高含糖分。

由于甘蔗的生长期长、植株高大、产量高、对土壤养分消耗较多，长期连作或宿根年限较长，土壤肥力下降，养分失去平衡，病虫草害也较严重。合理轮作对甘蔗稳产高产的作用很大，有以下两种方式：一是水旱轮作，可使土壤疏松，不易板结，蔗稻兼益；二是旱地轮作，甘蔗新植 1 年并宿根 1 ~ 2 年后轮种花生、大豆、芝麻、蚕豆、甘薯、玉米、谷子等短期作物，有利于改善土壤的物理性能。

（二）蔗地深耕，重施基肥

一般采用牛犁翻耕或机械深松耕。前者实行两犁两耙，犁至 30 cm，耙碎土壤；后者用没有犁壁的硬土层破碎器深度松土，犁 35 ~ 45 cm 深至底土。通常在整地时施基肥，以有机肥为主，适量的磷、钾化肥为辅，一般用 1000 ~ 1500 kg/667m^2，腐熟农家肥和 10 ~ 15 kg/667m^2 过磷酸钙及硫酸钾，均匀撒施于蔗田；也可在下种前将土、肥拌匀施于植蔗沟内，边施肥、边下种、边覆土。

（三）精心选种，浸种消毒

选择蔗茎粗壮、不空心、不蒲心，蔗芽饱满，无病虫害的蔗茎做种。通常采用生长点以下 50 ~ 67 cm 的一段蔗梢做种，用利刀砍成单芽段、双芽段或多芽段，切口要平整，避免破裂。

浸种能增强种苗的吸水能力、促进发芽，也可杀灭种苗上的部分病虫害，包括清水浸种、2% 石灰水浸种和药剂浸种。不同方法浸种时间各不相同，长则 1 ~ 2 h、短则 5 ~ 10 min，药剂浸种可用 50% 多菌灵或甲基硫菌灵 800 倍液浸泡 5 ~ 6 min。催芽能缩短种苗萌发出土的时间、提高萌芽率，有堆肥酿热催芽法和蔗种堆积催芽法两种。催芽时间大约 1 周，当种苗上的根点突出、蔗芽胀起呈“鹦鹉嘴”状时，即可下种。

（四）适时下种，深沟栽培

甘蔗下种有大田直播和育苗移栽。根据下种期的不同，分为春植蔗、秋植蔗和冬植蔗等栽培制度。春植蔗下种在立春至清明节之间，适当早植有利于甘蔗提高产量。秋植蔗在立秋至霜降期间，下种不宜太早也不宜太迟，以中间时期为佳。冬植蔗在立冬至立春两头温度较高时下种最好，温度较低时要用地膜覆盖，以保证蔗苗安全越冬。

深沟栽培可以确保前期种苗萌发和后期土壤积蓄水分，利于生长，增强抗旱能力。

1. 深沟浅种法

沟深 40 ~ 50 cm，下种时再挖沟底 7 ~ 10 cm，施入底肥后下种，然后盖土 10 ~ 15 cm，效果较好。

2. 深沟板土法

边开植蔗沟边下种，在开挖第二沟的蔗沟时，用其沟底湿土盖第一沟的种苗，而后进行镇压。

3. 穴植聚土法

在坡地上免耕（或者耕犁 1 次后）挖穴，后一穴挖起的耕层熟土聚于前一穴内，将深层生土置于穴外风化，穴深 40 cm，穴与穴距离 100 ~ 120 cm，穴直径 70 ~ 80 cm。

（五）合理密植，覆盖地膜

旱地甘蔗出苗率较低，分茎少，应加大下种量保证有效茎数。行距在 1 ~ 1.2 m，比水田种植密度大 8% ~ 16%，下种量在 12 万 ~ 13.57 万个 / 公顷有效芽，或者移栽 7.5 万 ~ 9 万株 / 公顷有效苗。新植蔗种植后，应全部喷施芽前除草剂，进行土壤封闭处理。先喷种植沟，盖膜后喷膜外裸露地面。每公顷用阿特拉津 750 mL 加乙草胺 1500 mL 兑水 900 kg 均匀喷施。芽前除草剂应选择阴天且土壤湿润时喷施，药效可持续 50 天，防效达 95% 以上。选用厚 0.005 mm、宽 45 cm 的地膜，盖膜前要求土壤持水量在 85% 以上，地膜充分展开并且紧贴种植沟两侧，边缘用碎土压好，透光面在 20 cm 以上，无通风漏气现象，以达到增温保湿的效果。

（六）查苗补苗，追肥培土

在萌芽末期检查蔗田，发现有 30 cm 以上的缺株断行，就需补苗。补苗与间苗相结合。追肥以有机肥配合一定量的氮素化肥为宜，一般 3 ~ 4 次。在施“攻苗肥”时小培土 3 cm 可促进分茎；在施“攻茎肥”时，中培土 6 cm 能保护分茎；在施“攻茎肥”时，大培土 20 ~ 30 cm，能抑制分茎；部分高产蔗田还需补施“壮尾肥”并高培土，可有效防止倒伏，为翌年宿根蔗栽培奠定基础。

（七）中耕除草，合理排灌

甘蔗封行后，应及时铲除杂草。人工除草与中耕松土同时进行。雨后中耕能减少土壤水分蒸发，可增产 28.8%，增糖 3.6%。用化学除草剂代替人工除草，可减少耕作次数和施肥次数，使土壤少受干扰和破坏，也具有保水抗旱的效果。

甘蔗苗期需水量少，适逢雨季，低洼地块应注意排水，保持土壤湿润即可，切忌“浸泡”。伸长期是其需水量最大的时期，土壤必须保持湿润状态。成熟期耗水量逐渐减少，应保持相对干燥，利于蔗糖分的积累。

（八）适时砍收，增收保兜

高糖早、中熟品种和淘汰蔗地须在2月中旬前砍收完毕，按照先熟先砍，即秋植—宿根—冬植—春植顺序，先砍淘汰蔗，后砍留宿根蔗。宿根性稍差的高糖品种如新台糖1号、10号等适宜在12月15日前或翌年立春后砍收。因为这两个品种在12月中旬至1月底期间的低温阴雨天气出苗较差。砍收时宜用锋利蔗斧砍入泥3～5 cm，并尽量减少蔗蔸破裂，做到增收保蔸。

第三节　向日葵高产栽培技术分析

“向日葵的经济价值高，它的种子可榨油，供给人们食用，它的用量仅次于大豆油，也可炒熟食用，它的果盘、花瓣、茎、叶、茎髓均可入药或做饲草用。”① 具有很高的实用和经济价值。近年来，向日葵的种植面积也在不断增加，经济效益不断提高。

一、向日葵的基本形态

向日葵，是一种可高达3 m的大型一年生菊科向日葵属植物。其盘型花序可宽达30 cm。因花序随太阳转动而得名。向日葵的茎长达3 m，花头可达到30 cm。1年生草本，高1.0～3.5 m，对于杂交品种也有半米高的。茎直立，粗壮，圆形多棱角，硬质被白色粗硬毛。叶通常互生，心状、卵形或卵圆形，先端锐突或渐尖，有基出3脉，边缘具粗锯齿，两面粗糙，被毛，有长柄。头状花序，极大，直径10～30 cm，单生于茎顶或枝端，常下倾。总苞片多层，叶质，覆瓦状排列，被长硬毛，夏季开花，花序边缘生黄色的舌状花，不结实。花序中部为两性的管状花，棕色或紫色，结实。瘦果，倒卵形或卵状长圆形，稍扁压，果皮木质化，灰色或黑色，俗称葵花籽。性喜温暖，耐旱。原产北美洲，世界各地均有栽培。

向日葵从野生到人类栽培经历了漫长的历史，但在其驯化过程中主要经历了两次大的飞跃：一是北美印第安人把向日葵的野生形态转变成栽培形态；二是向日葵引入欧洲后由观赏植物逐渐改造为油料作物。

① 刘秀芹．浅析优质向日葵高产栽培技术[J]．现代农业，2018(07)：18.

二、向日葵的栽培技术

(一) 向日葵的轮作选地备耕

第一，轮作。向日葵连作会使土壤养分特别是钾素过度消耗，地力难以恢复。向日葵病害如菌核病、锈病、褐斑病、霜霉病、叶枯病，以及葵螟、蛴螬、小地老虎等，都会因连作而为害加剧。

第二，选地。葵花具有抗旱耐碱的特性，一般耕地及荒地均可种植，但盐碱过重的地块不宜种植。向日葵杂交种应种植于较好耕地上，产量、品质尤其明显，产出比大，收入颇丰，有条件的农户应尽可能地利用好地种植为宜。

第三，整地。葵花为深根系作物，因此种植葵花的地应在秋季用大中型拖拉机深耕，深度要达到 30 cm 左右，浇好秋水。

(二) 向日葵的施肥

1. 向日葵的需肥特性

向日葵需钾量高于其他作物。从现蕾到开花特别是从花盘形成至开花，是向日葵养分吸收的关键时期。出苗至花盘形成期间需磷素较多，花盘形成至开花末期需氮较多，而花盘形成至蜡熟期吸收钾较多。

2. 向日葵的施肥技术

(1) 基肥以有机肥为主，配合施用化肥，可以为向日葵持续提供养分。基肥施用量，一般亩施 1500 ~ 2000 kg。施用方法有撒施、条施和穴施 3 种。

(2) 种肥常规品种如星火花葵每亩施磷二胺 4 ~ 5 kg 加“三元”复合肥 5 kg；向日葵杂交种每亩施磷二胺 15 kg 加“三元”复合肥 10 kg。

(3) 向日葵需在现蕾期之前追肥，每亩施尿素 20 ~ 25 kg。

(三) 向日葵的播种

1. 向日葵的播种期

葵花一般在 10 cm 土层温度连续 5 天达到 8 ~ 10℃时即可播种。一般常规品种适宜播种期为 4 月下旬。杂交品种生育期大于 105 天，一般播期为 5 月 10 日左右；生育期小于 105 天，一般播期为 5 月下旬。

2. 向日葵的播种方法

葵花种植以单种为好，最好集中连片种植，但也可以在地埂及沟沿上种植。播种一般采用玉米点播器点播，也可用锄头开沟或铲子点播，播种深度以 3 ~ 5 cm

为宜。

3. 向日葵的种植密度

（1）常规品种采用大小行种植，覆膜种植大行3尺，小行2尺，株距1.2尺，亩留苗2000株；不覆膜大行距2.8尺，小行距1.4尺，株距1.3尺，亩留苗2198株。

（2）食葵杂交种采用大小行覆膜种植，大行2.4尺，小行1.2尺，株距1.2尺，亩留苗2770株。

（3）油葵杂交种采用大小行种植，大行2.4尺，小行1尺；早熟品种株距9寸，亩留苗3900株左右；晚熟种株距1尺，亩留苗3500株。

4. 向日葵的种子处理

近年来，地下害虫严重，播前必须进行种子处理。具体方法为：用40%甲基异柳磷50g兑水3～4 kg，喷拌种子30kg，闷种6h，待种子阴凉七成干后即可播种。

（四）向日葵的田间管理

第一，间苗定苗。向日葵苗期生长快，发育早，为防止幼苗拥挤、徒长，当幼苗长出1对真叶时即应间苗。随之，当长出2对真叶时就应定苗。病虫害严重或易受碱害的地方，定苗可稍晚些，但最晚也不宜在3对真叶出现之后。

第二，中耕除草。向日葵田一般锄3次。第一次结合间苗进行除草；第二次结合定苗进行铲锄；第三次中耕除草在封垄之前进行。中耕的同时，应进行培土，以防倒伏。

第三，浇水。葵花属比较耐旱的作物。一般苗期无须浇水，可适当推迟头水灌溉时间，葵花现蕾期之前浇头水，开花期浇二水，灌浆期浇三水，整个生育期一般浇水3次即可。后期浇水应注意防风，以免倒伏。另外，若遇连雨或持续高温干旱，应酌情减少浇水，同时进行叶面喷水。特别注意葵花开花以后不可缺水，做到“见干见湿”的原则。

第四，打杈和人工授粉。有的向日葵品种有分枝的特性，分枝一经出现，就会造成养分分散，影响主茎花盘的发育。因此，当植株出现分杈，应及时打掉。

向日葵主要靠蜜蜂传粉。养蜂授粉，既可减少向日葵的空壳率，又可采收蜂蜜，一举两得。在蜂源缺乏的地方，需进行人工辅助授粉，以提高结实率。人工授粉的时间可在9：00～11：00时进行。这时花粉粒多，生活力旺盛，授粉效果好。

（五）向日葵的防治病害

在向日葵生产过程中，及时防治病害，做好向日葵的保护工作，是保证向日葵正常生育、高产稳产的重要环节。

向日葵病害种类很多，为害较重。目前，国内外向日葵主要病虫害有褐斑病、黑斑病、菌核病、锈病、黄萎病、灰腐烂病、露菌病和浅灰腐烂病等。

1. 向日葵菌核病

(1) 向日葵菌核病的类型。向日葵在各生育期均可受菌核病害，病菌可侵染根、茎、叶、花盘等部位，形成根腐、茎腐、烂盘等。

根腐型，发病部位主要是茎基部和根部，初呈水浸状，潮湿时长出白色菌丝，干燥后茎基部收缩，全株呈立枯状枯死，菌丝凝结成团，形成鼠屎状菌核于基部周围。

茎腐型，发生在成株期，主要侵染植株的茎基部和中下部，病斑初为褐色水浸状，茎秆易被折断，茎内外形成大量的菌核。

盘腐型，主要发生在向日葵开花末期，花盘背面全部或局部出现水浸状病斑，变褐软化，整个花盘腐烂，长出白色菌丝，逐渐产生菌核，自行脱落。

(2) 向日葵菌核病的防治。向日葵菌核病的防治以农业防治和耐病品种为主。

第一，向日葵制种和繁育基地，要进行严格的产地检疫。

第二，合理轮作，至少要有三年的轮作期。

第三，选用耐病品种。

第四，加强栽培管理：①调整播期，适时早播或晚播；②向日葵地要进行深松深耕，耕深应为 10 ~ 15 cm，并及时清理病残体，减少病源；③合理稀植，提倡麦葵间作；④合理施肥，培育壮苗。

第五，药剂防治：①土壤处理：50%速克灵可湿性粉剂每公顷 15 kg 拌适量砂土，结合播种均匀随种施入。②种子处理：2.5% 适时乐悬浮种衣剂、40% 菌核净可湿性粉剂按种子量的 0.2% ~ 0.5% 拌种。③药剂喷施：50%速克灵可湿性粉剂 1500 ~ 2000 倍液、40%菌灵净可湿性粉剂 1000 ~ 1500 倍液、50%多菌灵可湿性粉剂 500 倍液、40% 菌核净可湿性粉剂 800 倍液均匀喷洒。

2. 向日葵锈病

向日葵的整个生育期均可受害，病菌可侵染叶、茎、花盘等部位。苗期发病，叶片正面出现黄褐色小斑点，后期变成小黑点；叶片的正面产生黄色小点，之后病叶上出现圆形或近圆形的黄褐色小疱。破裂后散出褐色粉末，即病菌的夏孢子堆和夏孢子。到夏末秋初，在夏孢子堆周围形成大量黑色小疱，破裂后散出铁锈色粉末，即病菌的冬孢子堆和冬孢子。在花盘、萼片以及茎上的孢子堆情况与叶片上相似，但数量较少，且只有夏孢子堆和冬孢子堆。严重时叶片上布满褐疱，叶片呈铁锈色，早期枯死。

向日葵锈病的防治方法如下：

(1) 选用抗病品种。

(2) 加强栽培管理，及时中耕，合理使用磷肥和锌肥收获后彻底清除田间病残体，深翻地，将遗留在地面上的病叶翻入土下，以减少大量越冬菌源，降低第二年的发病率。

(3) 药剂防治：①种子处理：2% 立克秀可湿性粉剂按种子量的 0.3% 拌种，或 25% 羟锈宁可湿性粉剂按种子量的 0.5% 拌种；②生育期喷施：在发病初期开始喷药，每隔 10 天喷 1 次，连续喷 2 ~ 3 次。

3. 向日葵霜霉病

向日葵的整个生育期均可受害，苗期染病，2 ~ 3 片真叶时开始显现症状，叶片受害后叶面沿叶脉开始出现褪绿斑块，若遇降雨或高湿，病叶背面可见浓密白色霉层。但在持续干旱条件下，即使发病特别严重的植株，也不会出现霉层。病株生长迟缓，形成矮缩，往往不等开花就逐渐枯死；成株期染病叶片呈现大小不一的多角形褪绿斑，湿度大时叶背病斑也有白色霉层，少数感染轻的病株可以开花结实，种子小而白或与健康种子区别不大，但种子可以带菌成为第二年初的侵染来源。

向日葵霜霉病的防治方法如下：

(1) 选用抗病品种。

(2) 合理轮作至少要有三年的轮作期。

(3) 加强栽培管理适时播种，密度适当，不宜过密、过深。

(4) 药剂防治：①种子处理：25% 瑞毒霉可湿性粉剂按种子量的 0.4% 拌种，或用 58% 甲霜灵锰锌可湿性粉剂按种子量的 0.3% 拌种；②药剂喷施：苗期或成株发病后，喷洒 58% 甲霜灵锰锌可湿性粉剂 1000 倍液、25% 甲霜灵可湿性粉剂 800 ~ 1000 倍液、40% 增效瑞毒霉可湿性粉剂 600 ~ 800 倍液。

4. 向日葵黄萎病

向日葵黄萎病主要在成株期发生，开花前后叶尖叶肉部分开始褪绿，然后整个叶片的叶肉组织褪绿，叶缘和侧脉之间发黄，后转褐色。病情由下向上发展，横剖病茎维管束褐变。发病重的植株下部叶片全部干枯死亡，中位叶呈斑驳状，严重的开花前即枯死，湿度大时叶两面或茎部均可出现白霉。

向日葵黄萎病的防治方法如下：

(1) 选用抗病品种。

(2) 合理轮作至少要有三年的轮作期。

(3) 加强栽培管理适期播种，合理密植，增施磷钾肥，增强植株的抗病性，及时清理田间病残体，减少病源，发病的茎秆要及时烧毁，以防病害扩散蔓延。

(4) 药剂防治：①种子处理：50% 多菌灵可湿性粉剂、50% 甲基硫菌灵可湿性粉剂按种子量的0.5%拌种，或用80%福美双可湿性粉剂按种子量的0.2%拌种。②灌根：20%萎锈灵乳油400倍液灌根，每株灌对好的药液500毫升。③叶面喷施：发病初期，用50%退菌特可湿性粉剂500倍液、50%多菌灵可湿性粉剂500倍液、70%甲基硫菌灵可湿性粉剂800～1000倍液、64%杀毒矾可湿性粉剂1000倍液、77%可杀得101可湿性粉剂400倍液、14%络氨铜可湿性粉剂250倍液、75%百菌清可湿性粉剂800倍液等进行叶面喷施。

第四节 芝麻高产栽培技术分析

一、芝麻的价值与形态特征

芝麻属于胡麻科，是胡麻的籽种。虽然它的近亲在非洲出现，但品种的自然起源仍然是未知的。它遍布世界上的热带地区。芝麻是我国四大食用油料作物的佼佼者，是我国主要油料作物之一。芝麻产品具较高的应用价值，我国自古就有许多用芝麻和芝麻油制作的名特食品和美味佳肴，一直著称于世。

(一) 芝麻的价值

芝麻有黑白两种，食用以白芝麻为好，补益药用则以黑芝麻为佳。它既是油料作物，又是工业原料。芝麻含有大量的脂肪和蛋白质，还有膳食纤维、维生素 B_1、维生素 B_2、尼克酸、维生素 E、卵磷脂、钙、铁、镁等营养成分；芝麻中的亚油酸有调节胆固醇的作用。芝麻中含有丰富的维生素 E，能防止过氧化脂质对皮肤的危害，抵消或中和细胞内有害物质游离基的积聚，可使皮肤白皙润泽，并能防止各种皮肤炎症。芝麻还具有养血的功效，可以治疗皮肤干枯、粗糙，令皮肤细腻光滑、红润光泽。日常生活中，人们吃的多是芝麻制品：芝麻酱和香油。而吃整粒芝麻的方式则不是很科学，因为芝麻仁外面有一层稍硬的膜，只有把它碾碎，其中的营养素才能被吸收。所以，整粒的芝麻炒熟后，最好用食品加工机搅碎或用小石磨碾碎了再吃。

(二) 芝麻的形态特征

芝麻全株长着茸毛。茎直立，高约1 m，下圆上方。总状花序顶生花单生，或两三朵簇生于叶腋。圆筒状，唇形，淡红、紫、白色。因品种不同，长筒形蒴果的棱数有4、6、8不等。种子扁圆，有白、黄、棕红或黑色，其中白色的种子含油量较高，黑色的种子入药，味甘性平，有补肝益肾、润燥通便之功。芝麻油中含有大量人体必需的脂肪酸，比菜油、花生油都高。芝麻的茎、叶、花都可以提取芳香油。

二、夏芝麻高产栽培技术

夏芝麻栽培在小麦收获后，劳动力紧张，播期短，免耕直播可缓解夏芝麻种植劳动力紧张，延长生育期，降低成本。该项技术对于大面积提高黄淮芝麻主产区芝麻种植效益具有重要意义。由于省工省时、成本低，在黄淮芝麻主产区得到了大面积的应用，示范区平均比非示范区增产15%。

第一，播前准备。小麦收获时留茬高度低于20 cm，有利于芝麻播种和幼苗生长。

第二，适墒播种。麦收后墒情适宜，及早播种；墒情不足，灌溉播种。

第三，播种方式。机械条播，行距40 cm，播种深度3～5 cm，亩播种量0.3～0.5 kg；如果使用联合播种机，播种时每亩可同时施入底肥10～15 kg复合肥，播种施肥一次完成。

第四，合理密植。高肥水条件下密度每亩1.0万～1.2万株，一般田块每亩1.2万～1.5万株；播期每推迟5天播种，每亩密度增加2000株。

第五，田间管理。夏芝麻出苗后，2对真叶间苗，4对真叶定苗。播后苗前用72%都尔0.1～0.2升/亩，兑水50升，均匀喷雾土表；或出苗后12天用12.5%盖草能40毫升/亩，加水40升喷雾。初花期追施尿素8～10千克/亩。

三、春芝麻高产栽培技术

第一，适时播种。因为芝麻是喜温作物。因此，一般在春分至清明为播种适期，力争早播，若春暖早，要提前一个季节播种。迟播气温较高雨水偏多，生长期短，易早衰，怕风害，产量低。

第二，精细整地。应选择土壤疏松、肥沃、不渍水的旱地或坡地种植。种植前要做到整地细碎，平、净，高旱地可按畦宽3 m、长30 m，畦高15 cm左右的规格整地。若在水田植，应保证畦宽2 m，长30 m，畦高18 cm，沟宽15 cm。

第三，施足基肥。可亩用沤腐熟的过磷酸钙30 kg，草木灰100 kg、氯化钾10 kg。如瘦瘠的土壤可加尿素4 kg混合撒施，然后充分耙匀后起畦播种。拌种肥一般亩用沤好的饼肥20 kg、骨粉2 kg、尿素2 kg、土杂肥500 kg左右混合种子撒播。

第四，播种用量。亩用种量为：撒播的亩播种量0.45 kg；条播的亩播种量为0.35 kg。点播的0.25 kg。一般亩播种量不超过0.5 kg。播种方式：撒播法：将种子混合土杂肥撒于地面，播后用耙轻耙一次，并轻压。条播：一般采用单秆形，窄行条播，行距 33 cm，播幅 17 cm。播种后稍压实。分枝形品种可采用宽行条播，行距 50 cm，播幅 20 cm，条播要先把种子和细土 20 kg 混合播种后，再用 500 kg 土杂肥做盖种肥。点播：行距 33 cm，穴距 20 cm，每穴播种约 10 粒，播后盖上土杂肥，稍加压实。播种最好在土壤湿润时播下，播后如遇干旱，应淋水或灌跑马水，速灌速排，使土壤既不渍水，又不板结，易于出苗。

第五，间苗定苗。在芝麻长出 1 对真叶时进行第一次间苗。在芝麻长出 2 ~ 3 对真叶时进行第二次去弱留强间苗。在长出 3 ~ 4 对真叶时进行移苗补苗。补苗应在雨后或阴天傍晚进行，移植后淋水定根。一般单秆形品种亩留 2 万株左右，分枝形品种亩留 1.2 万 ~ 1.5 万株。

第六，中耕培土。一般第一次中耕宜浅锄，以锄表土为宜，应在 1 ~ 2 对真叶时进行。第二次中耕，在芝麻长出 3 对真叶，中耕可深 6 cm 左右。第三次中耕可在长出 5 对真叶时进行，深度可达 7 ~ 9 cm。芝麻封行后应停止中耕，每次中耕应结合除草施肥和培土，防止倒伏。同时，疏通田间沟和田边沟，防止渍水。

第七，施肥技术。除施足上面所说的基肥和种肥之外，追肥是提高芝麻产量的有效措施。地面施肥，可亩施尿素 6 ~ 9 kg，苗期施用 1/3，蕾期和盛花期施用 2/3。一般单秆形品种以现蕾至始花阶段施用。分枝形品种在分枝出现时施用，瘦瘠土地可提前在苗期多施，并适当增施。

第八，科学用水。芝麻对水分的反应极为敏感。既不能长时间干旱，又不能渍水。所以在用水上，要做到既不干旱又不渍水。并且要做到雨前不中耕，雨后不渍水，经常保持土壤湿润。特别是现蕾以后，如遇干旱，产量会明显降低。

第九，根外追肥。根外追肥能使芝麻增产 10% 以上。具体方法是：在芝麻始花至盛花阶段，亩用磷酸二氢钾 0.2 kg 加尿素 0.5 kg 兑水 125 kg 于晴天 15：00 时后喷施。以后隔 5 天喷 1 次，连续 3 ~ 5 次。从第三次起可单用尿素兑水喷施。如喷后遇雨应在第二天补喷。

第十，适时采收。芝麻终花期后 20 天左右便可成熟。其特征是茎叶及果实变为黄色，并大量落叶，还有少量出现裂果，这时便可收获。收割时，捆成小扎，放在地上翻晒。当晒至 50% 裂果时，用 2 扎互相撞击，使其脱落。经过 2 ~ 3 次脱粒以后，便要将芝麻秆堆沤 2 ~ 4 天，使果内假隔膜分离，干燥，种子易于脱落。然后用淘洗法除沙、晒干、扬净，使可进行加工或贮藏。

第六章　现代农业中的耕整地与种植机械应用

在农作物种植中应用农业机械，不仅可以提升种植效率，还能推动农村经济的进一步发展。因此，需要立足实际，充分认识现代农业中的耕整地与种植机械，采用有效措施对农业机械化进行优化，助力现代农业发展。本章探究农业生产中的动力机械、耕地机械与种植机械。

第一节　农业生产中的动力机械

一、柴油机的结构系统

内燃机将燃料热能转变为机械能，并能长期、稳定、高效、连续地对外做功，必须具有一定的机构和系统予以保证，且它们之间互相紧密连接、协调工作。不同类型和用途的内燃机，其机构和系统的形式可能不同，但其功用是完全一致的。柴油机一般由曲柄连杆机构、机体零件、配气机构、燃料供给系统、润滑系统、冷却系统及其启动装置等组成。

（一）柴油机的机体零件与曲柄连杆机构

机体零件和曲柄连杆机构是柴油机的基础零件和基本工作机构。机体零件是用来支撑和固定曲柄连杆机构及其他装置的机架。曲柄连杆机构是柴油机实现工作循环，完成能量转换的重要机构。它们共同担负将活塞的往复直线运动变成曲轴的旋转运动，同时将柴油燃烧时产生的热能转变为机械能输送出去的重任。

1. 机体零件

机体零件由气缸体、曲轴箱、气缸盖、气缸垫和缸盖螺栓等零件组成。

（1）气缸体和曲轴箱。气缸体是柴油机的机架，在它的内部和外部安装着柴油机所有的零件。气缸套安装在气缸体内，其周围是冷却水套。气缸体的上面安装气缸盖，气缸体的下面是曲轴箱，曲轴箱底部是贮存、供给润滑油的地方，常称为油底壳。油底壳内油面高度不可过高或过低，可通过油尺检查。缸体的前面是定时齿轮室，后面安装飞轮。柴油机工作时，由于活塞的上下往复运动，使曲轴箱内的容积经常发生变化，因而设有与大气相通的通气管。

(2) 气缸套。装入气缸体内的可卸气缸称为气缸套。气缸套呈圆筒形，既是发动机进行工作循环的主要场所，也是活塞运动的导轨，并可通过气缸壁散去多余的热量。气缸套分湿式和干式两种。湿式气缸套的外壁直接与冷却水接触，散热性能较好，故应用较普遍。为防止漏水，在气缸套的下部加工有2~3道凹槽，内装橡胶密封圈。干式气缸套的外壁不与冷却水直接接触，靠金属传导散热，散热性能较差，应用较少。风冷式发动机，气缸体与曲轴箱分开铸造。每个气缸都有单独的气缸体，其外壁由铸铝散热片构成。

(3) 气缸盖和气缸垫。气缸盖安装在气缸体的上部，通过螺栓与气缸体固定成一体，与活塞顶部和气缸壁构成燃烧室。在气缸盖上有进、排气道，并安装有喷油器、进排气门等，在它的内部有冷却水水套，并由水孔与气缸体上的水孔相连接。为了使气缸盖与气缸体的上平面接合严密，防止漏水漏气，在它们之间安有气缸垫。

2. 曲柄连杆机构

曲柄连杆机构的功用是将燃油燃烧的热能转换为活塞的往复直线运动的机械能，同时将活塞的往复直线运动转变成为曲轴的旋转运动，并承受气缸内燃烧气体的压力，从而向外输出动力。而在进气、压缩和排气三个辅助行程中，靠飞轮贮存的动能又反过来通过曲轴、连杆带动活塞做往复直线运动。曲柄连杆机构由活塞、连杆、曲轴、飞轮等组成。

(1) 活塞。活塞是曲柄连杆机构的重要组成部分，它直接承受燃烧时产生的高温、高压，并通过活塞销将力传给连杆和曲轴，同时又受到曲轴和连杆的带动完成进气、压缩、排气三个行程。根据活塞各部位所起的作用不同，可分为顶部、防漏部 (环槽部) 和导向部 (裙部) 三个部分。

第一，顶部是承受燃烧气体压力的部分，它与气缸、气缸盖组成燃烧室。汽油机的活塞顶部一般是平顶的，而柴油机活塞顶部往往制成各种形状的凹坑，用以引导气流运动，形成涡流，改善混合气形成的条件。

第二，防漏部是安放活塞环的部分，它与活塞环配合起防止漏气、散发热量的作用。为了使活塞环在受热后有膨胀余地，在接口处以及沿环槽高度方向都留有一定间隙，前者称为开口间隙，后者称为边间隙。活塞环经使用一段时间后，其开口间隙和边间隙超过规定时应重新更换。

第三，裙部是防漏部以下的部分，它起导向作用，并承受气体的侧压力。裙部上的两个同心孔为安装活塞销的销座。活塞销是用来连接活塞和连杆的，并将活塞所受的力传给连杆。

(2) 连杆。连杆的作用是连接活塞和曲轴，在做功行程时将活塞受到的压力传给曲轴使曲轴旋转，在其余三个行程中将曲轴的旋转运动传给活塞，使活塞做直线往复运动。连杆分小端、杆身和大端三个部分。连杆大端与活塞销相连，连杆大端与曲轴的连杆轴颈相连，常制成分开式结构，以便拆装。

(3) 曲轴。曲轴的功用是将活塞通过连杆传来的推力转变为转矩，并向外输出；同时，通过曲轴前端的正时齿轮带动配气机构、喷油泵和其他机件工作。曲轴在工作时，不断承受着周期性变化的气体压力、扭力和惯性力的作用，所以要求本身应具有很高的强度和刚度，而且工作表面要耐磨，润滑要可靠。曲轴由主轴颈、连杆轴颈、曲柄、前端和后端组成。前端安装正时齿轮，后端固定飞轮，主轴颈在缸体的支撑部分。连杆轴颈是曲轴与连杆配合的部分。曲柄是连接主轴颈和连杆轴颈的部分，主轴颈和连杆颈之间有润滑油道，曲柄上设有平衡块，使曲轴旋转平稳。

(4) 飞轮。飞轮固定在曲轴后端，其功用是在做功行程时贮存能量，帮助曲柄连杆机构完成辅助行程，并利用本身的惯性使曲轴均匀旋转和克服短时的超负荷。飞轮是一个铸铁制成的大圆盘，外圆镶有齿圈，可与启动装置的齿轮啮合，实现发动机的启动。在飞轮外缘上还刻有各种定时标志或定位销孔，用于检查调整配气、供油和点火正时。拖拉机用的发动机飞轮的后端平面是离合器的主动部分，动力由此输出。

(二) 柴油机的配气机构

配气机构的作用是按照每个气缸的工作过程，及时打开和关闭各个气缸的进、排气门，保证各缸能定时吸入新鲜空气和排出废气。它由气门组、传动组和驱动组组成。按气门在气缸上安置的位置不同，可分为侧置式和顶置式两种：气门安置在气缸侧面的叫侧置式，一般用于汽油机上；气门安置在气缸盖上的叫顶置式，柴油发动机广泛采用顶置式。

1. 顶置式配气机构的组成和工作过程

顶置式配气机构主要由气门、气门弹簧、摇臂、推杆、挺杆和凸轮轴组成。凸轮轴的一端装有正时齿轮，由曲轴正时齿轮驱动。进、排气门的开闭是由凸轮轴上的凸轮控制的。当曲轴转动时，通过正时齿轮带动凸轮轴一起转动。凸轮通过随动柱、推杆使摇臂的一端向上抬起，另一端向下压气门，克服弹簧的弹力使气门打开。当凸轮的凸起部分转过以后，气门在弹簧的张力下逐渐将气门关闭，推杆、随动柱也随之回落。四行程柴油机完成一个工作循环，曲轴转两圈，而进、排气门各打开一次，凸轮轴转一圈。为此，凸轮轴的正时齿轮的直径应为曲轴上正时齿轮的2倍，这样才能保证工作的协调。气门开闭之时实际上不在活塞位于上、下止点的位置。

为了进气充分和排气彻底，使发动机的功率能充分发挥，实际上，一般会把气门提前打开，延迟关闭，使气门打开的延续时间增长。由于不同发动机的提前和延迟时间不同，因此在正时齿轮上做有标记。

2. 气门间隙

为保证在柴油机工作时气门关闭严密，防止气门等零件受热膨胀后将气门顶开而漏气，在气门关闭状态时，顶置式配气机构在气门杆与摇臂之间、侧置式配气机构在气门杆与随动柱之间留有一定的间隙，作为受热膨胀的余地，这个间隙称为气门间隙。各种机型的气门间隙值不同，一般在冷态时，进气门间隙为0.25 ~ 0.35 mm，排气门间隙为0.3 ~ 0.4 mm。气门间隙过小，配气机构的零件受热膨胀，会使气门因关闭不严而漏气；反之，气门间隙过大，会减小气门的最大开启度，使气门延迟打开，提早关闭，从而使进气不足，排气不彻底，同样会使发动机功率下降。

发动机在工作过程中，随着零件的磨损、调节螺钉的松动，会使气门间隙发生变化。因此，在使用过程中应按规定调整气门间隙，调整时应在活塞处于压缩行程上止点的位置时进行，因为此时该缸进、排气门都处于关闭状态且气门间隙反映实值。调整方法是先拧开锁紧螺母，用螺丝刀拧动调整螺钉并在气门端与摇臂头之间塞入厚薄规，稍感阻滞时即为合适，然后拧紧锁紧螺母。调整后，应进行复查。

3. 减压机构

柴油机的压缩比较高，这就给柴油机的启动带来困难。为了使柴油机在启动和保养时便于曲轴转动，在柴油机上一般都设有减压机构，以减少曲轴转动的阻力。采用较广的减压机构是直接压下摇臂头，使气门不受配气凸轮的控制，而始终保持开启状态，以达到减压的目的。

（三）柴油机的燃料供给系统

燃料供给系统的功用是根据柴油机的工作要求，在进气行程时，将清洁的新鲜空气送入气缸，在压缩行程终了时定时、定量、定压将雾化良好的柴油喷入气缸，与空气迅速而良好地形成可燃混合气自行着火燃烧，并将燃烧后的废气排净。燃料供给系统一般由空气供给装置、燃油供给装置和废气排出装置等组成。它的工作状况对柴油机的动力性、经济性、启动性、排放污染、噪声和使用寿命都有重要影响。

1. 空气供给装置

空气供给装置由空气滤清器和进气管道等组成。农用动力经常在环境条件恶劣的情况下工作，尘埃中的砂粒一旦吸入气缸，将黏附在气缸、活塞和气门座等零件的表面，这将加速零件的磨损，导致发动机的功率下降。空气滤清器的作用就是把空气中的尘埃分离出去。

目前，柴油机上多采用惯性式和过滤式相结合的综合式空气滤清器。惯性式分离法就是利用尘埃比空气惯性大的特点，使气流急剧旋转或突然改变流动方向，把尘埃从气流中分离出来；过滤式滤清就是引导空气通过滤芯，使尘土被隔离并粘在滤芯上，一般采用黏附式和微孔阻拦式。

4125A 型柴油机上空气滤清器的工作过程为：气缸在进气行程产生吸力，使空气以高速流经导流板进入离心式滤清装置的除尘器罩内，并做高速螺旋旋转运动，空气中较重的尘埃在离心力的作用下，使 50% ~ 60% 的粗粒灰尘甩入集尘杯。经过初滤的空气沿吸气管向下冲击槽中的机油，并急剧改变为向上流动，一部分尘土因惯性来不及转向，被黏附在油面上。经过湿式惯性滤清的空气，向上通过溅有机油的金属滤网，使细小尘埃受到第三次过滤，粘有细小尘埃的机油又滴落到油槽中，而干净的空气通过进气管进入气缸。柴油燃烧时需要大量的空气，由于柴油机可燃混合气的形成和燃烧的时间极为短促，要使喷入气缸内的柴油尽可能完全燃烧，必须有比理论上更多的空气量。因此，对于进气系统要求气流畅通、阻力小以增加气缸的充气量。有的柴油机为了提高气缸的进气量，在进气管道中增设涡轮增压器，以增加功率。

2. 燃油供给装置

燃油供给装置的功用是按照柴油机的工作过程，定时、定量、定压地向各气缸喷入雾化良好的清洁柴油。4125A 型柴油机的燃料供给系统可分为低压油路和高压油路两大部分：低压油路包括油箱、粗滤器、输油泵、细滤器和低压油管等；高压油路包括喷油泵（又称高压油泵）、喷油器（又称喷油嘴）和高压油管等。柴油供给装置的工作路线为：柴油自油箱经油箱开关、低压油管进入柴油粗滤器，在粗滤器中较大的机械杂质被清除，然后在输油泵的作用下通过柴油细滤器，在细滤器中再次清除细小的机械杂质后进入喷油泵。由高压油泵产生的高压柴油通过高压油管送入喷油器，经喷油器将雾化的柴油喷入燃烧室。

（1）油箱。油箱用来贮存燃油。为防止加油时带入杂质，在加油口处设有滤网。另外，油箱盖上还留有通气孔，以保持油箱内外的气压一致。

（2）柴油滤清器。经过沉淀的柴油里仍含有一定量的杂质，在进入喷油泵之前必须经过严格过滤，以清除其中的机械杂质，保证柴油的清洁，减轻喷油泵、喷油器等精密零件的磨损，确保满足对柴油进行良好雾化的要求。沉淀杯通常安装在油箱出油口处，沉淀杯内有滤网，柴油从上部进入沉淀杯，经沉淀后，较清洁的柴油通过滤网出口流出。粗滤器是用来滤除柴油中颗粒较大的杂质，滤芯材料常用金属网或滤纸。它可以把大于 0.04 ~ 0.09 mm 的杂质过滤掉。粗滤器通常装在输油泵的前面。细滤器是用来滤除柴油中的细微杂质。滤芯材料有棉纱或滤纸。纸质滤芯的细滤器与纸质粗滤器相似，但滤纸上的微孔小于粗滤器上的滤芯的滤纸。细滤器上通常设有放气螺塞，用以排除油路中的空气。细滤器安装在输油泵和喷油泵之间。柴油滤清器一定要定时清洗和保养，保证柴油的清洁是柴油机正常工作的关键。

(3) 输油泵。输油泵的功用是以一定压力输送柴油，用以克服柴油通过滤清器时受到的阻力，保持连续稳定地向喷油泵供给足够的清洁柴油。对于单缸柴油机来讲，由于油箱的位置较高，柴油靠本身的重力流入喷油泵，可以不要输油泵。

(4) 喷油泵。喷油泵的功用是形成高压柴油，并定时、定量地输送到喷油器。常用的喷油泵有柱塞式和分配式两种，以柱塞式应用最广。单缸柴油机采用单体柱塞式，多缸柴油机采用多柱塞整体式，并与调速器装在一起。国产柱塞泵分Ⅰ、Ⅱ、Ⅲ系列，以适应不同缸径的柴油机需要。柱塞式喷油泵主要由柱塞、柱塞套、柱塞弹簧、出油阀、出油阀座、出油阀弹簧、油量调节机构和凸轮传动机构等组成。

(5) 喷油器。喷油器的功用是将喷油泵送来的高压柴油按一定压力以雾状喷入燃烧室。目前，柴油机上都采用闭式喷油器，主要由针阀、针阀体 (针阀偶件)、挺杆、调压弹簧和调压螺钉等组成。喷油器的工作过程为：当喷油泵供油时，高压柴油经高压油管通过喷油器体上的油道进入油腔，使针阀锥面受到燃油向上的压力，当油压升高且大于喷油器调压弹簧的预紧力时，针阀即被抬起，打开喷孔，高压油即沿针阀与喷孔间的环形缝隙高速喷出，形成雾状。当喷油泵停止供油时，针阀下方油腔的压力迅速下降，针阀在弹簧的作用下，立即将油孔关闭停止喷油。喷油器喷出柴油压力的大小是由调压弹簧的压力来控制的。将调压螺钉拧紧，调压弹簧的压力增加，反之则减少。调整好后，应拧紧锁紧螺母。

由此可知，喷油泵的供油压力是由喷油器调整弹簧决定的。喷油泵的柱塞偶件 (柱塞和柱塞套)、出油阀偶件 (出油阀和出油阀座) 和针阀偶件 (针阀和针阀体) 是柴油机燃油供给装置的三对精密偶件。柴油中任何细小的杂质都会使它们严重磨损，致使雾化质量恶化，柴油机功率下降。因此，必须高度重视柴油的清洁。

(6) 调速器。柴油机在驱动拖拉机和各种作业机械工作时，其负荷是经常变化的，负荷的变化将会引起柴油机运转速度的不稳定。假使柴油机的供油量不变，则当负荷增大时，柴油机曲轴的转速就会降低，甚至熄火；相反，当负荷减少时，曲轴的转速就会升高。若负荷突然卸去，曲轴的转速就可能升高到超过允许范围，这种情况称为“飞车”，使机件损坏，导致严重事故。

为使柴油机能在负荷变化的情况下转速基本保持不变，需要有一个能随负荷变化自动调节柴油机供油量的装置，通过供油量的改变使柴油机具有较稳定的转速和良好的作业质量，这个装置就是调速器。调速器通常与喷油泵安装在一根轴上，由定时齿轮驱动，运转时，在调速器上具有一定质量的转速感应元件（如钢球或飞锤）产生离心力，离心力和调速器弹簧预加的弹力失去平衡就会驱动执行机构以改变供油拉杆的位置（或汽油机节气门开度），来增加或减少供油量，即提高或降低发动机转速，直至离心力和预加弹簧力达到新的平衡，维持发动机始终在一定转速范围内平稳运转。

（四）柴油机的润滑系统

柴油机工作时，相对运动部件（如轴承、连杆轴颈、缸套与活塞、正时齿轮、气门等）由于表面相互摩擦，引起零件发热和表面磨损，在高温、高压、高速的情况下，更加剧了磨损的过程，使发动机零件间的配合间隙增大，技术状态受到影响。因此，需在柴油机上设置润滑系统，把润滑油输送到各个相互摩擦的表面，形成一层油膜，变干摩擦为液体摩擦，减少零件表面的摩擦力和零件间的磨损。由于润滑油的不断循环，既可以带走摩擦表面产生的热量，还可以及时带走金属屑和污垢，从而减少磨损。同时，油膜还可以起到密封和防锈的作用。

1. 润滑方法

按润滑油被送到摩擦表面的方式不同，润滑方式主要可分为飞溅油雾润滑、压力润滑、重力滴油润滑及复合式润滑等。

（1）飞溅油雾润滑。这种润滑方式的润滑油存放在油底壳或特制的油盘中，当曲轴旋转时，装在连杆大头的甩油板（油勺）从油盘中激溅润滑油，以油雾的方式进入摩擦表面进行润滑。飞溅油雾润滑方式结构简单、消耗功率少，但不可靠，且受到油面高度的影响，工作中无法滤去油中的杂质，机油易氧化，所以仅用于小型发动机上。

（2）压力润滑。润滑油在机油泵压力的作用下，通过油道连续不断地输送到各个摩擦表面。工作可靠，供油量充分，除了起到良好的润滑作用外，还有迅速冷却和强烈的清洗作用。但这种润滑系统结构复杂，而且气缸壁等表面难以采用压力润滑。一般来说，对于承受负荷大、相对运动速度较高的零件摩擦表面采用该润滑方式，如主轴承、连杆轴承、凸轮轴轴承、摇臂轴轴承等。

（3）重力滴油润滑。这种润滑方式利用被压送或飞溅至高处的润滑油，靠其自身的重力滴落在零件摩擦表面进行润滑，如正时齿轮的润滑等。

（4）复合式润滑。这种润滑系统综合采用了以上几种润滑方式，如对受力较大的零件摩擦表面采用压力润滑，对负荷轻、转速低及无法用压力供油的摩擦表面采用飞溅润滑，这样既保证工作可靠而结构又不致过于复杂，因此，在发动机中被广泛采用。

2. 润滑系统的组成

润滑系统主要由机油泵、粗滤器、细滤器、机油散热器、指示仪表、油管、油道和油底壳等组成。

（1）机油泵。机油泵的作用是将油底壳中的机油以一定的压力和流量输送到发动机各润滑零件的表面，并促使机油不断地循环。机油泵有转子式和齿轮式，柴油机上广泛采用的是齿轮式机油泵。柴油机工作时，曲轴带动机油泵主动轴旋转，齿轮按箭头方向旋转。进油腔由于齿轮的齿间不断将机油带走，产生局部真空，于是机油从油底壳被吸进油腔，而出油腔由于齿轮进入啮合，齿间的机油被挤压到压油腔，使油压升高，于是机油就以一定的压力从出油口输出。

（2）机油滤清器。机油滤清器的功用是过滤并清除机油中的各种杂质，减少零件的磨损，并防止油路堵塞，柴油机上一般都装有粗、细两种滤清器，粗滤器与主油道串联，细滤器与主油道并联。粗滤器一般采用带状缝隙式，滤芯由黄铜带绕在波纹筒上形成，可滤去机油中较大的杂质。细滤器有过滤式和离心式两种，细滤器可以滤去机油中较小的杂质。在使用中要注意定时清洗滤清器。

（3）机油压力表。它的功用是向操作人员指示柴油机主油道内的机油压力，防止油压过高或过低。

（4）机油散热器和机油温度表。机油散热器的功用是冷却机油，以维持机油在一定的温度范围内工作，保持良好的润滑性能。机油温度表的作用是用来指示机油的工作温度，在正常情况下，机油温度应略低于柴油机的水温。

3. 润滑系统的工作过程

柴油机工作时，机油泵将机油从油底壳中吸出，以一定的压力压入油道并进入滤清器；机油从这里分为两路，约 1／3 的机油流向离心式细滤器，过滤后的机油直接流回油底壳，其余 2／3 的机油流向粗滤器，机油通过粗滤器后，通向缸体的主油道（冬季），或由转换开关控制，使机油流经散热器，冷却后进入主油道（夏季）。进入主油道的机油分为三路：第一路进入各主轴承、连杆轴颈和活塞销，泄出的机油以激溅的方式润滑各缸套、活塞后，流回油底壳；第二路是润滑各正时齿轮和有关轴承后，流回油底壳；第三路是润滑凸轮轴轴承，并从凸轮轴前轴承经机体油道、缸体油道等，进入摇臂轴，以润滑配气机构的气门和传动零件而后流回油底壳。如果因零件磨损或机油泵工作不正常，主油道油压低于允许下限时，必须停车检查。

（五）柴油机的冷却系统

1. 冷却系统的功用

柴油机工作时，燃烧气体的温度高达 1700～2000℃，与燃烧气体直接接触的零件（如缸盖、气缸、活塞、气门等）强烈受热，若不加以冷却，柴油机就不能正常工作。过高的温度会使零件的机械强度和刚度下降；由于材料不同，膨胀不一致，将破坏零件的正常配合间隙；润滑油在高温下黏度降低，不利于摩擦表面形成油膜，加剧零件的磨损等。因此，温度太高对柴油机工作不利，必须将柴油机零件所吸收的热量及时散发出去。但是冷却过度对柴油机正常工作也不利，如可燃混合气不能很好地形成和燃烧；机油黏度大，机油运转的阻力也会增加，将造成柴油机功率下降，耗油率上升。所以，柴油机的冷却程度必须适当，冷却系统的作用是及时带走零件吸收的热量，使柴油机保持正常的工作温度（80～90℃）。

2. 冷却系统的类型

冷却系统可分为风冷式和水冷式两种。

（1）风冷式。风冷式是利用风扇或行驶时所形成的气流冷却发动机，因此在气缸四周制成很多散热片以增加散热面积，当空气流过散热片时，将大量热量散去。此种冷却方法无须用水，但消耗功率较大。

（2）水冷式。水冷式是将发动机受热零件的热量传给冷却水，再由冷却水把热量散发出去。这种冷却方式在气温和工作负荷变化时便于调节冷却程度，使发动机保持在最有利的水温（80～90℃）下工作，而且冷车启动时可用灌热水的方法来预热。但构造比较复杂，冬季可以使用防冻液，若用水则在停车后必须放水，否则有冻裂发动机的危险。水冷式又分蒸发式和循环式两种。手扶拖拉机的单缸柴油机上采用蒸发式，其构造比较简单，有一个较大的水箱，与柴油机水套相通，工作时利用水的蒸发带走多余的热量。循环式是利用水泵强制水在柴油机冷却系统中循环流动，带走热量。通常用于大、中型柴油机。

二、汽油机的原理与使用

农用动力中运用柴油机较多，但小型汽油机因其重量轻、体积小和容易启动等优点而被广泛用作植保机械、水田作业机械、割草机等农林机具的动力。

汽油机由曲柄连杆机构及机体零件、配气机构、燃料供给系统、点火系统、冷却系统、润滑系统和启动系统等部分组成。与柴油机相比，除多设点火系统及燃料供给系统有较大差别外，其他机构或系统的构造基本相似，只在结构上稍有区别，如配气机构多用侧置式，冷却系统多采用风冷式。润滑系统的结构也较简单。二行程汽油机，采用气孔—曲轴箱换气方式进行进气和排除废气，故无单独的配气机构，因其在曲轴箱进行换气，箱内不存放机油，采用在汽油中加入一定比例的机油，通过汽化器雾化后进入曲轴箱和气缸内润滑各零件摩擦表面，即采用掺混方式进行润滑，无单独的润滑系统，结构更为简化。因此，下面重点论述汽油机的燃料供给系统和点火系统。

(一) 汽油机的燃料供给系统

1. 汽油机燃料供给系统的功用与组成

燃供系统的功用是根据汽油机各科不同工作状况的要求，将清洁的汽油与空气，按一定比例均匀混合形成可燃混合气，定量地供入气缸，使之在临近压缩终了时点火燃烧而膨胀做功，并将燃烧生产的废气排入大气。

现代汽油机的燃供系统一般有两种类型：汽化器式和汽油喷射式燃料供给系统。此处主要阐述汽化器式燃供系统，它一般由油箱、沉淀杯、汽化器和空气滤清器等组成。

2. 汽化器

汽化器是影响汽油机动力性和经济性的关键部件。它的功用是使燃油很好地汽化，并以正确的比例与空气混合，形成可燃混合气（可燃混合气中空气与燃料的质量之比称为空燃比），并根据负荷、转速、温度等状况为汽油机提供适当数量的可燃混合气。理论上，1 kg 汽油完全燃烧，约需 14.7 kg 空气，这种混合气称为标准混合气（理论空燃比 14.7）。如果汽油的含量比标准混合气多，则称为浓混合气；反之则为稀混合气。汽油机在不同工况下，要求不同浓度的混合气。

简单汽化器与可燃烧混合气的形成：简单汽化器由浮子室、主量孔、主喷管、喉管、节气门（节流阀）等组成。汽油由油箱经油箱开关、沉淀杯及油管进入浮子室，浮子室内有浮子、针阀、启动加浓按钮等，汽油机工作时，浮子随油面的变动而上下波动，并通过针阀打开或关闭进油孔，以保持浮子室的油面基本不变。浮子室有小孔与大气相通。汽油从浮子室经主量孔进入主喷管，主喷管设在喉管处，在汽油机的进气管上，高出浮子室油面 2 ~ 5 mm，使汽油机不工作时汽油不会从喷管处自行流出。空气通道的截面积沿轴向变化，截面积变小的部分称为喉管，其作用是增加空气通过喉管的流速，使喉管处形成一定的真空度。主量孔为一尺寸精确的小孔，用以控制汽油的流量。

当气缸处于进气行程时，由于缸内压力低于外界大气压力，空气便经过空气滤清器、汽化器气体通道、进气管进入气缸。流经喉管处时，因通道截面变小，喉管处的空气流速增加而压力降低，汽油在压力差（浮子室外面的大气压与喉管处的负压）作用下，由浮子室经主喷管喷入喉管处的高速气流中，在高速气流的冲击下，形成细雾。在随空气流动的过程中，很快蒸发汽化并与空气混合形成可燃混合气。节气门的开度可调节，用以控制流入气缸中可燃混合气的数量和浓度。在简单汽化器中，当节气门由小开大时，流经喉管的空气量逐渐增多，因此喉管处的空气流速也随之增高，即喉管真空度随之增大。从喷管处流出的油量随之增多，因汽油流量的增长率大于空气流量的增长率，使形成的可燃混合气随节气门的开大而变浓，且进入气缸的混合气量增多；发动机功率也随之增加。

（二）汽油机的磁电机点火系统

点火系统是汽油机所特有的一个系统，其功用是按汽油机工作循环的要求，定时在气缸中产生电火花，点燃气缸内的工作混合气。

高压火花的点火方式有蓄电池式和磁电机式，前者广泛应用于车用大型汽油机上。磁电机式点火系统主要用于小型农、林业用汽油机上，通常采用飞轮式磁电机，即汽油机的飞轮为磁电机的一部分。磁电机式点火系统由磁电机、火花塞与高压线等组成。此处重点研究磁电机式点火系统。

1. 火花塞

火花塞安装在气缸盖上，其功用是导入高压电，击穿极间绝缘，产生电火花，以点燃气缸内的可燃混合气。火花塞由中心电极、侧电极、瓷质绝缘体、壳体和密封垫圈等组成。侧电极与壳体连成一体，通过壳体上的螺纹与密封垫圈使火花塞旋紧在气缸盖上，并能密封防漏。侧电极与中心电极相互绝缘，两极端间存在0.5 ~ 1 mm 的间隙，称为火花塞间隙。磁电机产生的高压电从中心电极处导入，击穿火花塞间隙，产生火花经侧电极、壳体搭铁形成回路。启动冷汽油机时，击穿火花塞间隙所需要的击穿电压为7000 ~ 10000 伏，为了保证工作可靠，点火系统必须在火花塞两极间提供10 千伏 ~ 15 千伏的电压。在更换火花塞时，一定要注意火花塞的型号，不可随意更换。

2. 磁电机

磁电机的功用是产生高压电并导至火花塞。它由飞轮组件、底盘组件两大部分组成。飞轮组件的飞轮壳内壁上固定有三块磁极和一块配重块。飞轮壳的中心是带锥孔的凸轮轴套，通过半月键与汽油机的曲轴相连接。

底盘组件为一圆盘，其上装有点火线圈、照明线圈、电容器及断电器等零件。底盘组件用螺钉固定在汽油机的侧面机体上。

点火线圈为绕在同一铁芯上的初级和次级两个线圈。初级线圈的导线粗、匝数少，线圈的一端搭铁，另一端用导线引出后接至断电器的动触点，并通过固定触点搭铁后形成一通路，称为低压电路。次级线圈的导线细、匝数多，一端与初级线圈的引出端相接，而另一端则通过高压线与火花塞的中心电极相接，再通过侧电极及其搭铁可形成一通路，称为高压电路。

磁电机的工作原理为：当飞轮旋转时，飞轮上的磁极形成旋转磁场，使通过铁芯中的磁通量的大小和方向不断变化。因此，在初级和次级线圈中产生感应电势。由于次级线圈的感应电势不高（约300伏），不足以击穿火花塞间隙，此时高压电路中不形成通路。低压电路中当断电器的白金动触点与白金固定触点（统称白金触点）处于闭合状态时，初级线圈的低压电路中就会有感应电流通过，此电流为交变电流。

当低压电路中的交变电流及其产生的磁场达最大值的瞬间，使凸轮将断电器的白金触点断开，初级线圈中的电流被切断。由于电流及其磁场的迅速消失，引起次级线圈中产生高达15千伏～20千伏的感应电势，击穿火花塞间隙而形成电火花。

3. 蓄电池点火系统

蓄电池点火系统以蓄电池（或发电机）为低压电源，经转换、控制装置将满足汽油机点火要求的高压电流适时地、有序地输出至点火装置，以实现汽油机缸内的点燃过程。现代蓄电池点火系统中的转换、控制装置已由传统的机械式发展为机械电子式，直到目前的微机控制点火系统，使其性能更符合现代汽油机的要求，但其基本工作原理没有变。

蓄电池点火系统包括低压回路和高压回路两部分：低压回路包括蓄电池、点火开关、点火线圈中的初级线圈（匝数较少的部分）和断电器；高压回路包括点火线圈中的次级线圈（匝数多的部分）、配电器、高压导线和火花塞。

汽油机工作时，由配气凸轮轴驱动断电器凸轮旋转来操纵断电器的触点开闭。当触点闭合时，低压回路接通，初级线圈中有初级电流通过并产生磁场。其电流由蓄电池正极、点火开关、点火线圈的初级线圈、断电器触点、搭铁机体导至蓄电池负极。当断电器凸轮顶开触点时，切断低压回路，初级电流迅速消失，引起磁场变化，在次级线圈中感应出15千伏～20千伏高压电动势，使火花塞两电极间产生电火花点燃混合气。配电器转子每转一圈，各气缸按工作顺序轮流点火一次。

（三）汽油机的使用程序

小型农用汽油机多采用人力启动方式即用启动拉绳直接转动汽油机曲轴的方法进行启动。此处以小型二行程汽油机为例研究汽油机的使用。

1. 启动前的准备

（1）启动前要检查机器的各零部件是否连接牢固，将启动拉绳绕在启动轮上，轻轻拉动2～3次，看转动是否灵活正常；检查电路各接头，尤其是火花塞连接线是否松脱、风冷的空气通道是否被堵死（如堵死，会发生不正常的过热现象）、空气滤清器是否清洁、查看油路是否通畅。

（2）按比例配制混合油。用随机带的加油瓶配制时，先加汽油至第一条线，再加机油至第二条线，其容积比为20∶1（新机器磨合阶段其容积比为15∶1）；加油时要注意清洁。

2. 启动程序

(1) 打开油箱开关，将油门操纵手柄调整到1/2的位置上。

(2) 关小阻风门，按下（不要猛力反复冲击）汽化器启动加浓按钮，直至汽化器开路溢油为止。

(3) 将启动拉绳绕在启动轮上，缓拉数次使燃油进入气缸，然后以同样的方式迅速拉动启动绳，良好技术状态的汽油机，在冷机启动时，一般拉动3~5次即可着火启动。启动时要注意，不要把启动绳的另一端缠在手上，以免汽油机意外反转时，手与绳难以脱离而造成伤人事故。另外，启动时要注意稳住汽油机，以防机器倾倒。

(4) 汽油机着火后，逐渐将阻风门置于全开位置，运转2~3 min后将油门操纵手柄调到怠速位置，待正式作业时再将油门操纵手柄置于最大位置。

3. 运转与熄火

(1) 启动后应低速运转数秒，待机器预热后再投入高速运转并逐渐加上负荷。

(2) 工作结束后，应低速运转3~5 min，使汽油机的温度缓慢降低。

(3) 关闭油门操纵手柄，实现熄火停车，有的汽油机必须通过按熄火开关来停车时，不要在汽油机高速运转下进行。

(4) 熄火后关闭油箱开关，并将汽油机打扫干净。如汽油机将长期不用时，应清除机器灰尘和积炭，将油箱和汽化器内的燃油全部放净，通过火花塞孔向汽缸内加15~20 g机油，并用手转动曲轴4~5转后将活塞转至上止点位置，再装上火花塞，罩上防尘罩后将整机放在干燥通风处存放。

汽油机与柴油机一样，新的或经大修后的机器必须经过磨合。使用过程中除每天的班保养外还要进行定期保养，其间隔及具体保养内容参照使用说明书。

第二节 农业生产中的耕地机械

耕地在农业生产过程中极为重要，是恢复和提高土壤肥力的重要措施。土壤通过机械的深层耕翻，使耕层土壤松碎，恢复土壤的团粒结构，以便积蓄水分和养分，覆盖杂草、肥料、防除病虫，为种子发芽和作物生长创造良好条件。

一、大田旋耕机

(一) 大田旋耕机的种类与用途

旋耕机种类按旋耕刀轴位置可分为横轴式(卧式)、立轴式(立式)和斜轴式。按与拖拉机的连接方式可分为与中型拖拉机配套的悬挂式和手扶拖拉机配套的直接连接式。按刀轴传动方式可分为中间传动式和侧边传动式。在侧边传动式中又按传动结构形式的不同分为侧边齿轮传动式和侧边链传动式。

卧式和立式旋耕机具有良好的碎土性能和搅拌能力，但覆盖性能比铧式犁差。旋耕机的性能特点是碎土能力强，一次旋耕能达到一般犁耙几次的效果，旋耕后的田地可满足播种或插秧的要求。它既适用农田的旱耕或水耕，也能用于盐碱地浅层耕作覆盖，以抑制盐分上升，以及灭茬除草、翻压覆盖绿肥、蔬菜田整地等作业，已成为水、旱地机械化整地的主要配套农具之一。

旋耕机是一种由动力驱动工作部件切碎土壤的耕作机械。其工作过程为：利用刀轴上刀片的旋转和前进的复合运动对未耕地和已耕地进行碎土作业。

(二) 大田旋耕机的使用与调整技术

1. 旋耕刀的安装

安装旋耕刀片前，要对刀片、刀座、刀轴进行检查。发现磨损严重、变形过大、焊接不牢和断裂损伤时，要及时修复或更换。安装后，还要对刀片的安装方位进行全面复查，并拧紧全部螺栓。

(1) 凿形刀的安装。凿形刀的安装没有特殊要求，一般是在刀轴上按螺旋线均匀排列，用螺钉固定在刀座上。

(2) 弯形刀安装。因为弯形刀按头部弯曲方向有左弯刀和右弯刀两种，必须根据作业要求，采用不同的安装方法。不管什么类型的旋耕刀，绝不能将弯刀反装。如果使刀背入土，会造成受力过大，损坏机件。弯形刀安装方法有交错安装、向外安装和向内安装三种。安装刀片时应按顺序进行，即按螺旋线有规则地排列，并注意刀轴的旋转方向。

2. 悬挂式旋耕机的挂接

(1) 拖拉机轮距调整。挂接旋耕机前，要对拖拉机的轮距进行必要的调整，必须使拖拉机的后轮走在未耕地上，避免压实已耕地。旋耕机耕幅超出拖拉机后轮外缘的距离，一般为 50 ~ 100 mm。

(2) 旋耕机的挂接。三点悬挂式旋耕机与拖拉机的挂接和悬挂犁挂接步骤基本相同。必须按旋耕机生产厂的要求选配万向节传动轴，不同型号的拖拉机要配用不同长度的方轴。要保证旋耕机提升时，方轴和方套不顶死；工作时，又有足够的配合长度。另外，还应检查处于旋耕机的工作状态时，万向节的偏角应小于15°，否则万向节的传动效率会降低，旋耕功耗剧增。安装万向节传动轴时，带方轴的夹叉装在旋耕机的输入轴端，带方套的夹叉装在拖拉机的动力输出轴端。方轴和方套装在一起时，中间的方轴夹叉和方套夹叉的开口必须在同一平面内。如果方向装错，会造成旋耕机的转速不匀、有响声，引起振动过大，甚至损坏机件。安装妥当后，提升旋耕机，使旋耕刀稍稍高于地面，挂接动力输出轴，使刀轴低速空转1～2 min，待转动正常时方可作业。

3. 悬挂式旋耕机的调整

（1）耕深调节。设有限深轮的旋耕机（拖拉机的液压悬挂系统只完成升降动作），由限深轮调节耕深。为减轻机重，一些旋耕机没有设限深装置，耕深调节由拖拉机液压悬挂系统的操纵手柄控制。当旋耕机与具有力、位调节液压系统的拖拉机配套时，禁用力调节，应把力调节手柄置于提升位置，由位调节手柄进行耕深调节。为保证每次都降到同样的耕深，用定位手轮来限定位调节手柄每次放置的位置。当旋耕机与具有分置式液压悬挂系统的拖拉机配套时，用改变液压缸定位卡箍的位置来调节耕深。每次降下旋耕机时，液压操纵手柄应迅速扳到浮动位置上，不要在压降和中立位置停留，提升时，应迅速将操纵手柄扳到提升位置，提到预定高度后，再将手柄置于中立位置。

（2）提升高度调节。调节方法是把液压操纵手柄扇形板上的定位手轮安放在适当的位置，使操纵手柄每次都扳到定位手轮为止，从而达到限制提升高度的目的。

（3）水平调节。为保证中间齿轮箱花键轴（即第一轴）与拖拉机动力输出轴平行，使万向节与两轴头间夹角相等，达到传动平稳的目的，应进行旋耕机的前后水平调节。调节方法是改变拖拉机上拉杆的长度，为保证旋耕机耕幅内左、右耕深一致，应进行旋耕机的左右水平调节。调节办法是改变拖拉机液压悬挂系统右吊杆的长度。

（4）碎土性能调节。悬挂式旋耕机碎土性能的调节，靠拖拉机挡位的选择和中间齿轮箱圆柱齿轮的搭配来综合进行。拖拉机前进速度，旱耕为2～3 km/h，水耕或耙地为3～5 km/h。在一般情况下，土壤比阻大且旱耕时用拖拉机的I挡；土壤比阻中等旱耕时用拖拉机的D挡；耙地或水耕时用拖拉机的T挡。旋耕机的刀滚速度，旱耕和土壤比阻较大时，选用200 r / min左右的低速挡；水耕、耙地和土壤比阻较小时，选用270 r / min左右的高速挡。

4. 旋耕机的作业方法

（1）梭形旋耕法。拖拉机从田块一侧进入，耕完一趟后转小弯退回，再进行下一轮耕地。此法操作简单，但地头要转小弯，不适合大型机组作业。手扶拖拉机转小弯较灵便，多采用此法。

(2) 单区套耕法。单区套耕法也称梭形耕法，只采用了隔行套耕，目的在于克服拖拉机转小弯的困难。

(3) 回耕法。在水田中水耕、水耙时采用回耕法，它避免了地头转弯的困难，但在拖拉机转直角弯时，应注意提起旋耕机，防止刀轴、刀片受扭变形。用回耕法把田块绕耕完后，应按对角线方向，把转直角弯时留下的未耕地补耕一下，以保证耕作质量。

二、深松机具

(一) 深松机具的种类与用途

深松技术是利用深松铲疏松土壤，打破原多年翻耕的犁底层，加深耕层而不翻转土壤，是适合于旱地农业的耕作技术之一。深松能够调节土壤，改善耕层土壤板结，提高土壤蓄水抗旱的能力。深松后形成的虚实并存的土壤结构有助于气体交换、矿物质分解、活化微生物、培肥地力。因此，在旱地保护性耕作技术体系中，深松技术被确定为基本的少耕作业。深松机械化技术通常采用拖拉机悬挂深松机作业。

深松包括全面深松和局部深松两种。深松机具的种类较多，有深松犁、层耕犁、全方位深松机及深松联合作业机。

(二) 深松机具的机构与工作过程

1. 深松机

深松机一般采用悬挂式，主要的工作部件是装在机架后横梁上的凿形深松铲。连接处备有安全销，以便碰到大石头等障碍时，剪断安全销，保护深松铲。限深轮装于机架两侧，用于调整和控制耕作深度。有些小型深松犁没有限深轮，靠拖拉机液压悬挂油缸来控制耕作深度。

2. 层耕犁

层耕犁分为深松铲与锥式犁及钟式犁与钟式犁组合两种。深松铲与壁式犁组合，壁式犁正常耕深范围内翻土，而深松铲将下面的土层松动达到上翻下松土层的深耕要求。

3. 全方位深松机

全方位深松机是一种新型的土壤深松机具，其工作原理完全不同于国内外用的凿式深松机，它不仅能使至 50 cm 深度内的土层得到高效的松碎，显著改善黏重土壤的透水性能，而且能在底部形成鼠道，但其深松比阻却小于犁耕比阻；作为新一代的深松机具对我国干旱、半干旱地区土壤的蓄水保墒、渍涝地排水、盐碱地和黏重土的改良，以及草原更新均有良好的应用前景。全方位深松机充分地利用了刀刃的切割作用，切离出梯形断面垡条。利用偏斜的侧刃面和倾斜底刃面，对垡条施加“无侧限挤压”，使其产生剪切破坏，最大限度地避免了机件对土壤的“有侧限挤压”。当垡条在侧刃面和底刃面上流动通过时，因土壤的摩擦作用在土层内产生速度梯度，使土壤受搓擦而破碎。结果使深松后梯形断面垡条周边土块较为细碎。垡条在梯形框架内流动时产生弯曲，使部分土壤受拉应力作用而破碎。

第三节　农业生产中的种植机械

播种是农业生产过程中极为重要的一环，必须根据农业技术要求适时播种，使作物获得良好的发育生长条件，才能保证苗齐苗壮，为增产丰收打好基础。机械播种质量好、生产率高，能保证适时播种，同时为田间管理作业创造良好条件。因此，机械播种在我国广泛应用。

随着科学技术的发展及栽培方法的不断变化，用新的工作原理设计成的播种机，如精量播种机及适用于少耕法的联合播种机（即一次完成松土、播种、施肥及喷药）也已广泛用于生产。

一、小麦播种机

目前，国内外大量生产的谷物条播机，都是以条播麦类作物为主，兼施种肥（化肥或颗粒复合肥）。增设附件可以播草籽、镇压、筑畦埂等作业。条播机能够一次完成开沟、均匀条形布种及覆土工序。

播种机工作时，开沟器开出种沟，种子箱内的种子被排种器排出，通过输种管落到种沟内，然后覆土器覆土。有的播种机还带有镇压轮，用以将种沟内的松土适当压密使种子与土壤密切接触以利于种子发芽生根。

小麦播种机采用的多是条播的形式，目前有常量小麦播种机、精少量播种机、精量播种机、免耕施肥播种机、旋耕播种机等类型。①常量小麦播种机采用普通直槽轮式排种器，其排种量和株距（一行内麦粒之间的距离叫株距）都不是很准确；②精少量播种机多用小密齿型直外槽轮，或螺旋细槽轮，这些排种器的排种量小于常量播种机的排种量，但排种的均匀性有了较大改善，也就是说，种子在行内分布得比较均匀，株距比较一致，适合于播量较小的小麦播种；③精量小麦播种机多采用锥盘式排种器，能达到单粒等距播种，使行距、株距和播种量都很精确；④免耕施肥播种机主要用于有秸秆覆盖、有前茬作物根茬的未耕地的播种，这种播种机的开沟器有很强的入土开沟能力，可以切断茬根和秸秆，保证将种子播在湿土里；⑤旋耕播种机采用先旋松土壤再进行播种的方式，将两项作业联合成一次完成。

(一) 小麦播种机的结构与过程

条播机的构造一般分为两大部分：工作部件和辅助工作部件。工作部件主要包括外槽轮式排种（肥）器、输种（肥）管、开沟器和覆土器，它主要适用于条播麦类作物，经过调整后，也可条播谷子、亚麻和油菜等小粒作物。在播种的同时可兼施尿素、硫酸铵、硝酸铵和过磷酸钙等粒状或粉状的化肥。播种机的辅助工作部件主要包括机架、行走装置、传动装置及开沟深浅调节装置等。

播种机主要完成开沟、播种、施肥、覆土和镇压等工作。播种机工作时，开沟器在地上开种沟，种子箱内的种子被排种器排出。通过输种管落到种沟内。另外，肥料箱内的肥料，则由排肥器排入输种管或单独的排肥管内，与种子一起或分别落到种沟内，再用覆土器覆土，镇压器镇压而完成播种工作。

1. 外槽轮排种（肥）器

小麦播种机采用外槽轮式排种（肥）器，主要由排种盒、排种轴、外槽轮、阻塞套、排种舌及花形挡圈组成。排种轴带动外槽轮旋转，外槽轮用其圆周上均匀分布的半圆形凹槽，强制将排种盒内的种子从排种口排出，同时也将接近外槽轮外缘的种子带出。阻塞套只能随槽轮左右移动而不转动，用来封闭与排种舌间的间隙，防止排种时的种子向外漏出。

调整排种槽轮的转速和在排种盒内的有效工作长度，即可改变排种量。通常槽轮采用低转速、大长度比时播种质量较好。

为增大排种范围又不损伤种子，在排种盒下部铰装有排种舌。排种舌的位置可调，以适应大小种子的需要。

槽轮转向不变而依靠改变排种间隙来适应种子尺寸的排种器称为下排式排种器；槽轮旋转方向可变的排种器称为上、下排式排种器。下排用于播种小粒种子，上排用于播种大粒种子。播种季节结束后，排种舌应全部打开，将排种盒里的种子全部清理出来。

2. 开沟器

开沟器的作用是开沟、导种入土和覆土。小麦施肥播种机一般使用双圆盘式开沟器，两圆盘刃口在前下方相交于一点，形成一夹角。两个圆盘通过轴承套在轴上，可自由转动。开沟器内铸有导种管，种、肥由此落入沟内。开沟器前端斜拉杆安装在开沟器梁上，后端通过吊杆与升降臂相连。吊杆上装有压缩弹簧，改变弹簧压力可调节开沟深度，一般为30～100 mm。

工作时，靠自重及附加弹簧压力入土，两圆盘滚动前进，将土切开并推向两侧而形成种沟。输种管将种子导入种沟，然后靠回土及沟壁塌下的土壤覆土。

3. 覆土器

谷物条播机上常用的覆土器有链环式、拖杆式、弹齿式和爪盘式。其中，链环式和拖杆式结构简单，能满足条播机覆土要求。因此，我国生产的谷物条播机上多采用这两种覆土器。

(二) 小麦播种机的使用

1. 播种前的准备

(1) 播种机工作前的检查和准备。为确保播种机正常工作，作业前应对整机及各工作部件进行详细的检查，对各紧固件加以紧固，变形件予以校正，损坏件应修复或更换，各润滑点应注满黄油。此外，还应按说明书的要求和方法调整有关工作部件，使其达到良好的技术状态，满足农艺的播量、行距、株（穴）距和播深要求。

(2) 田间准备。

第一，按照地块情况确定机组编组，牵引式播种机当地块小而分散、道路条件较差时，采用单台连接方式；而当地块大而集中、道路情况较好时，可以连接两台或多台播种机进行作业。

第二，根据田块和机组情况确定机组田间运行方式，并按其要求合理区划田块。

第三，确定加种、加肥地点。根据地块长度，计划播种量、施肥量，播种机的工作幅宽和种箱、肥料箱的容积，计算出加种、加肥的地点，即先计算出每一往返行程的应播种子量，再根据种箱的容积确定几个行程加一次种子，定好一次加种行程数和每次每台播种机的应加种子量。为提高工作效率，保证播量准确，应采用等距插旗（定点），见旗送种，定量装袋，往复核对。加种地点一般设在地块一端。地块较长，播种机种箱容种量不足一个往返行程时，也可设在地块两端加种。加种应在机组驶出地头起落线转弯停车时进行，但应力求迅速准确。

第四，标记地头起落线。地头留地宽度根据机组类型（牵引式、悬挂式）、行进方法和机组工作幅宽而定，应力求为工作幅宽的整数倍。通常采用梭形播法时，牵引机组为3～4倍，悬挂机组为2～3倍；而采用离心播法、向心播法时，牵引机组为2倍，悬挂机组为1～2倍。为了明确地点，定时起落开沟器，以使地头整齐，防止重播和漏播，应在地头宽度处用专用工具或犁划出两条相距1.5 m的浅沟，也可利用拖拉机驱动轮压出两条印痕，作为播种机的起落基准，即地头起落线。

第五，播种前应先清理障碍物，暂不能清理的，应做标记，以保证播种质量，防止发生意外。

(3) 种子准备。应根据播种任务的大小准备足够数量的种子，所用种子要进行清选、分级、药剂处理和发芽试验，或购买丸粒化加工处理后的种子，以确保苗全、苗齐、苗均、苗壮。

2. 播种机的使用注意事项

(1) 作业过程中应随时检查播量、播深、行距 (尤其是邻接行)、株 (穴) 距是否符合农艺要求。播完一块地后，应根据已播面积和已用种子，核对播量是否符合要求。

(2) 注意经常观察播种机各部分的工作是否正常，如开沟器的入土深度、输种管是否插在开沟器里、开沟圆盘是否正常转动及有无壅土等，尤其要查看排种器是否排种，输种管是否堵塞，种子和肥料在箱内是否充足。如发现问题，应及时解决。

(3) 播种机工作中不能倒退，否则会引起开沟器堵塞，开沟器的拉杆、吊杆、机架，甚至种箱损坏。

(4) 地头转弯时应降低速度。必须在转弯之前提升开沟器，不允许在停车时下降开沟器。应在划好的地头线处即时转弯，在直线行驶中提升或落下开沟器，禁止拐小弯，以防止损坏地轮轴和连结架。

(5) 作业中应尽量避免停车，以防止起步时造成漏播。如必须停车，再次起步时要先将开沟器升起，后退 0.5 ~ 1 m，方可重新播种。

(6) 注意不要使种箱内的种子在作业中全部用光，在种箱内的种子应该保留其容量的 10%左右。

(7) 播完一块地，必须认真清理种子、肥料，以免混杂。地块转移时，必须升起开沟器、覆土器，种箱和肥料箱不再盛装种子和肥料。

(8) 机组运行中，禁止调整播种机的工作机构及紧固螺栓、润滑、排除故障，以免发生危险。如果要清理排种器或开沟器上的杂物、泥土、缠草，应用木杆或专用工具进行，严禁用手直接清理。

(9) 播种机停放时，应放下开沟器，使机架减少不必要的负荷。

(10) 播种机运输时，机上严禁站人和放置重物。如通过村庄、十字路口等人车较多的地方，随行人员要跟随护行，以确保安全。

3. 播种机的使用和调整

播种机结构多种多样，因而播种机具体的使用调整方法也不尽相同，但播种机的一般调整项目都有播量的调整、行距的调整、播深的调整及划行器长度的计算和调整。具体内容如下：

(1) 播量的调整。为使播种机所播出的种子在数量和分布密度上符合农艺要求，则必须在正式播种前进行调整和试验。以外槽轮排种器为例，播量调整方法是调整排种轮的工作长度和速比，两者应相互配合。在要求小播量时应选用尽量小的速比，使外槽轮能以较长的长度工作，获得较好的排种均匀性。

第一，各行播量一致性的检查和调整。试验前，在各排种器或输种管下加装盛接装置，在种箱内加入种子，使各个排种器同时工作并同时停止工作，然后分别称重，比较各行播量的大小。

第二，总播量的调整。播前调整，通常在机库或场院进行。首先，按所播种子的粒型选定排种间隙和排种轮工作长度。再将播种机水平架起，使地轮悬空。在种子箱内加入种子，转动地轮数圈，使排种杯中充满种子，其次，在输种管下放好盛接种子的容器，以 20 ~ 30 r / min 的转速，均匀转动地轮 30 圈左右。这时各排种器排出种子的总量应与农艺要求的播量计算得出的排种量一致。田间校核即播种机实地工作时播量的检查和调整，方法有以下两个：①机组按正常速度行进 50 ~ 100 m，种子播后不覆土，观察各行下种量是否一致，行内种子有无断条、成簇（疙瘩苗）现象；②机组正常播种时，可用容器盛接排种器所排种子，行走一定距离后称一称所接种子重量，然后再计算播量检查是否符合要求。

(2) 播种深度的调整。播种深度是农业技术要求的指标之一。过深、过浅或深浅不一，都将使出苗率降低、幼苗生长不旺。播种深度一致，是指种子上面覆盖的土层厚度一致。播种深度主要取决于开沟深度，因而播种深度的调节主要是开沟深度的调节。在现有的播种机上控制开沟器入土的方法有以下七种：

第一，在双圆盘式开沟器上加装限深环。

第二，在滑刀式开沟器上加装限深滑板。

第三，锄铲式开沟器改变其牵引铰接点位置或加减配重。

第四，利用弹簧增压机构。

第五，利用限深轮控制。相应的调整方法也不同。一般用改变限深环（板）的上、下位置或调整限深轮、仿形轮或镇压轮相对开沟器的上下位置来调整开沟深度。

第六，可根据土壤的坚硬情况，调整开沟器拉杆上弹簧的压力或改变锄铲式开法器牵引挂接点位置、增减配重，改变工作部件入土力的大小来调节开沟深度。在松软土壤中工作时，由于地轮下陷，开沟器入土太深，可尽量减小弹簧压力，即使弹簧不起作用，开沟器仅借自重也能入土。如果播深小于 4 cm 时，则应在每一开沟器上附装限深装置，如滑板等。

第七，覆土量的大小也影响播深的大小，可以调整覆土机构（覆土器的长短或覆土板的倾角）而调整覆土量的大小来调整播深。

（3）划行器长度的计算和调整。划行器的作用是在没有播过的地上划出一条浅沟，以供机手在下一行程时做行进标记，以保证播行的直线性和邻接行距的准确性，为中耕作业准备条件。常用的划行器多为悬臂式划行器，它由一个长度可调的直杆和一个能划出浅沟的部件（刮板或球面圆盘）构成。划行器的长度由驾驶员选定的基准而定。因而，划行器的长度因播种机行走路线、驾驶员的对印目标和位置不同而不同。

二、玉米播种机

（一）玉米播种机的类型与用途

玉米播种多采用单粒点播或穴播。目前，我国使用较广泛的点（穴）播机是水平圆盘式、窝眼轮式和气力式播种机。2BZ-6型悬挂式播种机，是国内较典型的穴播式播种机，主要用于大粒种子的穴播。这种播种机的机架由横梁、行走悬挂架等构成，而种子箱、排种器、开沟器、覆土镇压器等则构成播种单体，单体数与播种行数相等。播种单体通过四杆机构与主梁连接，有随地面起伏的仿形功能。每一单体上的排种器动力来源为机器自身的行走轮或镇压轮传动。机架为单梁式。各播种单体通过平行四杆仿形机构与主梁连接，可根据需要来改变安装位置及调整行距。行走轮安装在主梁上。传动机构包括链轮、锥齿轮及万向节轴等。

播种机主要是完成开沟、排种、排肥、覆土和压密等工序。工作时，开沟器开出种（肥）沟，地轮（或镇压轮）通过传动机构带动排种排肥轴转动，种箱内的种子被排种器排出，通过输种管落到种床内，而肥箱内的肥料则由排肥器排出，通过输肥管落到肥沟内，再由覆土器覆土而完成播种过程。有时还需由压密轮压密。这种播种机采用水平圆盘排种器和滑刀式开沟器，以播玉米为主。若将水平圆盘式排种器换装成棉花排种器，则可穴播棉花；若将排种器换装成纹盘式排种器，开沟器换装成锄铲式开沟器，则可条播谷子、高粱、小麦等作物，这时，一个播种单体可播1～3行。

（二）玉米播种机的使用与维护

1. 播种机的使用与调整

（1）播种机与拖拉机的挂接。播种机与拖拉机配套时，与其他悬挂机具与拖拉机的挂接相同。

（2）穴距的调整。老式播种机穴距的调整是靠更换不同孔数的排种盘来实现的。

更换步骤为：将机器升起，取下左侧地轮、长间管、端盖，换上排料盘。随机器配有四孔、五孔排种盘各两套，六孔玉米盘一个，并备有大豆、高粱排种盘各一个，大孔播双交种，小孔播单交种。穴播玉米时应去掉散种帆，排种盘安装时型孔倒角向着外侧，即型孔开口方向与机器前进方向相反。目前的播种机采用换挡机构，搬动手柄到不同的挡位，实现不同的株（穴）距，非常方便。

（3）播量的调节。大播量范围的播种量调节采用更换排种盘的方式。而播量的微量调节是靠调节刮种舌与排种盘的间隙来实现的。松开刮种舌紧固螺钉，将刮种舌调到适当位置固定好。播大粒种子时刮种舌与排种盘的间隙应大一些，一般为 1.5 mm；播小粒种子时小一些，一般为 0.5 ~ 1 mm。

（4）施肥量的调整。外槽轮排肥器施肥量的调整同外槽轮排种器的调整。

（5）覆土量的调整。在垄播或平播作业时，为了保证适当的覆土厚度，可通过调节板调整覆土板向上或向下倾斜角度，调节板上有 4 个孔，每孔可调 10 挡。配重铁一般是在干土较多、整地质量较差的情况下才使用，目的是防止覆土器震动，达到一定的覆土厚度。如在水分适当、整地质量好、播小粒种子的情况下，可去掉配重铁。播种时土壤太硬或残茬较多，应装上前置铲。地头转弯时将单体升起，长途运输时应将托覆销装在上孔位置，以便将覆土器抬起。

2. 维护与保养

（1）新机器安装完成后，在平坦的地面或场院以每小时 4 ~ 5 km 的速度，经过 1h 磨合试运转后，方可加肥加种进行正式作业。如发现异常现象应及时检查维修。

（2）应及时检查胶制刮种舌与排种、排肥的间隙是否正常，有无磨损。刮种舌有 4 个角，每次 1 个角工作，磨损后可更换位置，可更换 4 次。

（3）每班作业结束必须清除残留的化肥，否则化肥会把肥盒体及排肥盘堵死，使机器不能正常工作甚至报废。

（4）及时清除各工作部件的泥土、缠草，避免石块、机器零件等硬物进入排种器、排肥器，以免损坏机器。

（5）及时润滑各个需润滑的部位。

（6）经常检查各紧固部位，并及时紧固。

第七章　现代农业中的田间管理与收获处理机械应用

农业机械指在作物种植业和畜牧业生产过程中，以及农、畜产品初加工和处理过程中所使用的各种机械。现代农业中的田间管理与收获处理机械可以更好地降低劳动强度、提高劳动效率。本章着重介绍农业生产中的田间管理机械、农业生产中的收获机械、农业生产中的收获后处理机械、农业生产中的农产品初加工机械。

第一节　农业生产中的田间管理机械

田间管理机械又叫作中耕机械。中耕是在作物生长期间进行田间管理的重要作业项目，其目的是改善土壤状况，蓄水保墒，消灭杂草，为作物的生长发育创造良好的条件。中耕主要包括除草、松土和培土三项作业。根据不同作物和各个生长时期的要求，作业内容有所侧重。有时要求中耕和间苗、中耕和施肥同时进行。中耕次数视作物情况而定，一般需 2 ~ 3 次。

对中耕机的技术要求：①中耕机的结构简单，使用简便；②作业时稳定性好，便于操纵；③中耕机与拖拉机连接简单；④稍加变换就可完成各项中耕作业。

一、铲式中耕机工作部件

锄铲式中耕机通常用于旱地作物的中耕，其工作部件有除草铲、松土铲、培土器等。

(一) 除草铲

除草铲主要用于行间第一、二次中耕除草作业，起除草和松土作用。它分为单翼铲和双翼铲两类。双翼铲又有除草铲和通用铲之分。

单翼除草铲由单翼铲刀和铲柄组成。单翼铲刀有水平切刃和垂直护板两部分。水平切刃用来切除杂草和松碎表土。垂直护板的前端也有刃口，用来垂直切土。护板部分用来保护幼苗不被土壤覆盖。工作深度一般为 4 ~ 6 cm，幅宽有 13.5 cm、

15 cm 和 16.6 cm 三种。单翼除草铲因分别置于幼苗的两侧，故又分为左翼铲和右翼铲。

双翼铲由双翼铲刀和铲柄组成。双翼除草铲的特点是除草作用强、松土作用较弱，主要用于除草作业；双翼通用铲则可兼顾除草和松土两项作业，工作深度达 8 ~ 12 cm，幅宽常用的有 18 cm、22 cm 和 27 cm 三种。

（二）松土铲

松土铲主要用来松动下层土壤，它的特点是松土时不会把下层土壤移到上层，这样便可防止水分蒸发，并促进植物根系的发育。其形式有凿形松土铲、单头松土铲、双头松土铲以及垄作三角犁铲（北方称三角锥子）。

凿形松土铲实际上为一矩形断面铲柄的延长，其下部按一定的半径弯曲，铲尖呈凿形，常用于行间中耕，深度可达 18 ~ 20 cm。

单头松土铲主要用于休耕地的全面中耕，以去除多年生杂草，工作深度可达 18 ~ 20 cm。

双头松土铲呈圆弧形，由扁钢制成。铲的两端都开有刃口，一端磨损后可换另一端使用。铲柄有弹性和刚性两种，前者适用于多石砾的土壤，工作深度为 10 ~ 12 cm；后者适用于一般土壤，工作深度可达 18 ~ 20 cm。

（三）培土器

培土器用于玉米、棉花等中耕作物的培土和灌溉区的行间开沟。培土器本身也具有压草作用。培土器一般由铲尖、分土板和培土板等部分组成。铲尖切开土壤，使之破碎并沿铲面上升，土壤升至分土板后继续被破碎，并被推向两侧，由培土板将土壤培至两侧的苗行。

培土板一般可进行调节，以适应植株高矮、行距大小以及原有垄形的变化。东北垄作地区要求每次培土后，沟底和垄的两侧均有松土，以防止水分蒸发。适于该地区使用的综合培土器，其特点是三角犁铲曲面的曲率很小，通常为凸曲面，外廓近似三角形，工作时土壤沿凸面上升而被破碎，然后从犁铲后部落入垄沟，而土层土基本不乱。可用于垄间松土。分土板和培土板都是平板，培土板向两侧展开的宽度可以调节。

（四）护苗器

为了提高中耕的作业速度，中耕机上普遍装有护苗器，保护幼苗，以防止被中耕锄铲铲起的土块压埋。护苗器一般采用从动圆盘形式。工作时，苗行两侧的圆盘尖齿插入土中，并随机器的前进而转动，除防止土块压苗外，还有一定的松土作用。

（五）锄铲的选择及配置

根据中耕要求、行距大小、土壤条件、作物和杂草生长情况等因素，选择各种中耕应用的工作部件，恰当地组合、排列，才能达到预期的中耕目的。

工作部件的排列应满足不漏锄、不堵塞、不伤苗、不埋苗的要求。排列时要注意以下三点：

第一，为保证不漏锄，要求排列在同行间的各工作部件的除草铲铲翼横向重叠量为 20 ~ 30 mm；单机器上为 60 ~ 80 mm；凿形铲由于入土较深，对土壤影响范围大，只要前后列相邻松土铲的松土范围有一定重叠即可。

第二，为保证不堵塞，前后铲安装时应拉开 40 ~ 50 cm 的距离。

第三，为保证中耕时不伤苗、不埋苗，锄铲外边缘与作物之间的距离应保持 10 ~ 15 cm，称为护苗带。必要时，幼苗期护苗带还可减至 6 cm，以增加铲草面积。

中耕追肥，深松时，双翼铲取用 15 cm 幅宽的小双翼铲，最大工作深度为 13 cm。整个中耕机幅宽应等于播种机工作幅宽或播种机幅宽为中耕机幅宽的整数倍，以免邻接行处伤苗。接合行的中耕范围应是正常各行的一半或稍多，以适应播种机邻接行行间宽度可能不一致的情况。

（六）中耕作业注意事项

1. 工作前的注意事项

（1）行间中耕时，中耕路线应与播种路线相符，中耕机组的行距应与播种机组的行距配套，中耕行数应与播种行数相符，或播种行数是中耕行数的整数倍，否则可能伤苗。

（2）中耕机两侧边行应按半个行距安装锄铲，因为在播种时，邻接行距可能有大有小，若安装整幅，容易伤苗。

（3）中耕机组的轮距要与作物行距相适应。工作中要求行走轮走在行间，轮缘距秧苗不宜小于 10 cm。

2. 中耕作业中的注意事项：

(1) 驾驶员应熟悉行走路线，避免错行造成伤苗和铲苗，避免倒车。

(2) 机组行走速度不宜过快，防止锄铲抛土力量过大，造成埋苗。

(3) 中耕锄铲要保持锋利，一般每工作 10h 应磨刃一次。

（七）中耕机的仿形机构

中耕机的耕作深度是一项很重要的指标，应符合农艺规定而且不能有太大的变化。但是中耕机工作的地面起伏不平，为了使中耕机在起伏不平的地面上工作且能保持耕深稳定性，提高中耕作业质量，在中耕机上必须设有仿形机构。

仿形可分为整机仿形和单组仿形。整机相对于拖拉机运动，以适应地形横向或纵向起伏的，称为整机仿形。农业机械上一组工作部件相对于机架运动而仿形的，称为单组仿形。

工作部件相对于水平面向上运动而仿形者，称为上仿形；反之，称为下仿形。

对中耕机仿形机构的要求：仿形机构应满足最小耕深的上仿形量和最大耕深时的下仿形量的要求；中耕部件在上、下仿形运动的范围以内，受力作用合理，工作稳定，仿形性良好；仿形过程应平稳。不得因地表起伏较大而引起工作部件跳动。

常见的仿形机构有单铰接式机构、平行四杆机构和多杆双自由度机构等形式。

1. 单铰接仿形机构

单铰接仿形机构有单杆铰接、分组铰接和横梁铰接等三种形式。单拉杆铰接仿形机构工作部件通过拉杆与机架单点铰接的，工作部件在辅助弹簧压力和自重作用下入土，这种机构可以适应地面起伏。

由于工作部件在耕作过程中绕铰链接点转动，故其入土角将发生变化，导致工作深度的变化。这种仿形结构简单，耕深不稳，对沟底形状和培土质量有一定影响，目前应用较少。

2. 平行四杆仿形机构

平行四杆仿形机构是目前国内中耕作物播种机和中耕机上广泛应用的仿形机构，由工作部件、仿形轮和平行四杆机构组成。仿形轮与工作部件固联，再通过上、下拉杆与中耕机机架相连接，构成平行四杆机构。平行四杆是由前支臂、上连杆、下连杆和后支架组成的，因四杆相互平行，使工作部件与仿形轮一起随地面起伏做平面平行运动而实现仿形。

工作时机构受到重力、土壤阻力、仿形轮支反力和牵引力的作用，其中牵引力应与上、下拉杆平行。土壤坚硬时，耕深容易变浅；另外，在地面起伏较大时，因仿形量增大，使仿形轮负荷变化较大，也会引起耕深不稳。在地表起伏不大时，工作深度的稳定性较好。

从改善仿形性能来说，仿形轮应尽量靠近工作部件，使工作部件上、下仿形与地形起伏一致，则耕深稳定。但由于结构限制，即仿形轮与工作部件距离过近可能引起堵塞，所以有时仿形轮距工作部件较远，这样会使工作部件的仿形滞后于地面的起伏。

总之，平行四杆仿形机构虽有不足之处，但是它的仿形量比较大，在仿形过程中工作部件的入土角不变，工作部件能随仿形轮模拟地表起伏，使沟底与地表大致平行，因而工作深度比较稳定。此外，这种机构的结构比较简单，制造方便，在中耕机和中耕作物播种机上应用广泛。

3. 五杆双自由度仿形机构

五杆双自由度仿形机构的特点：犁梁与后支架不是固定连接，而是以一点铰接，整个机构由五杆和五个转动副构成。在此机构中，犁梁相对机构有两个自由度，由仿形轮和犁踵所约束。

当仿形轮向上仿形，仿形量为h时，犁梁以犁踵为支点做顺时针方向的摆动，铲尖上翘，上翘量为Δh，同时后支架绕工作点做顺时针摆动。由于铲尖上翘呈出土趋势，随机器前进，耕深逐渐变浅，因小于h，因而耕深变化较缓慢。当仿形轮越过土块、残茬时，铲尖稍一上翘，很快又恢复到原来的位置，不致引起耕深的显著变化。

二、水田中耕机

水田中耕是水稻增产的重要措施，其作用是消灭杂草，泥土松烂，以促进水稻生长。

水稻中耕机一般由发动机、离合器、传动装置、工作部件、分禾器、机架、行走轮、支承杆或滑板等部分组成。水稻中耕机按工作部件与行走装置的关系可分为驱动型、拖动型与综合型三种。

驱动型水稻中耕机多采用小型汽油机做动力，传动用离心式离合器、蜗轮蜗杆一级减速装置。具有结构简单、自重小、便于手提转向移行的优点。缺点是硬田中的耕深不够、适应性差、传动效率低等。

拖动型水稻中耕机多利用机动插秧机的动力、行走装置和牵引部件，再装上中耕除草部件而成。可以乘坐，具有生产效率较高、操作轻便、劳动强度小等优点。因工作部件是靠拖动旋转而挤压松土除草的，所以一般不如驱动型中主动旋转工作部件的作业质量。

综合性水稻中耕机，由卧式中耕除草部件与行走轮共同驱动前进，这类机具对各种土质的适应性较好，但结构较复杂。

按运动形式的不同可分为卧旋式、立旋式和往复式三种，以卧旋式使用最多。

(一) 卧旋式中耕机

卧旋式中耕机由除草辊、传动装置、发动机等部分组成。工作部件是大直径除草辊，它由轮轴、轮毂、轮辐、环形轮缘和弧形齿组成。弧形齿呈球面，形似手指，有3指、4指两种。

工作时，除草辊靠发动机通过传动装置驱动旋转。同时，由于土壤对除草辊的反作用力的推动使机器直线前进。在水田的稀泥条件下工作时，会产生除草辊在土壤中的滑移，弧形齿齐压翻转土壤，使泥土松烂，把杂草压入泥水中或使其漂浮于水面，达到松土除草的效果。

(二) 往复式中耕机

往复式中耕除草机的部件是耙齿。往复式中耕机工作时，中耕机由行走轮驱动前进，而耙齿在曲柄和摆杆的驱动下做纵向往复曲线运动，其齿端为曲线运动和直线运动合成的复合运动。这类机具就是靠耙齿在泥土中搅动来进行中耕除草的。

(三) 水田中耕机的使用

1. 操作方法

(1) 工作前需先让发动机小油门空转1～2分钟，待发动机充分润滑后再加大油门。

(2) 工作中，先将中耕机对好行，而后驱动前进，掌握好中耕机的前进方向，防止伤苗。工作速度不宜过快。

(3) 地头转向时，应先将发动机油门关小，然后提起工作部件转向。

2. 注意事项：

(1) 中耕机应与插秧机配套使用。插秧机行数应为中耕机行数的整倍数。

(2) 杂草的大小直接关系到除草率。小草易除，大草难除，所以要求及时中耕。

(3) 中耕除草辊的作业质量与水层深度有关。经验表明，水层过深时除草辊前进的推波会导致倒苗，除草碾轧伤倒苗使伤苗率上升，水层过浅会使除草辊沾泥，失去中耕搅土能力，并使牵引阻力增加。一般水层深度应控制在3.3 cm左右。

(4) 水稻中耕机的自重不宜过大。除草辊的下陷深度与重量有关。除草辊下陷不仅会增加动力消耗，还会影响作业质量和伤苗率。小型中耕机自重过大时，移行费力，容易造成地头伤苗。

三、除草技术及其发展

杂草与作物争夺养分和水分，直接影响作物的产量；同时杂草也是作物病虫害的主要寄主。所以消灭田间杂草，一向是田间管理作业的重要内容。为了有效地消灭杂草，目前各国普遍使用化学除草剂。但长期使用除草剂会引发环境污染和多年生杂草难以除尽等问题，所以，各国都在研究推广利用化学除草剂除掉苗间杂草、用机械中耕除行间杂草的机械，实现与化学相结合的除草方法。为了寻求更好的除草方法，一些国家还进行了火焰除草，电力除草，微波、超声波除草和喷热蒸汽等物理除草新方法，以及稻田养鸭、棉田养鹅等生物除草方法的试验研究。

(一) 化学除草

化学除草指利用除草剂代替人力或机械在苗圃、绿地、造林地、防火线等地面上消灭杂草的技术。

用化学药品除草应注意以下事项：

第一，要求土地平整。高低不平的地面不但操作不便，而且增加了喷药面积，浪费药剂。

第二，土地面积计算要准确，用药量计算要准确，以免造成药害或达不到预期效果。

第三，杂草幼苗期使用（最好在杂草2~3叶开展时）效果好，可节省成本。

第四，在晴天无风天气进行，尤其是雨后晴天，地面湿润，对大部分药剂更能增进药效；天气久旱，可结合喷灌进行施药。

第五，各类除草剂防治杂草范围不同，配合使用，可改善效果，减少用药量，降低成本。

用化学除草剂除掉农作物中的杂草是比较新的技术。对某些撒播作物，如小麦、稻子，可选用化学除草剂，也就是说，选用药物能杀死杂草而不伤害农作物幼苗的化学剂。有些用于中耕作物的化学除草剂决不能同农作物接触，否则植株会受害甚至死亡。有些化学除草剂对人体有毒，因此必须充分注意操作，以防操作者中毒。

在商业上将中耕作物除草剂根据喷施时间和操作方法分成苗前施用和苗后施用两大类。幼苗出土前化学除草剂用于播种前或者播种以后，但最好在幼苗出土前，苗前施药可以作为播种作业的一部分。出土后化学除草剂则在作物幼苗出土以后施用，即幼苗必须长到一定大小，以便使化学药剂可在作物簇叶下面直接喷洒到杂草幼苗上。

1. 苗前除草剂

苗前除草剂主要用于幼苗出土前施用，目前商品化的药剂有多种，其中地乐酚配剂显现出令人振奋的效果，但在使用过程要注意其适用条件。有些除草剂在播种前施入或混入土壤，要想获得苗前除草剂的最好效果，必须把前茬作物的植株残茬彻底清除干净。种床要整好，使条播地带尽可能在播种以后保持平整。

条播地带或条播行要稍高于两行中间部分，以防含有杂草籽的土壤被水冲、风吹或推到处理过的区域内。镇压轮或滚轮应装在播种机开沟器后面，用来压平和压实将要喷洒除草剂的土壤。通用的喷洒装置同播种机连结起来悬挂在拖拉机上，喷嘴安装在镇压轮或滚轮后面。喷嘴的安装应既可以垂直调节又可以横向调节。

扇形雾锥的低流量喷嘴最适于喷洒苗前除草剂。喷嘴孔应能在 25 ~ 40 lb 下形成 80°~95° 的扇形喷射。在镇压轮或滚轮后面的湿土上直接喷洒苗前除草剂可获得最好的效果。在播种和出苗前期间，频繁的降雨会把化学除草剂封入表土。在作物出苗后即下雨的地方，雨滴可将松土和化学药剂溅到幼苗上，导致幼苗受伤害。化学除草剂喷洒在 0.3 cm 深的土壤表层，可以在两到三星期内阻止一年生杂草籽出芽。

2. 苗后除草剂

棉花出苗后用的除草剂绝大多数是专为棉花而配制的非烈性药剂。其他化合物如二硝基精选物、氯苯胺灵和 2，4 滴（2，4 二氯苯氧乙酸）的衍生物可做玉米、谷类和其他禾本作物出苗后除草剂用。

苗后化学除草剂的特点包括：①既能消除行间杂草，也能消除行内杂草（苗间杂草）；②减少大量田间管理工作；③为改变耕作制度创造了条件，如应用免耕技术、航空直播技术等。目前，各国应用的除草剂有两大类：一类是广谱性除草剂，即可灭除一切绿色植物；另一类是具有选择性的除草剂，即药剂只对某些种类的植物（如单子叶植物或双子叶植物等）起作用。广谱性除草剂如果使用得当，利用“位差”和“时差”，也可以作为选择性除草剂使用，即对特定作物选用某种除草剂，按照正确的比例将它施于土壤中或喷洒到叶面上，能杀死某些杂草而不致损伤作物。如今，世界各国都在加强对除草剂的研究，使除草剂向高效、低毒、广谱、选择性强的方向发展。同时，对施撒除草剂的机具、除草作业技术等进行深入研究，以提高药效，减少对土壤环境的污染。

除草剂在播种前或出苗前施入土壤中有较好的效果，不必依赖降雨就可发挥作用，实现早期控制杂草，防止杂草对土壤中养分、水分和阳光的争夺。播种前使用除草剂通常是将除草剂混入土中使除草剂与松土混合实现联合作业，也可在施药后用松土部件进行松土混合。除草剂施入土壤中的深度一般为 5 ~ 7 cm。中耕作物也可以将除草剂条施于作物行宽为 18 ~ 25 cm 的苗带土壤中，采用弹齿耙、圆盘耙和松土铲等作为松土装置。

根据除草剂的性状不同，喷施除草剂可用植保机械中的喷雾器、喷粉器及颗粒肥料施撒机等。

必要时，可以在喷洒机上安装护罩等附件以防止火生性除草剂对作物植株的危害。药绳式除草剂施布机的工作原理是使连接在机架上的软绳或尼龙绳由除草剂渗透，作业时用浸药绳带轻拂杂草的叶面，药液顺势流到杂草的各个部位以杀死杂草。药绳的作用高度可以根据杂草和作物的高度差进行调节。采用这种方式施布除草剂的优点：①适应性强，一般的杂草都能消灭；②地面没有农药残留，不受风的影响，环境污染小；③用药量小，经济效益高。目前，这类机器有多种机型，如澳大利亚研制的手持药绳式除草剂施布机、德国的拖拉机悬挂药绳式除草剂施布机、美国生产的悬挂药绳式除草剂施布机靠重力作用使药液浸透药绳，药液箱的底部装有一个电磁阀，当需要全面灭草时可将药绳倾斜连接在机架上，若只需要消灭作物行内高于作物的杂草时可将多余部分药绳卸除，进行条施。

颗粒除草剂的施用，可用机械式排药装置。这种装置既可用在专用机具上，也可用在播种机、中耕机等机具上进行联合作业，结构简单。为了精确控制除草剂的施用量，有的机具上装有计算机控制和显示系统，每隔一定时间显示出单位面积施用量、机器前进速度、施药面积和生产率等指标，以便驾驶人员根据用药情况及时调整。另外，采用行间机械除草、行内用化学除草两者相结合的方法，既可以有效地消灭杂草，又可以减少除草剂的施用量。

(二) 火焰除草

1. 火焰法的普遍应用

用火焰消灭有害的植被，已在铁路两侧和排水沟等场所实施多年。选择式火焰法对待定的条播作物进行行内灭草的实际应用早在20世纪40年代初就已开始，经研究证实此法可用于棉田灭草；后对其他行播作物试行火焰除草，也获得了不同程度的成功，而且这种方法具有较好的经济性。

火焰灭草除了进行棉田灭草外，也可用于消灭果园树木旁的杂草，在紫苜蓿冬眠后期对其应用火焰灭草也已获成效，且可经济地消灭紫苜蓿中的象鼻虫。另外，对高粱地进行火焰干燥灭草还能使其收获期提前。

2. 选择式火焰除草的原理

选择式火焰除草是利用杂草和作物耐受燃烧的能力不同进行灭草，因为一般杂草较作物出苗晚，处于幼嫩时期的杂草耐受燃烧能力较差，而长出茎秆的作物则能耐受较高温度；同时由于作物已有足够的高度，故当火焰对准行内地面喷射时并不会损伤作物的叶部或其他嫩弱部分。选择式火焰除草要求苗床顶面必须尽可能平整光滑，以防止大土块或突起部分将火焰向上反射入行内，导致作物植株受损，因此在行内精确控制火焰相对地表的轨迹非常重要。

为了获得更好的效果，火焰除草必须在杂草不超过 2 ~ 5 cm 时进行。影响选择式火焰法除草效果的因素包括热强（燃料消耗率）和火焰持续作用时间，一般要求火焰法给予杂草足够的热量，足以使杂草细胞内部的液体膨胀而使细胞壁破裂，但不致真正燃烧起来，故火焰法的效果一般在作业完成几小时后还不十分明显。

3. 火焰除草对条播作物的应用

选择式火焰法的灭草研究及其应用主要针对棉花进行。

火焰中耕最有效的利用，是将其作为全面的灭草措施中的一个组成部分。在作物植株大到足以耐受火焰作用前，行内的杂草必须用其他方法加以控制，如施用苗前及苗后的除草剂。

在中耕中期，棉花的火焰中耕和浅耕通常作为联合作业进行。其中除草铲用于铲除行间的杂草，而火焰则集中消灭行内的细小杂草。由于火焰中耕在杂草不超过 2 ~ 5 cm 时最有效，故作业需多次重复。当然，如果恰遇连绵雨季则可能导致杂草丛生，且杂草长势非常稠密茁壮，此时火焰除草器便不能有效地清除作物行内杂草。在棉花生长后期，从中耕停止进行直到首批棉铃开裂前这段时间内，如需消灭杂草，可单独使用火焰法。

火焰除草一般对棉花产量并无显著的影响。每次火焰除草的燃料消耗量为每亩 3.5 ~ 4 升。除早期施用除草剂外，还需进行 3 ~ 5 次火焰除草。虽然火焰除草装置比化学除草装置经济性差，但其具有无农药残余，且能消灭范围较广的杂草；与机械式灭草相比，火焰法灭草干净，而机械中耕灭草还会引起一批新的杂草种子的萌发，故火焰灭草具有一定的优势。

玉米、大豆和高粱等作物也能进行火焰中耕，并且不会产生不良的后果。在美国中西部各州对玉米火焰中耕的研究指出，如适当地与其他消灭杂草的方法结合起来，并不会降低玉米产量。如玉米不超过 2.5 cm 高时杂草蔓延，用火焰法将所有行内的植物全部烧去，而玉米还能够恢复生长，并不致明显地影响其产量。大豆至少在长到 25 cm 高以前和开长花荚时，不应进行火焰中耕。

4. 火焰除草器的组成

现代燃烧器用液化石油气体作业，它们通常是丙烷或丁烷和丙烷的混合物。这些燃料在正常的大气压力和温度下以气体状态存在，但适当加压可以液化。故液化石油气是用压力罐以液态进行保存和输送的。在常温下，压力罐能提供燃烧器所需的压力。

常用的燃烧器有两种类型：一种为液体燃烧器或自动汽化型，在这种燃烧器壳体顶上装有汽化管，液体自动液化；另一种为汽化燃烧器，它具有一个与拖拉机发动机冷却系统相连的独立汽化器，能够汽化液化石油气燃料。

在使用火焰灭草过程中，为了防止火焰伤及作物植株，一般在燃烧器下部需要配以金属罩，以便罩住拟进行火焰中耕的工作幅宽。

火焰除草用的燃烧器通常由铰接在后悬挂机架上的滑板（一般每行一块滑板）来支撑，或者支撑在有仿形轮的平行四杆机构上。在火焰法与机械中耕结合进行的作业中，燃烧器安装于单独仿形的中耕机单组上。为获得最佳效果，除了选择在作物幼小时期进行外，还必须精确控制燃烧器相对作物行上地表的高度。另外，与后悬挂中耕机一样，为了保证侧向稳定性，应设置导向圆盘刀。

5. 燃烧器的配置和火焰法的操作

一般燃烧器的配置方法是以两个前后错置的燃烧器从相对方向交叉对准每一作物行（交叉火焰法）。燃烧器的最佳配置在某种程度上受作物种类和大小以及燃烧器类型的影响，不同制造厂家提出的建议可能也不尽相同。燃烧器的倾角可调至30°~345°。在正常情况下，火焰应在距作物行中心约 5 cm 处触及地面。燃烧器沿作物行前后交错排列，以防火焰相互干扰导致火焰向上反射到作物的叶部。

平行火焰法可用于幼苗和抗热能力低的作物。燃烧器配置于离作物行小于 7.5 ~ 12.5 cm 处的两侧，几乎与作物行平行。燃烧器喷口离地面适当高度，并向下约呈 45° 对准后方，且仅让火焰温度较低的边缘触及作物。当作物成长到较能耐受火焰作用时，燃烧器可更加靠近作物行或采用交叉火焰法。

（三）电力除草

电力除草是利用高压形成的电场来消灭杂草，早期作为一种有效的除草方法，能除掉各种杂草，并且除草后杂草既不会再生又不会伤害作物；电力除草没有化学残留，不污染环境。缺点是电力除草机器作业时，必须与被处理的杂草相接触，因此只能用来除去比作物高的杂草；电力除草机功率消耗较大；如果使用不当还会威胁附近人员的人身安全。

植物对电流的敏感程度取决于植物中所含纤维和木质的多少，强电流能有效地消除杂草，且对农作物无害。在棉花和甜菜地中的试验结果是可除掉 97% ~ 99% 的杂草，效果非常明显。但是费用太高，推广技术尚不成熟，以致现阶段不能大面积推广使用。随着计算机技术、电子技术的发展及植物物理学技术的发展，一个极有社会经济价值的研究课题正在国内外展开研究，即电子或电力灭草技术的研究。

(四) 其他除草技术

微波是电磁波谱中的短波，利用微波使杂草种子内部产生很大的热量、杀死草籽活力，同时也能杀死病虫害。有的微波除草机是将微波导入土壤中，用来抑制田间的草籽萌芽和杂草生长。有的微波除草机是将高功率的微波直接射向地面，通过提高地温杀死土壤中的有机物。该技术对土壤无污染，不受气候影响，但工效较低、费用高、安全性差。目前尚在试验阶段。

在播种过程中或播种前后将塑料薄膜铺在种行上，并在种穴处的塑料薄膜上打孔，使作物可以从孔中长出，这种方式不仅可以起到提高地温和保持土壤中水分的作用，同时由于薄膜的覆盖使作物幼苗周围的杂草无法生长，也起到灭草作用，此种除草技术被称为覆盖除草技术。该技术在生产中已经得到了广泛应用。

利用安装在拖拉机上的一个特殊的泡沫发生器在苗行两侧喷洒泡沫，利用泡沫对杂草较强的黏附性可以杀死杂草。这种方法被称为泡沫除草技术。

利用动物、昆虫、真菌、细菌、病毒等生物来防治农田杂草的方法，通常称为生物除草技术，这种方法对环境没有污染，也不会危害人们的身体健康。现阶段各国正在深入研究，例如在稻田养鸭、棉田养鹅、真菌除草剂、除草昆虫等对田间灭草都有一定的效果。

(五) 未来除草技术展望

制用多种方法都可有效防除某些杂草，而使用安全、无污染的方法，是防除杂草的新途径。如美国科学家研制成一种除草剂，其主要成分是氨基乙酰丙酸，用量小，效果好，不损害作物，对人畜无害，使用方便。黄昏前喷施，被杂草吸收，在光的作用下产生有害物质，破坏杂草细胞膜，使之流出汁液，4 h 内杂草变白而枯死。侵染苍耳、曼陀罗等杂草根部的某些细菌也能起到除草的效果。细菌在杂草根部细胞壁的缝隙中繁殖，这些细菌分解杂草根部细胞壁或将毒素传递至杂草叶中，减少叶绿素的合成；此外，还会干扰杂草激素的平衡，使杂草对干旱、病害等更敏感。专家们还发现一些根部细菌能使杂草种子腐烂，科学家筛选出这些细菌，经过大量繁殖，喷洒在田里，7 ~ 10 d 之后，杂草全部死亡。还有一种不仅能吸收除草剂还能缓慢释放除草剂的塑料绳。将这种塑料绳填入飞机场跑道接合处及裂缝处，可使这些地方多年没有杂草生长和蔓延，以保护沥青和混凝土路面，避免因杂草蔓延生长而出现各种事故。

第二节　农业生产中的收获机械

一、谷物联合收获机

谷物联合收获机是由中间输送装置将相当于收割机的割台与复式脱粒机连为一体的一种机具。它主要用于稻麦的收获作业，在田间一次性完成对作物的切割、脱粒、分离及清粮等，直接获得清洁的籽粒。

应用联合收获机收获，可大幅度提高生产率，降低劳动强度，对谷物种植面积大、收获时节降雨多的地区，使用联合收获机可抢收，争取农时和减少谷物损失。

目前，谷物联合收获机的应用日趋广泛。对耕作面积较大的农场和种田大户，联合收获机是必备机器。随着农村经济和工副业的发展以及土地适度规模经营的推广，联合收获机逐渐受到广大农民的欢迎和青睐，且大、中、小各类机型应运而生。

(一) 谷物联合收获机的种类与用途

联合收获机的类型很多，按动力的配套方式可分为以下四种形式：

1. 牵引式

工作时由拖拉机牵引。牵引式联合收获机又分为自身带发动机和不带发动机两种机型。自身带发动机的牵引式联合收获机，其工作部件由自带发动机驱动，动力充足，割幅较大，能提高生产率。不带发动机的牵引式收获机，其工作部件由拖拉机驱动，其成本低，但割幅不能太大。牵引式联合收获机结构简单，造价较低，但机组庞大，机动灵活性差，割前需开道。

2. 自走式

由自身的发动机驱动行走和工作部件、割台在前方。这种联合收获机结构紧凑，自行开道，机动灵活，效率高，但造价较高。

3. 悬挂式

悬挂式联合收获机可分为全悬挂和半悬挂两种。全悬挂式联合收获机，其收割台位于拖拉机前方，脱粒部分位于后方，输送槽在拖拉机的一侧连接二者。半悬挂式联合收获机本身由轮子承受一部分重量，其余重量通过铰接点施于拖拉机上（一般半悬挂于拖拉机的右侧）。悬挂式联合收获机具有牵引和自走两种联合收获机的主要优点，但总体配置和传动受配套拖拉机的限制，升降和传动较复杂，驾驶员视野较差。半悬挂式不能自行开道。

4. 自走底盘式

联合收获部件安装在底盘上，收获期过后，可拆下收获工作部件改装其他农具。

发动机和底盘可充分利用，总体布置较合理，但结构复杂（因各类机具作业要求不同），造价较高。

（二）谷物联合收获机的结构与工作过程

各类型联合收获机，一般由割台、中间输送装置、脱粒清粮部分、粮箱、发动机、底盘、操纵台、传动系统、电气系统、液压系统、安全保护和自控及监视装置等组成。

1. 谷物联合收获机的一般构造

东风—5谷物联合收获机的基本构造：割台安装在机器的正前方，割台与脱粒机呈T形配置。前轮为驱动轮（因整机重心靠前，这样附着力大），后轮为转向轮（液压操向省力，易于远距离控制）。发动机在脱粒机上边，虽机器重心较高，但散热好，吸气清洁。操纵台在机器的前上部，视野广阔。各操作手柄和电器仪表及监视器等设置在驾驶座的附近，可方便地控制各个工作部件。

该型在收割时能自动开道和有选择地收获，机动灵活，结构合理，故障少，生产率高，在大、中、小地块都可使用。但价格较高，发动机和行走底盘不能全年充分利用。

2. 谷物联合收获机的工作过程

机组前进，拨禾轮将待割作物拨向切割器（同时扶倒）。切割器在拨禾轮的配合下，将作物割下，而后拨禾轮将割下的禾秆拨倒在割台上，输送器（螺旋推运器）将作物推送到割台中部，由伸缩扒指机构将作物送到中间输送装置（链耙式倾斜输送器），经中间输送器进入脱粒装置脱粒。脱粒后以籽粒和颖壳为主的短小脱出物穿过凹板筛，落到清粮装置的抖动板上，而长茎秆以及部分夹带籽粒在逐稿轮的作用下，抛送到逐稿器（分离装置）上。

经此分离出的籽粒和断穗等也滑落到抖动板上，与凹板处下来的脱出物混合被送到清粮室，在筛子振动和风扇气流的作用下，籽粒和重杂物被筛落，由推运器和升运器送入粮箱。颖壳及其他轻杂物被气流吹走，断穗和一些杂余经尾筛筛落，由推运器和升运器送入滚筒进行复脱。逐稿器上的稿草在逐稿器的抛扬推逐作用下，被抖送到草箱（或排出到机外）。粮箱满后，由卸粮搅龙直接卸于运输车上。

（三）谷物联合收获机的使用与调整技术

1. 割台

联合收获机上的割台相当于收割机，切割作物，并将作物送到中间输送装置上。割台主要由拨禾轮、切割器和输送器等组成。

(1) 拨禾轮。其作用是：①将待割作物向切割器方向引导，并扶起倒伏作物；②扶持禾秆，配合割刀以稳定切割；③推送割下的禾秆于割台上，清理割刀。

拨禾轮的类型一般分为普通压板式拨禾轮和偏心式拨禾轮。拨禾轮的构造和特点(以偏心式为例)：偏心式拨禾轮由拨禾弹齿(或压板)、管轴、主辐条、轮轴、偏心圆环、支撑滚轮、偏心吊杆、调节拉杆和副辐条等组成。由于有主、副辐条和偏心吊杆及管轴上的曲柄构成平行四杆机构，可使刚性连接在管轴上的拨齿无论转动到哪个位置均保持方向不变(不调动调整拉杆的情况下)，因而可减少入禾时的冲击落粒损失和拨齿上提时的挑起禾秆的现象。又由于拨齿的倾角可依据作物的生长倒伏情况能在一定范围内调整，因此扶倒能力较强。所以，新型联合收获机上多为偏心式拨禾轮。工作时，拨禾板一边绕轮轴做回转运动，一边随机器做前进运动，当拨禾板处于最低位置时，它的绝对运动速度方向是向后的，以使得拨禾板具有拨禾作用。

拨禾轮正常工作的必要条件是：拨禾速度比 λ (拨板线速度 $V_{拨}$与机组前进速度 $V_{机}$之比) 大于 1，即拨板线速度要大于机器的前进速度。拨禾轮正常工作时，拨禾板的运动轨迹为余摆线。拨板的作用范围是扣环宽度的一半。扣环宽度与 λ 值有关，一般 $\lambda = 1.2 \sim 2$。联合收获机的 $\lambda = 1.5 \sim 1.7$时，工作质量较好 (λ 的大值用于机组前进速度较低时)。

联合收获机上拨禾轮的调整有两项：①拨禾轮的转速；②轮轴相对于割刀的安装位置。当机器前进的速度变化时，拨禾轮的转速也要相应地发生变化，以便有合适的拨禾速度比，否则会失去拨禾作用或产生茎秆回弹。轮轴安装位置的调整分为高度调整和前后调整，调整的依据主要是作物高度和生长状态。调整的目的在于满足拨板入禾时的水平分速度为零(减少冲击损失)或满足拨板的作用点在割下禾秆重心的稍上位置(顺利铺放)。

调整原则：①收高秆作物，轮轴移前、升高；②收矮秆作物，轮轴移后、降低；③作物前倒或侧倒，轮轴移前、降低；④作物后倒，轮轴移后、降低。

(2) 切割器。切割器是联合收获机上的重要工作部件。切割器的种类很多，目前，谷物联合收获机主要采用的有回转式和往复式两种。回转式切割器存在着传动复杂、割幅受限制的缺点，目前联合收获机上大都采用适应性强、结构简单、工作可靠的往复式切割器，且往复式切割器为有支撑切割，无须很高的切割速度。往复式切割器的组成有割刀(动刀片、刀杆、刀杆头)，铆有定刀片的护刃器、压刃器(摩擦片)、护刃器梁等。往复式切割器类同于理发推子，装有定刀片的护刃器为支撑件。

工作时，割刀相对于护刃器做往复运动，并与机器一起前进，动刀与定刀构成切割幅，首先钳住茎秆，进而剪断。要保证切割质量，动、定刀必须具有正确的切割间隙，这个间隙由压刀器来保证。切割器的技术状态正常与否，对工作质量有很大影响，应随时检查和调整。切割器的调整有以下三个方面：

第一，整列调整，使各护刀器间距相等；齿尖端应在同一水平线上，检测方法为自两侧护刃器尖端拉紧一线绳，各护齿尖与该直线的高低差不得超过 3 mm；定刀片应处于同一平面内，检测方法为用直尺在 5 个定刀面上紧靠，偏差不得大于 0.5 mm。调整方法为螺栓处增减垫片，重新紧固；可用一根管子套在护齿上搬动或用锤子敲打变形。

第二，对中调整，动刀在死点（极端）位置时，动、定刀片的对称中心线应重合。割幅 $B \leqslant 2$ 米时，偏差为 ±3 mm；$B > 3$ 米时，允许偏差为 ±5 mm。检测方法为先在动、定刀的中心线上做标记，搬动传动机构，割刀处于行程的极限位置后进行观测。调整方法为若对中偏差超过允许值，采用改变驱动连杆长短的方法来调整。

第三，间隙调整，调整动、定刀的间隙，分为顶端和根部两个部分。其技术要求是动刀处在极限位置时，动、定刀的前端应贴合，最大允许有 0.5 mm 的间隙；根部应有 0.3 ~ 1 mm 的间隙，最大允许 1.5 mm，但达到 1.5 mm 的数量不得超过全部护刃器的 1/3。检测方法为动刀在极限位置时，用厚薄规测量。调整方法为改变压刃器的压紧程度（增减垫片或变形）来调整间隙（压刃器与动刀片的间隙不得超过 0.5 mm）。

第四，调好的切割器应能手拉动作自如，不卡不旷。使用过程中，依据切割的质量情况，需随时进行调整。

（3）割台输送器。全喂入式谷物联合收获机的割台输送器一般有两种，即螺旋推运器和输送带。螺旋推运器亦称割台搅龙，应用最多，因为其结构紧凑，使用可靠、耐用。割台螺旋推运器的组成主要有两部分：螺旋、伸缩扒指。左、右旋向的螺旋将割下的谷物推向伸缩扒指，扒指将谷物流转过 90°纵向送入倾斜输送器。割台螺旋推运器的调整有以下两个方面：

第一，螺旋叶片与割台底板的间隙，以适应作物的不同产量。当产量高、物层厚时，间隙增大。调整范围 6 ~ 35 mm。调整方法为改变两侧调节板的固定高度即可。

第二，扒指与底板的间隙及其最大伸出长度的方位，可通过调动调节手柄来实现。扒指与底板间隙一般为 10 ~ 15 mm，最小 6 mm。最大伸出长度的方位依据割下禾秆的长度和是否能顺利扒送来调整。

（4）割台各工作部件的相互配置。主要指螺旋、割刀和拨禾轮的相互配置。

螺旋相对于割刀的距离：依据一般割下禾秆的长度范围等比设计，收割时，若禾秆割下部分较短，易在刀后堆积，造成喂入不均。若禾秆过长，易从割台上滑落，造成损失。

螺旋叶片割台底板的间隙：可依据割台上的作物量进行调节，范围 6 ~ 35 mm。

螺旋叶片与割台后壁的间隙：一般为 20 ~ 30 mm。

拨禾轮压板（或弹齿端）与螺旋叶片的间隙：应保持最小间隙以防互相干扰。

（5）割台的升降仿形装置。仿形装置是使割台随地形起伏而变化，以保持割茬一定高度的装置。割台的升降和仿形一般由同一机构完成。割台仿形装置的种类有机械式、气液式、电液式。

2. 中间输送装置

中间输送装置是作物从割台到脱粒机的“过桥”，在全悬挂式联合收获机上叫输送槽（较长）。中间输送装置一般又称倾斜输送器。中间输送装置是将割台推运器送来的作物拉薄，并均匀地喂入脱粒部分。其种类有：全喂入式联合收获机上有链耙式、转轮式和带式（老式）；半喂入式联合收获机上，采用夹持输送链。

被动轴能够上下移动，以适应喂入作物层的变化，防止堵塞。链条通过被动轴可调节张紧度，工作时张紧度应适当，一般从链条中部能提起 20 ~ 30 mm 的高度为宜。为便于喂送，被动轴处链耙的耙齿与壳体底板的间隙应保持 10 ~ 20 mm。

3. 脱谷机部分

脱谷机部分相当于一个复式脱粒机。包括的主要装置有脱粒、分离和清粮三大装置，附设逐稿轮，谷粒、杂余推运器和升运器等辅助机构。

（1）脱粒装置。脱粒装置对谷物进行脱粒，并尽可能多地使谷粒从稿草中分离出来。此装置是联合收获机上的重要工作部件，它不仅与本部分的脱粒质量（脱净、破碎等）有关，而且对整机的生产效率和其他工作部件（分离、清粮）的工作有着很大的影响。目前，大、中型联合收获机上大都采用全喂式脱粒装置，多为切流式纹杆脱粒装置（有的为钉齿式）。纹杆滚筒式脱粒装置通用性好，能适应多种作物的脱粒。在作物较干和薄层喂入的情况下，有良好的脱粒质量，结构简单。现在，轴流滚筒式脱粒装置有了较多的应用和发展，这是一种新型的脱粒装置，适于小麦、水稻、大豆、玉米等多种作物的脱粒。常用脱粒装置的结构配置和工作过程及特点如下：

第一，切流式脱粒装置（以纹杆滚筒为例），其组成有纹杆滚筒和栅格凹板。滚筒外缘与凹板栅格顶面构成脱粒间隙 δ（钉齿滚筒脱粒装置的脱粒间隙主要指相邻钉齿的齿侧间隙），入口间隙大，出口间隙小，一般 $\delta_{入}=(3\sim4)\ \delta_{出}$。脱不同的作物或不同状况的作物时，要求有不同的脱粒间隙。纹杆滚筒脱粒装置主要靠对谷物进行高速打击和搓擦而脱粒。

其工作过程为，作物在喂入轮的辅助下连续喂入，高速旋转的滚筒抓取、冲击谷物，并将其拖进脱粒间隙，进一步受到冲击和搓擦。脱下的以谷粒为主的细小脱出物大部分穿过凹板筛孔；以茎秆为主的脱出物由间隙出口在逐稿轮的配合下抛送到分离机构（逐稿器）上。有的联合收获机上的脱粒装置还起着对清粮时收回的断穗杂余进行复脱的作用。切流式脱粒装置结构简单，适应性较强，干脱和薄层喂入时脱粒质量较好。作物潮湿和喂入不均时，脱粒质量明显下降。脱净与破碎的矛盾比较突出。

第二，轴流滚筒脱粒装置。其构成为滚筒、凹板和上盖，且上盖的内壁装有螺旋导向板。所谓轴流，是指被脱谷物总的流动趋势沿滚筒轴向排草口移动（实际是螺旋线运动）。轴流滚筒脱粒装置的工作原理是：在脱粒间防内，谷物受到反复打击和搓擦而脱粒。这种脱粒装置的滚筒、凹板长，凹板包角大，脱粒间隙较切流式的大，脱粒和分离时间长。故脱净率高，分离好（全部籽粒经凹板分离，省去了逐稿器，使联合收获机结构紧凑），且籽粒破碎、暗伤少（解决了切流式脱粒装置的脱净与破碎相矛盾的问题），对作物适应性好，可一机多用，提高利用率。缺点是茎秆破碎较重，增加了清粮负荷。

联合收获机的脱粒装置可调整，其目的是适应不同作物和不同的作物状况，以改变脱粒强度。调整分为滚筒转速和凹板间隙（脱粒间隙）两个方面。调整的正确与否直接影响脱粒质量。滚筒转速调整的依据是作物的种类、特性、湿度和成熟度等。转速过低，脱不净；若过高，谷粒和茎秆破碎严重。滚筒转速的调整方法一般为三角带无级变速。

凹板间隙调整的依据是作物的种类、特性、湿度和成熟度及脱粒质量等。联合收获机在收获前期，因作物成熟度较低，湿度大，湿草多，间隙应较小，增强脱粒强度，以保证在脱净的前提下，避免造成籽粒和茎秆过重的破碎。调整时，首先应尽可能地放大间隙，当出现脱不净损失超过允许值时，再把间隙调小。如籽粒破碎率超过允许值时，应增大间隙（或适当降低滚筒转速），达到脱净和籽粒破碎指标均符合要求。

目前，切流式脱粒装置的联合收获机的间隙调整机构具有快速放大（快速调动）的功能，以便快速清堵和复位。这种机构可进行三个方面的调整：出、入口间隙分别调整；出、入口间隙联动调整；快速放大和复位。

第三，钉齿滚筒脱粒装置。钉齿滚筒脱粒装置的脱粒间隙，首先指“齿侧间隙”（即相邻两钉齿侧表面之间的距离），其次是齿顶间隙。

（2）分离装置。分离装置的功用为用来回收脱出物中的夹带籽粒和断穗，并把茎秆排出机外。脱出物是指长茎秆、短茎秆、颖壳、籽粒和断穗等组成的混合物。

分离装置一般要求籽粒的夹带损失小于0.5%～1%；分出的细小轻杂物（短秆、叶子等）尽量少，以利于清粮；排草顺利。

在切流滚筒式联合收获机上，分离装置的类型一般为键式逐稿器，其分离原理为抛扬原理。联合收获机上的逐稿器多为双轴四键式，键箱相互平行。逐稿器总宽与滚筒长度相仿，键长3～5米。键面呈阶梯形（一般为2～5阶，落差为150 mm），其目的是抖松稿层，提高分离性能，同时降低整个机器的高度。键面上有鳞片、凸筋以及高出键面的两侧齿板、延长板等，其作用是阻止物料下滑；增强抛送能力；支托稿草；防止稿草侧移。β 是键面倾角，一般 $\beta = 20°\sim30°$，要求 $\beta_{中} > \beta_{前} > \beta_{后}$。这是因为前、中部脱出物中夹带籽粒较多，β 较大，以利于有较长的分离时间；到后部，夹带籽粒较少时，β 较小，可使稿草较快地排出，以免堆积堵塞。

（3）清粮装置。其功用是从脱出物中把轻杂物清出机外，分出杂余断穗再复脱，选出谷粒，获得清洁的粮食。清粮装置一般要求粮食清洁率大于98%；清选损失小于0.5%。联合收获机清粮装置由风扇、筛子配合清粮（又称气流筛子式）。清粮装置的调整有两方面：一是筛子倾角和筛孔开度的调整；二是风扇风量和风向的调整。调整依据是粮箱中的粮食是否达到清洁要求和筛后是否吹出籽粒太多（即损失不能超标）。使用中，在保证吹走损失不超标的前提下，风量尽量大些，以提高粮食的清洁度。

（4）监视装置及安全保护，包括发动机、工作部件和工作质量的监视装置：①发动机监视，如电流表、水温表、油温表、油压表等；②工作部件监视装置，包括逐稿器的信号装置、粮箱监视器和杂余推运器、籽粒推运器的安全保护和信号装置；③工作质量监视装置，由传感器和仪表组成，可监视逐稿器、清粮筛等工作部件的损失情况。

（四）维护与维修方法

正确的使用和良好的维护保养，可使机器具有完好的技术状态，进而保证作业质量，提高生产率，并延长机器的使用寿命。

1. 割前技术检查

割前（尤其是新的或维修过的联合收获机），必须依据技术要求，进行全面细致的检查，以达到正常工作的技术状态，预防和减少故障。检查的内容和方法见随机说明书。

2. 联合收获机的操作

要做到丰产丰收，联合收获机驾驶员必须运用好机器，正确操作，提高生产效率，提高作业质量，减少故障，抓有利农时抢收，颗粒归仓。

不同机型其操作亦有不同，但总的原则是一致的。操作步骤和方法如下：

(1) 发动机的启动和停机。

(2) 入收割区和正常收割。

第一，入收割区：进地前，操作操纵阀使联合收获机减速；平稳地接合工作离合器；割台降至收割高度；逐渐加大油门而后入区收割；每运行 50 ~ 100 m 后，停车检查作业质量，并相应调整，直到作业质量符合要求，方可进入正常收割。

第二，正常收割的正确操作和注意事项：及时调整拨禾轮的高度，依据作物的高度和倒伏情况；及时改变行进速度，依据作物的干湿程度、杂草多少、作物稀密或产量高低；及时调整割台高度，以符合地表状况和割茬高低的要求；及时调整拨禾轮的转速，依据拨禾轮的作用程度和机器行进速度；及时卸粮。

除上述操作外，要随时观察和注意仪表及信号装置等。

高温气候下作业要特别注意油压和水温，若油压过低或水温过高，应适当停歇或换水，及时清理散热器；注意观察割台前的环境，作物状况，割台的输送情况等，若作物中夹有较多杂草或割台上出现堆积情形时，可踏行走离合器暂停，以防超负荷或过度喂入不均；随时注意各工作部件的运转是否正常，注意故障信号情况；注意是否有异常声响，安全离合器有无打滑声，摩擦片式离合器是否因打滑生热而冒烟等。

一般正常作业时，要由驾驶员和助手二人随车，配合工作。在正常收割时，不可采取的操作：不允许用小油门的措施来降低行进速度，否则会使工作部件的速度降低 (达不到额定值)，造成作业质量下降，堵塞滚筒。要想降低行驶速度 (为减小负荷)，可变低挡和通过行走无级变速来降速。割出地块、停车卸粮或地头转弯时，一般不可马上减小油门或停机 (特殊情况除外)。否则会造成滚筒堵塞，或机内物料得不到满意的加工，或造成重新启动时负荷过大，致使机内禾料堆积和堵塞。

(3) 转弯时的操作。转弯时要低速行驶，应保持转弯圆角，不要漏割，不要转弯过急而压倒作物。一般大地块转弯时要同时收割，收到后 2 ~ 3 圈时，采用“梨形”或“8 字形”完成转弯。

(4) 卸粮。粮即将满箱时，用彩旗或灯光、鸣声通知运输车卸粮。若停车卸粮，必须将割台升高，拨禾板高过待割作物穗头，或适当倒车，使拨禾轮离开待割作物，以免造成过多的冲击落粒损失。若行走卸粮 (即一边收割，一边卸粮)，联合收获机应以低速行进，收割机和运输车平行等速时，平稳接合卸粮离合器。卸完后，分离卸粮离合器，待卸粮搅龙停机后，给运输车卸粮完毕的信号。等运输车驶离后，联合收获机恢复原速收割 (注意：换挡时，一般是减小油门，但换挡要快，避免小油门时间过长)。

联合收获机的操作，除上述具体内容外，驾驶员要掌握适时收割。因作物状况、气候条件、地形地貌的不同，采取相应的措施，及时调整、检查、清理和保养，保持机器完好的技术状态，保证作业质量，争时抢收。

3. 安全规则

联合收获机操作复杂，作业条件多变，这不仅要求操作人员应具有较高的技术，而且必须具有安全生产的高度思想和技能，严格遵守安全规则，确保人身和机器的安全，顺利作业。

联合收获机安全规则主要如下：

(1) 实行操作责任制。各项操作由专人负责，未经训练的人员不准驾驶。

(2) 必须准确运用信号。发动机启动、传动接合、机器起步等，必须先发出预定的信号，机组人员必须熟记且坚决遵守和服从。在上述操作前，先检查机器内外，确认无潜在故障后，再发送信号和操作。

(3) 作业中和在机器运转的情况下，不允许进行保养、清理和故障排除。进行上述工作时，应将机器熄火，或在有专人看管的情况下进行，机器停车摘挡，分离工作离合器。

(4) 在割台下维修，必须将割台用可靠的支撑物支好方可进行。因割台油缸为单作用油缸，割台靠自重降落。

(5) 卸粮时，禁止人和铁器工具进箱推粮。

(6) 工具、备件由专人保管，修机用后注意清点，以防丢在机器内造成事故。

(7) 注意防火。良好的灭火器和铁锨等器材随车；电线上不能有油污；发动机漏油、漏气应及时清理和排除；夜间收割、保养、加油或故障排除时，严禁用明火照明；机上和麦田内禁止吸烟。

4. 故障分析与排除

(1) 割台部分

第一，割刀堵塞，其原因可能是遇到木棍、金属丝等，卡住割刀；割刀间隙过大，茎秆弯斜，致使横塞在动、定刀的间隙中，最后使整个割刀堵塞；刀片或护刃器损坏，不能切割造成堵塞或割刀卡死。排除方法为发动机灭火，停车，清除障碍物；按要求重新调整间隙；更换刀片。

第二，拨禾板打落籽粒太多，其原因可能是拨禾轮转速太高，对作物冲击力太大或造成茎秆回弹，使成熟度较高的植株落粒；拨禾轮位置太高（相对于割刀），拨板（或弹齿）打击穗头；拨禾轮前移量太大，造成茎秆回弹，穗与拨板反复冲击而落粒。排除方法为降低拨禾轮转速；降低拨禾轮高度；后移拨禾轮。

第三，割台搅龙（推运器）堵塞，原因是螺旋叶片与割台地板间隙太小，螺旋与割台底板间的空间不足以推送割台上的物料而堵塞；割下的禾秆太短，不能及时被螺旋抓取，由于堆积，进入搅龙不均；拨禾轮太靠前，不能推送割下禾秆。排除方法为调大间隙；降低割台，增大禾秆长度；适当后移拨禾轮。

(2) 脱谷部分

第一，滚筒堵塞，其原因是滚筒转速太低，由于禾秆在脱粒间隙中滞留时间较长而使物层增厚、滚翻，以致堵塞；作物潮湿(或湿杂草太多)，摩擦阻力大；喂入量太大，使滚筒超负荷。排除方法为提高滚筒转速；作物稍干后再收；降低机组前进速度。

第二，脱粒不净，其原因是滚筒转速太低，冲击、搓擦强度不够；喂入太多或喂入不均，物层太厚，对一些穗头冲击和搓擦不够；脱粒间隙大，搓擦强度不够；滚筒和凹板的脱粒部件磨损太重；作物太潮湿或籽粒瘪瘦。排除的方法是提高滚筒转速；降低机组转速或改善喂入状况(即调整输送喂入情况)；调小脱粒间隙；更换或修复脱粒零件；待作物稍干后收割。

第三，籽粒破碎严重，其原因是滚筒转速太高，冲击力过大；脱粒间隙太小，挤压籽粒。排除方法是降低滚筒转速；调大脱粒间隙。

(3) 分离和清选部分

第一，逐稿器排出茎秆中夹带籽粒太多，其原因是键箱体内堆积堵塞，使籽粒不能继续穿过分离孔；作物潮湿或喂入过多，键上物层太厚，物层得不到应有的抛扔和膨松，籽粒不便穿过分离。排除方法为清除堆积物、适当降低机组速度。

第二，清粮筛排出的颖壳中籽粒过多，其原因是筛孔开度小，籽粒不能筛落；尾筛太低(倾角小)，籽粒溜出；风量太大，吹出籽粒。排除方法为增大筛孔、调高尾筛、减小风量。

第三，粮食清洁度低，其原因是筛孔开度太大，将短秆杂余等与籽粒一起筛落；风量太小，未能吹走清杂物。排除方法为减小筛孔、增大风量。

第四，粮中穗头太多，其原因是下筛开度太大。排除方法为减小下筛筛孔开度。

第五，籽粒或杂余推运器堵塞，其原因是安全离合器过松；传动或链条太松，打滑或跳齿；内部积物太多。排除方法为停机，调整离合器、张紧带或链条；清除积物。

第六，升运器堵塞，其原因是刮板链条太松。排除方法是调整刮板链条的张紧度。

二、玉米收获机械

玉米是我国大田主要作物之一，在全国种植范围广，面积大，种植面积约2000万公顷。玉米收获作业量大，劳动强度高，在基本解决小麦机械化收获的前提下，对玉米机械化收获的要求越来越迫切。我国目前生产的玉米收获机多为摘剥机。随着畜牧业的发展，青贮玉米收获机也在发展。

(一) 玉米收获机械的种类与用途

我国目前开发研制的玉米收获机大体可分为四种类型：背负式机型、自走式机型、玉米割台和牵引式机型。

1. 背负式玉米联合收获机

背负式玉米联合收获机与拖拉机配套使用，可提高拖拉机的利用率，机具价格较低。现已开发和生产了单行、双行和三行三类产品，分别与小四轮及大、中型拖拉机配套使用，按照其与拖拉机的配置位置分为正置式和侧置式，正置式的背负式玉米收获机不需要人工开割道。可完成摘穗、剥皮、集穗、秸秆还田等作业。

2. 自走式玉米联合收获机

自走式玉米联合收获机目前多为三行和四行两种。其摘穗机构有已定型的乌克兰赫尔松玉米收割机厂的结构，即摘穗板—拉茎辊—拨禾链组合机构，其籽粒损失率较小。秸秆粉碎装置有青贮型和还田型两种。操纵部分采用液压控制。

3. 玉米割台

国产玉米割台（不同于国外可实现直接脱粒收获的玉米割台）是与谷物联合收获机配套的专用割台，但无脱粒功能。换上玉米割台，可完成玉米摘穗、集穗、秸秆粉碎还田等收获作业。采用玉米割台，投资少，机械利用率高。当前全国有十多家企业开发生产玉米割台。

4. 牵引式玉米联合收获机

牵引式玉米联合收获机是我国自行设计生产最早的一种机型，结构简单。使用可靠、价格较低，为双行的拖拉机偏置牵引式，可完成摘穗、剥皮、秸秆粉碎作业。但机组长达16米，转弯行走不便，需要开割道，因不适宜当前农村一般地块的使用，农村很少采用，目前仅在个别农场有少量应用。

(二) 玉米收获机械的结构与工作过程

1. 玉米收获机械的主要组成

纵卧辊式玉米摘剥机，主要由分禾器，拨禾链，摘穗辊，果穗第一、第二升运器，除茎器，剥皮装置，苞皮螺旋推运器，籽粒回收螺旋推运器和秸秆切碎装置等组成。

2. 玉米收获机械的工作过程

工作时，分禾器将秸秆导入秸秆输送装置，在拨禾链的拨送和挟持下，经纵卧辊前端的导锥进入摘穗间隙，摘下果穗，落入第一升运器送向升运辊，摘下残存的茎叶，落入剥皮装置。剥下苞皮的干净果穗落入第二升运器，送入机后的拖车中。

剥下的苞皮及夹在其中的籽粒、碎断茎叶一起落入苞皮螺旋推运器，在向外运送的过程中，籽粒通过底壳上的筛孔落入籽粒回收螺旋推运器中，经第二升运器，随同清洁的果穗送入机后的拖车中，苞皮被送出机外。

摘完果穗的茎秆被茎秆切碎装置从根部切断后，再连续地切成碎段，抛撒在田间。

（三）玉米收获机械的使用与调整技术

作业前，应对机械进行全面的检查与调整，使其技术状态达到正常要求。适宜本地待收玉米的具体情况。卧辊式玉米摘穗剥皮机上主要有以下三个方面的调整：

1. 摘穗辊间隙的调整

摘穗辊间隙的调整是通过调整机构变动摘辊前轴承的位置来实现的。摘辊工作间隙增大，可以改善抓取条件，但是会增加果穗的咬伤并减小拉引茎秆的能力。

收获乳熟期和腊熟期的玉米时，需适当增大摘辊的工作间隙，以提高抓取能力，并防止过多地拉断压碎茎秆。收获晚熟期特别是过熟期的玉米时，摘辊工作间隙应适当调小，以提高摘穗可靠性，并减少果穗损伤。一般两摘辊的工作间隙为茎秆直径的 10% ~ 40%，纵卧辊间隙常用 12 ~ 17 mm，调节范围为 11 ~ 13 mm。

2. 剥皮装置的调整

剥皮装置在使用中需调整剥辊的贴紧程度和输送器的位置。每对剥辊应有适度的贴紧力，并且整个长度上的贴紧力应该一致，若入口端有间隙，剥皮效果会下降；若出口端有间隙，会造成堵塞。所以两端必须协调调整。在 4YW–2 型玉米收获机上，剥辊间压紧力是通过调压螺母来调整的。每对剥辊间的压力不能过大，否则会使胶辊磨损过快。

压送器相对剥辊的高低位置也是可调的。在果穗粗、产量高、苞叶松散的情况下，压送器应调高。反之，应降低。一般压送器的橡胶板与剥辊的距离为 20 ~ 40 mm。

3. 扶导器与摘穗辊入禾高度的调整

扶导器的功用是将倒伏的玉米植株扶植起来，使之进入喂入机构和摘穗辊之间，防止漏收损失。依据玉米结穗部位的高低和倒伏情况，扶导器尖和摘穗辊尖的一般调整原则如下：

（1）结穗部位低、倒伏严重时，摘穗辊尖和扶导器尖都应尽量低。摘辊尖应低到不致刮地为止，扶导器尖贴近地面滑动。

(2) 结穗部位高、倒伏严重时，摘辊尖可以适当提高，而扶导器尖仍应贴近地面滑动。

(3) 结穗部位高、茎秆直立时，摘辊尖和扶导器尖均应提高。摘穗辊尖的高低是通过机架的起落机构来调整的。扶导器尖的位置除随起落机构变动外，还可通过专用机构进行调整。扶导器尖与扶导器身铰接，改变多孔连接板的固定孔位，即可调整扶导器尖的高低。

三、根块类作物收获机械

根块类作物主要是指马铃薯、花生、胡萝卜、大蒜和甜菜等，这几种根块类作物收获机械具有相似性，它们的工作部件(犁、铲或刀)均需要进入土壤，将地下部分(根块、荚果和根系)挖掘出地表，并进行茎叶、土壤等杂物分离。

马铃薯的收获过程一般包括清除茎叶、挖掘块茎、分离土壤、捡拾(收集)块茎、清选等项作业。常用的马铃薯收获机有挖掘机和联合收获机两大类。前者多用于分段收获，根据其薯土分离装置的不同可分为抛掷式、分离栅式、升运链式等；后者则多用于联合收获。

(一) 薯块挖掘犁

薯块挖掘犁是由挖掘部件构成的挖掘机具。工作时，用挖掘犁铲破坏薯块与土壤的连接，并把大部分薯块从土壤中翻至地表，其余作业用人工完成。挖掘犁适合于收获垄作栽培且结薯比较集中的场合。

(二) 抛掷轮式挖掘机

抛掷轮式挖掘机的主要工作部件是凹面挖掘铲和旋转抛掷轮。工作时，凹面挖掘铲切开薯块下面的土壤，待薯块和土壤上升至一定高度后，位于铲上方的旋转抛掷轮的指杆将带薯土垡打散，并拨出薯块抛向已收完的一侧，形成条堆。为了防止薯块过于分散，可在抛掷轮右侧安装挡帘或转转筐。该机型结构简单，重量轻，对土壤适应性强，由陷深轮或仿形轮限定或控制挖掘铲的入土深度，挖净率较高，但其伤薯率较多，捡拾也较费工。

(三) 分离栅式挖掘机

分离栅式挖掘机的主要工作部件是圆盘挖掘铲和旋转分离栅。工作时，圆盘挖掘铲类似于圆盘犁，其盘面与前进方向和铅垂方向均有一定倾角，切入土壤时由地面阻力带动一边滚动一边前进。土壤连同掘起物一起沿圆盘面升起并翻转，表层土壤在下面，马铃薯块则多在上面，落入旋转分离栅上。分离栅由拖拉机动力输出轴驱动旋转，使土壤分离，并将薯块向后方输送，甩在地面上。这种挖掘机的圆盘铲适合于多草多石地作业，即使土壤较大也不易拥土，丢失的薯块较少，但其结构复杂，价格较高。

(四) 抖动升运链式挖掘机

抖动升运链式挖掘机由限深轮、挖掘铲、抖动升运链和集条器等工作部件组成，适用于较平坦的砂壤土或沙土地作业。

半悬挂抖动升运链式马铃薯挖掘机由挖掘装置和分离装置两部分组成。抖动输送链由平行的钢杆组成，钢杆按一定间距固定在两根链子上。有些机器上的杆条外包用橡胶以减少对薯块的损伤。工作时，挖掘铲将薯块同土壤一块掘起，并送至杆条式升运器，杆条升运器下面设有随动型抖动器或者主动型抖动器。在一边抖动一边输送的过程中，把大部分泥土从杆条间筛下，薯块则在机器后部铺放成条。

薯块挖出后为了便于用人工或机器捡拾和装运，机器装有固定式或者可调开度的集条器。有的挖掘机还设有横向集条输送器，可以把两行、四行或六行的薯块集成一条。挖掘机后面有时佩挂带有选别台的拖车，在这里用人工排出茎叶和杂物，把薯块装入袋中。该机型适合于在沙土或砂壤土地上作业。其特点是：工作较稳定可靠，更换工作部件后可以兼收其他根块作物，但整机较重。

(五) 马铃薯联合收获机

马铃薯联合收获机一次可以完成薯块的挖掘、分离、初选和装箱等作业。主要工作部件有挖掘铲、分离输送机构和清选台等。按其分离工作部件的结构不同，主要分为抖动链式、振动筛式和转筒式三种。其中，抖动链式马铃薯联合收获机使用较多。各种马铃薯联合收获机的工作过程基本相同。

工作时，由挖掘铲掘起的薯块和土壤送至抖动输送链进行分离，仿形轮的作用是控制挖掘铲的深度。抖动输送链的下方的强制抖动机构用于强化抖动链的破碎土块及分离功能。抖动输送链的末端有一对充气的土块压碎辊（气压为 10 ~ 50 千帕)，辊长与抖动链输送器的宽度相等，直径约 300 mm，辊子间留有 10 ~ 30 mm 的间隙，当土块和薯块在辊子之间通过时，土块被压碎，薯块上黏附的土壤被消除。

此外，它还对薯块和茎叶的分离有一定作用。薯块和土壤从辊子间出来后经振动筛进一步分离。然后被送到后部的宽间距杆条式输送器。马铃薯茎叶及杂草由夹持输送器排到机外。而薯块由杆条缝隙落入转筒式升运分离器，被转筒内的叶片带到剔选输送器上；泥土在转筒内回转时进一步被消除。剔选输送器两侧可设置人工站台，工人站在上面捡拾出大的杂物和石块。也有的机器设置有石块分离装置。薯块最后由装载输送器装入薯箱。有的机器还配有分级装置，以便在收获时就将薯块按大小进行分级。

第三节　农业生产中的收获后处理机械

一、脱粒机械

(一) 概述

脱粒机械是收获过程中最重要的机具之一，谷物收割后，由脱粒机械完成脱粒、分离和清选作业，从而获得所需的谷粒。脱粒作业的质量直接影响收获量和谷粒品质。脱粒机械在分段收获法中占主要地位，利用脱粒机械可使收获周期比人工收获缩短 5 ~ 7 天；在联合收获机上其作为核心部件，对整机的工作质量起到了决定性作用。

对脱粒机要求脱得净，谷粒破碎少或不脱壳 (如水稻)，并尽量减轻谷粒暗伤，这对种用谷粒尤为重要，否则会影响种子的发芽率。此外，要求生产率高，功率消耗低，且有脱多种作物的通用性。个别地区作物茎秆是副业的重要原料 (如水稻)，所以在脱粒过程中要求茎秆保持一定的完整性。

谷粒的脱净率要求在 98% 以上，谷粒破碎率在全喂入式上要求低于 1.5%，在半喂入式上低于 0.3%；总损失率要求分别低于 1.5% 与 2.5%；清洁率要求不低于 98%。

脱粒机械有人力简易式、动力半复式以及大中型复式。根据作业的作物不同，有以脱水稻为主兼脱小麦，也有以脱小麦为主兼脱其他作物，还有以脱杂粮为主等多种型式。随着联合收获机数量的不断增加，许多脱粒机的工作已被联合收获机取代。

(二) 脱粒机的种类和构造

脱粒机分为全喂入式和半喂入式两大类。全喂入式脱粒机将谷物全部喂入脱粒装置，脱后茎搞碎乱，功率消耗较大，但其生产率较高；半喂入式脱粒机工作时，作物茎秆的尾部被夹持，仅穗头部分进入脱粒装置，故功率消耗少，且可保持茎秆的完整性，适于水稻脱粒，也可兼用于麦类作物，但生产率受到夹持输送机构的限制，茎秆夹持要求严格，否则会导致损失增加。

1. 全喂入式脱粒机

按脱粒装置的特点，全喂入式脱粒机可分为普通滚筒式和轴流滚筒式两种。

(1) 普通滚筒式脱粒机。普通滚筒式脱粒机配备纹杆滚筒、钉齿滚筒或二者兼备的脱粒装置。按机器性能的完善程度分为简式、半复式和复式三种。简式一般只有脱粒装置，功率为 3.7 k ~ 5.2 kW，生产率约为 500 ~ 1000 kg/h，脱粒后大部分谷粒与碎稿混杂，小部分与长稿混在一起，需附加人工清理。半复式具有脱粒、分离、清粮等部件，脱下的谷粒与稿草、颖壳等分开。以中小型为多，一般生产率为 500 ~ 1000 kg/h，配 7.4 k ~ 11 kW 的动力机。复式除脱粒、分离、清粮装置外，还设有复脱、复清装置，并配备喂入、颖壳收集、稿草运集等装置；一般还可分级，直接获得商品粮，单独收集的饱满谷粒可做种子用。生产率为 2000 kg/h 以上，配 14 k ~ 22 kW 动力机。

在结构完善的脱粒机上，脱粒的工艺过程为：作物由喂入装置送入脱粒装置，脱粒后稿草通过分离装置分离出夹带的谷粒并排出机外；脱下的谷粒、颖壳、断穗、碎草等由阶状输送器输送到由风扇和筛子组成的清粮机构上进行清选；获得的谷粒经升运器运到第二清粮室进行再次风选分级，获得干净谷粒。筛尾排出的断穗经杂余螺旋推运器、复脱器与抛掷输送器送到清粮装置。

(2) 轴流滚筒式脱粒机。轴流滚筒式脱粒机装有轴流式脱粒装置，其特点是无须设置专门的分离装置便可将谷粒与稿草完全分开。作业时，作物由脱粒装置的一端喂入，在脱粒间隙内做螺旋运动，脱下的谷粒同时从凹板栅格中分离出来，而稿草由滚筒的另一端排出。结构较完善的轴流滚筒式脱粒机上，还设有清粮装置。

2. 半喂入式脱粒机

半喂入式脱粒机有简式与复式之分。简式只有脱粒装置，而复式则由半喂入式脱粒装置、清选风扇（或配振动筛）、排杂轮、夹持输送机构和谷粒输送装置等组成。作物由夹持机构沿滚筒轴向通过脱粒装置，作物穗部在通过脱粒室时受弓齿的梳刷、打击完成脱粒。脱后的稿草由脱粒装置一端排出机外。脱下的谷粒、颖壳、碎草混杂物通过凹板的筛孔进入清粮室，由风扇气流和筛选把杂质排出机外，谷粒则通过输送装置送至出粮口。脱粒装置后设有副滚筒，可实现断穗的再次脱粒，并将碎草迅速排出。

3. 玉米脱粒机

(1) 玉米脱粒机的工作过程。一般来说，传统的轴流式脱粒机或联合收获机均可用作玉米的脱粒。这里介绍的是由人工或机器收下的玉米穗的脱粒机（包含光穗和带包叶的），其结构简单、生产率高、作业质量好。

玉米脱粒机是切向喂入，轴端排芯的轴流式脱粒装置，玉米穗由喂入斗喂入，由滚筒和凹板配合脱粒。从凹板筛分离的玉米及细小混杂物由气流进行清选。轻杂物被吹出机外，玉米籽粒沿出粮口排出，玉米芯轴从滚筒轴端出口排出至振动冲孔筛上，混在玉米芯中的玉米粒通过筛孔从出粮口排出，玉米芯则从筛上排出机外。出口的开度可调，调小时可以延长脱粒时间，强化脱粒效果。用切向力作用较易破坏玉米籽粒与果穗芯轴的连接，同时籽粒损伤较小。脱粒过程常用矮而粗的钉齿冲击于玉米穗，一方面使籽粒脱落，另一方面使果穗不断旋转改变状态，实现全部籽粒的脱粒。当然，在此过程中，由于玉米果穗与凹板之间的搓擦，也可使部分籽粒实现脱粒。

玉米脱粒机的滚筒（呈圆柱形），钉齿与滚筒体一般采用灰铸铁铸成一个整体，这样制造简单，节省钢材，但钉齿磨损后，整个滚筒就要更换；为此，有些机器采用螺栓把钉齿定在滚筒上，方便磨损后钉齿的更换。方形断面的钉齿一般按单头螺旋线方式排列在滚筒体上，同一圆周断面常有四排钉齿。凹板为圆筒形，下部冲成圆孔筛，上部装有两个螺旋导板，用来轴向推送玉米。

（2）玉米脱粒机的主要工作部件。根据玉米籽粒与玉米芯的连接特点及其排列形式，用切向力脱粒，不仅易于脱粒而且对籽粒的损伤较小。此外，由于籽粒在玉米芯的头部和根部连接力相差很大，脱粒的难易程度相差较大，因此玉米脱粒机采用了圆柱形（或圆锥形）钉齿式轴流脱粒装置。玉米脱粒机的工作原理主要是靠钉齿对玉米穗的冲击作用及玉米穗相互之间、玉米穗与滚筒、凹板之间的搓擦作用而脱粒，并借助于螺旋导向板的作用，使玉米穗在沿滚筒的轴向移动中逐渐脱粒干净。

玉米脱粒滚筒有圆柱形与圆锥形两种，有闭式也有开式。钉齿按螺旋排列，以单头居多数。齿排数有 3、4、6、8、10 五种，以 4、6 排为多。钉齿形状有方形的，边长为 22 mm；圆柱形倾斜齿，其直径为 12 ~ 24 mm；也有球顶方根齿。齿长为 15 ~ 30 mm 的短钉齿，脱带皮玉米穗的为大于 30 mm 的长钉齿。滚筒直径一般为 300 ~ 600 mm，脱粒线速度一般为 6 ~ 10 m/s。凹板有冲孔式和栅格式两种。凹板包角为 120°~180°，上盖板装有导向板。

二、分离机构

分离机构的功用、类别和构造

谷物经脱粒装置脱粒后变成由长稿、短稿、颖壳和谷粒等组成的混合物，称为脱出物。通常从栅格状凹板里可分离出 70% ~ 90% 的谷粒和部分颖壳、短稿，并随即被引导到清选装置上。在剩下的脱出物中以长茎稿占体积最大，应立即被分离出来并排出机外，完成这一作业的机构称为分离机构。

在联合收获机和复式脱粒机上，一般都装有分离装置。对分离机构的设计要求是谷物的夹带损失小（一般损失率应控制在收获总量的0.5%～1.0%以下）。夹带在分离谷粒中的细小脱出物少，以利于减轻清选装置的负荷，提高生产能力，简化结构，缩小尺寸。

第一，从整机上来说，分离装置是最易超负荷的工作部件。当工作条件变化时（如谷物的喂入量及谷物的湿度增加），谷粒的夹带损失会增加，所以分离机构已成为收获机上最薄弱的环节。

第二，逐稿器对负荷量很敏感。当滚筒脱出物稍超过额定进入量或茎稿潮湿、杂草增多，都会使谷粒损失率急剧增加，而在收获水稻时比收获麦类作物损失更大。

第三，某些逐稿器为键式，其体积庞大。为了减少谷粒损失，在大型的联合收获机上其长度已达4～5 m，致使机器结构庞大臃肿。

因此，合理地设计分离机构、研究它的工作原理以及探求更好的新型分离机构已成为研发现代化收获机分离装置的重要任务之一。

分离机构种类较多，按其工作原理大致可分为以下类型：

1. 利用抛扬的原理进行分离

利用抛扬的原理进行分离是一种常用的分离方法。当分离机构对茎稿层进行抛物体运动时，由于谷粒比重较大，茎稿的飘浮性能较好，从而使谷粒通过松散的茎稿层分离出来。采用这种原理的分离机构有键式逐稿器、平台式逐稿器和分离轮式逐稿器，后两种现在已基本淘汰。

2. 利用离心力的原理进行分离

脱出物通过线速度较高的分离筒时，依靠比谷粒重量大许多倍的离心力把谷粒从稿层中分离出来。分离装置又称逐稿器，其结构型式有多种，目前使用较多的有键式、平台式和转轮式等。

（1）键式逐稿器。键式逐稿器是目前联合收割机中应用最广泛的一种分离装置（部分脱粒机中亦有采用）。其特点是对脱出物抖松能力很强，适用于分离负荷较大的机型。

根据所需分离装置宽度的大小，由3～6个呈狭长形箱体的键并列组成，由曲轴传动。曲轴有双轴式和单轴式两种，以双轴四键式逐稿器最为普遍。

双轴键式逐稿器由一组键、两根曲柄半径相等的曲轴组成（其中一根曲柄为主动轴），键和两个曲柄及机架组成平行四连杆机构。曲轴转动时，键面各点均做相同的圆周运动，整个键面的抖动抛送能力相同。因相邻键处于不同转动相位角，键面上的秸草脱出物受到垂直平面内各个键的交替抖动作用，使稿草脱出物中夹带的谷粒与断穗穿过稿草层，从键面筛孔漏下，稿草则沿键面向后排走，通常绝大部分谷粒在前部 1/3 ~ 1/2 段处分离出来。为了加强分离作用，常在键的上方（前部和中部）吊装 1 ~ 2 块挡帘，以阻拦稿草脱出物后移，增加键面对稿草的抖动次数，延长向后输送的时间，同时挡帘还可防止谷粒被脱粒滚筒抛出机外。双轴键式逐稿器结构简单，工作性能好，目前应用最广。

现有键式逐稿器，键的宽度一般为 200 ~ 300 mm，因为键是交替配置的，为了避免在相邻键间漏落茎秆，相邻键的键面与键底间有 20 ~ 30 mm 重叠量。键的底面应通畅，保证谷粒混杂物能在输送过程中穿过键面筛。每个键的下面装有向前下方倾斜的槽形底，将分离出的谷粒混合物输向前部，落入清选装置，底面与水平面的夹角一般不大于 10°。

键式逐稿器键面分为平面键与阶面键两种。键面前低后高，呈筛状以降低茎秆层沿键面向后移动的速度，延长分离时间。逐稿器键面多数呈阶梯状，使茎秆层能被抖松而增强分离效果，还能降低机器后部的高度。一般键面上有 2 ~ 5 个阶梯，阶面长度为 400 ~ 800 mm（末段取长值）。阶梯落差约为 150 mm。各阶面的倾角不等，多在 8°~30°范围内，通常第一阶梯倾角较大，以后逐渐减小。为了使脱出物落到键面后仍保持松散状态和防止茎秆向前滑移，键箱侧壁的上部是锯齿形的，而且在键面阶梯的末端还装有延长板。键面上具有各种鳞片、折纹和筋等凸起，以阻止脱出物向下滑移，并增强抛送能力。

（2）平台式逐稿器。由一块具有筛孔分离面的平台、摆杆和曲柄连杆机构组成。平台的前后端支撑或悬吊在摆杆上，由曲柄连杆机构来回摆动。平台上各点按摆动方向做近似直线的往复运动，稿层受到台面的抖动与抛扔，谷粒从稿层中穿过。其结构简单，具有相当的分离能力，但较键式低（约为其 70%）。适合在稿层较薄的条件下工作，大多用于直流型联合收获机和中小型脱粒机上。分离面有平面和阶梯面两种，后者阶梯尺寸和落差高度较键式的略小。台面具有阶纹、齿条、齿板，用以增强分离推逐能力。

台面宽度随脱粒装置的宽度而定。长度一般为 2 m 左右，少数横喂入大型脱粒机可达 3m 以上。

平台的摆幅 $2r=80 \sim 100$ mm。

摆动频率或曲柄转速 $n=30\omega/\pi=200 \sim 280$ r/min。

一般当运动特征值 $\omega^2 r/g=2 \sim 3$ 时，分离效果较好（此值比键式稍大）。台面倾角 $a=3° \sim 12°$。有阶梯时，阶面倾角约 10°~25°。摆杆长度多为 200 ~ 400 mm。前后摆杆可等长或不等长。摆动方向角 B 多为 25°~35°。

平台式单位面积适宜负担的稿草混杂物喂入量约为键式的 70%，故也可据此进行台面尺寸的估算。

(3) 转轮式分离装置。由分离轮和分离凹板组成，其结构与分离原理类似普通滚筒式脱粒装置。脱出物由分离轮的作用进入分离凹板，谷粒在离心力的作用下穿过凹板筛孔而被分离出来，也有多组转轮式分离装置，多达 5 ~ 6 个转轮串联。

转轮式分离装置具有较强的分离能力，并可按作物条件调节转速和间隙，与键式分离装置相比，该结构对潮湿作物有更好的适应性；单位面积的生产率较高 (1.2 kg/sm^2 ~ 1.5 kg/sm^2)。但它易使茎稿破碎，故用得较少。

由于通过的稿层较匀薄，且不作脱粒用，故分离轮上的齿配置较稀，尺寸及强度比脱粒齿小。分离轮直径为 400 ~ 600 mm，齿高 15 ~ 75 mm，齿面后倾 15°~30°，防止挂草。齿排数为 6 ~ 8，齿迹距为 40 ~ 50 mm，齿距 50 ~ 150 mm。轮齿速度为 12 ~ 20 m/s (高者达 26 m/s)，工作间隙达 5 ~ 15 mm，在多组分离轮上，转轮速度逐个增大。分离凹板为栅格式，包角为 78° ~ 220°。

3. 逐稿器的分离原理

生产中采用较广的是以抛扬原理进行分离的键式和平台式逐稿器。其中又以前者为多。今以键式为主，将二者结合起来阐述其分离原理。

(1) 键式逐稿器的基本工作条件。脱出物在这两种逐稿器上运动的规律：工作面上的脱出物在惯性力的作用下克服本身重力后就被抛离工作面，在空中做抛物线运动，再着落于工作面，与工作面一起运动，直至又被抛起。如此周而复始地做一起一落的抛物体运动，使稿层处于较为松散的状态，从而使谷粒有更多机会从空隙中穿过，进而穿过工作面筛孔实现分离，长茎秆被向后输送并排出。试验证明，这两种逐稿器上稿层自由落体运动的时间越长，秸秆越松散，分离效果越好。

(2) 高速摄影稿层在键式逐稿器上的运动过程。根据高速摄影对键式逐稿器分离过程的观察，键式逐稿器的分离作用主要发生在茎秆层被抛离键面以后，在整个茎秆层降落的过程中，茎秆层处于蓬松状态，谷粒最易通过。

第四节　农业生产中的农产品初加工机械

一、农产品初加工机械化作用及意义

(一) 农产品初加工的概念

农产品初加工是指对农产品一次性的不涉及农产品内在成分改变的加工，即对收获的各种农产品 (包括纺织、纤维原料等) 进行去籽、净化、分类、烘干、剥皮、

沤软或大批量包装，以供应初级市场的服务活动，以及其他农业产品的初加工活动。

(二) 农产品初加工机械化的意义

当前，面对我国农业从业人口锐减、国际粮食产品竞争激烈等严峻形势，我国进入了“机器换人”的农业机械化新时代。目前，我国农村存在的农业生产关系落后，已不能适应现代农业的发展，农村发展活力不足。在国家农村政策的调整下，农业的生产经营向集约化、效率化、规模化发展，涌现出大批的专业大户、家庭农场和农村合作社等生产经营主体。此时，发展农业机械化，完善农业生产链条，发展产前、产中、产后农业装备和技术成为转变农业发展方式、提高农村生产力的重要技术基础，也是实施乡村振兴战略的重要支撑。

农产品初加工机械化的发展和推广，是完善现代化农业体系不可或缺的重要组成部分，是小农户、家庭农场与现代农业衔接的重要纽带，是由遍地开花向适度规模经营、培育新型农业经营主体必然过渡的技术支撑，也是提高农产品附加值的重要手段。加快提升农产品初加工机械化，有利于农产品产地形成特色优势，有利于实现农超对接、扩大产地市场，对于保障食品安全、降低生产成本、提高经济效益、增加农民收入等意义重大。

二、农产品加工机械中应用信息化技术的重要性

(一) 促进农业领域的融合发展

我国是一个农业大国，有着丰厚的农业资源与条件，近年来，国家越来越重视农产品加工领域的发展，并制定了一系列的条例与政策作为支撑，重视发展现代化农业加工机械设备，以促进我国基础农业的发展。为了进一步推动农产品加工行业的健康发展，就一定要提高对农业产品加工转换过程的技术水平，并实现对农业相关产业进行更有效的吸纳和转化，以实现农业延伸产业链、提升产品附加值的目的，并通过提高农业的生产加工技术及其产业附加值，及时发现市场环节中能影响农业价值的关键因素。运用科技手段对农作物的产量和品质做出预报，及时进行农业生产和加工的准备工作，在收获农产品的过程中根据其真实的产量不断调整生产计划以及营销策略。为此，必须要依靠信息化手段来构建完善的信息系统，帮助第一产业不断朝着第二、第三产业迅速靠拢，从而提高整个产业链的市场竞争力。

(二) 推动农产品加工业高质量发展

农产品加工领域的高质量发展，必须以信息化农产品加工机械为支持。通过相

关研究表明，农产品加工领域除了树立全新的经营理念、将顾客的需求作为营销中心以外，在产品生产、信息收集以及市场营销等方面都需要利用信息化技术来实现。此外，积极引进先进的加工机械设备，重视农产品生产机械设备的更新换代，并通过利用现代化的网络通信技术、计算机技术等，对市场的需求进行分析，从而制定出符合市场需求的农产品，满足消费者的基本需求，为有效实现农产品加工领域的高质量发展奠定良好的基础。

因此，积极研究如何实现高水平的农产品加工机械的信息化建设，并在此基础上不断加大投入力度，是推动农产品加工领域高质量发展的重要途径，也是我国新产品加工领域未来发展的必然趋势。

(三) 农机信息化技术在农产品加工机械中的具体应用

1. 农机信息化技术在设计环节中的应用

在设计环节中应用农机信息化技术，主要表现于计算机辅助技术（CAD）的应用。在设计农产品加工机械的初级阶段，通常需要对不同类型的设计方案进行大量的数据计算、数据分析以及数据比较，从而确定出最合适的设计方案。在设计环节中应用 CAD 技术主要是对生产环境、机械设备以及零件进行优化，并通过使用计算机辅助工程软件完成数据计算与分析，不仅能够为农产品加工机械的设计质量提供可靠的保证，同时也能够达到提高工作效率、降低劳动强度的应用效果。

此外，产品设计人员能够运用 CAD 技术的图形处理能力，对设计图做出较为细致的调整与编排，由此来进一步提升产品设计的效率和品质。

2. 农机信息化技术在制造环节中的应用

计算机辅助制造技术（CAM）是农产品加工机械中应用信息化技术的典型应用案例，其主要是通过信息化技术实现对数控机床以及相关设备的自动化操作，并自动化完成农产品加工机械中的各个生产环节。例如，加工、检测、装配、调试等环节，在一定程度上缩短了农产品加工机械的生产周期，并提高了农产品加工机械的生产效率与质量。

此外，计算机辅助工艺过程设计（CAPP）作为设计环节与制造环节之间的纽带，在制造环节中的应用也存在着极其重要的现实意义。计算机辅助工艺的主要应用环节，是在计算机辅助设计与计算机辅助生产等工艺技术的发展中间，主要是指运用信息化技术手段和计算机设备，对有关数据进行运算并对逻辑过程作出推演和技术的评估，通常用于解决传统工艺设计一致性差、效率低、优化效果不合理、质量不稳定等问题。

3. 农机信息化技术在使用环节中的应用

在使用环节中应用农机信息化技术有多种类型，最常见的使用方式为人机界面技术。人机界面技术指的是工作人员与机械设备在实时交互的情况下，对相关信息进行实时传递以及操作的主要媒介，信息中包含输入信息以及输出信息，通过对信息的有效处理，可以为相关工作人员提供准确、及时的数据，并在一定程度上满足相关工作人员的使用需求。

在实际使用过程中，利用一块带有触控作用的液晶显示器，其同时具备输入信息、输出信息的功能，并且可以将农产品加工机械设备的工作参数、运行状态等相关数据更加直观地呈现在显示器中，以便工作人员可以在第一时间对生产设备进行调整，从而不断地提高农产品加工机械设备等运行效率。

4. 农机信息化技术在管理环节中的应用

随着当地对农业加工机械重视程度的日益增加及大型机具的投入使用，为了保证农业加工机械的稳定性和安全，对机具的管理和维修工作也提出了越来越严峻的挑战，信息化农业加工机具工程日益关键。通过建设完备的农产品加工设备资料库，对设备的性能指标、主要技术参数和寿命周期等详细信息记载到信息库中，同时记录机械设备的配件更换日期、保养维修日期、燃油消耗日期等，并利用数据信息库的数据分析功能以及预测功能，帮助相关工作人员更加合理地对机械设备进行购置、调配以及利用，同时还能达到降低使用成本、提高工作性能、延长使用寿命的目的。

（四）加强农产品加工机械中应用信息化技术水平的有效措施

1. 提高政府部门的重视程度

为进一步提高农产品加工机械中应用信息化技术的水平，政府相关部门应制定完善的信息化推广政策，在信息化农产品加工生产目标的基础上，对信息化推广环节进行合理的规范。

首先，制定完善的政策为推广工作提供支持，并引导广大农民积极利用农用机械设备进行农业生产，推广工作人员还需要利用现代化的信息技术为广大农户进行生产指导，让农户意识到机械化与信息化农业生产的重要意义，定期组织农民和基层人员参与技术培训，使其更好地掌握现代化信息技术的使用方式以及维修机械设备的要点，促使农用机械设备在农业生产中发挥更大的作用。

其次，当地政府部门应加大开发信息化农产品加工机械的投入力度，这就需要大量的资金以及资源作为信息化建设的保障，而仅依靠相关企业的资源投入显然是远远不够的。为有效解决信息化农产品加工机械设备的研发力度不足的问题，最行之有效的途径就是当地政府部门对其的大力支持，其中不仅包括政府直接投入大量的财力与物力，还需要政府部门鼓励社会力量积极参与，扩大资金筹集的渠道与途径，并建立完善的资金使用监督管理体系，确保每一笔资金都能够得到合理的应用，这样才能保证信息化农产品加工机械研发工作的有序运行。

2. 强化农产品加工企业的信息化意识

任何技术的广泛发展都离不开市场的真实需求，只有市场对某一技术有着极其旺盛的需求，才能够推动该技术的发展，并为其提供更加广阔的发展空间。而要想提高市场对技术的旺盛需求，需要各个农产品加工领域的企业不断加强信息化建设的意识，充分激发出企业的创造性以及积极性，并利用信息化技术将各个生产环节有效地整合起来，让更多的人与资源密切关注农产品加工这一领域，促进农产品加工机械设备领域和能级信息化技术的有机融合，为农机加工领域的发展提供更加广阔的市场。

鼓励农产品加工企业利用信息化技术将农产品的生产流程与管理体制进行结合，并通过网络平台更好地利用现有的资源，从而实现资源的合理配置与实时共享，加快农产品加工企业的信息化进程。鼓励农产品加工企业积极利用客户关系管理系统、资源管理系统、供应链管理系统信息化管理系统的建设，鼓励农产品加工企业构建集计划、生产、销售、设备、库存、财务、质量、业绩考核、风险管理于一体的信息化系统，实现提高生产效率、降低生产成本的目标，并进一步提升农产品加工企业在市场上的核心竞争力。

农产品加工企业还应该大力发展电商推动营销体系的改革创新。充分发挥第三方平台以及现有市场资源的作用，引导各企业运用电商等网络平台对分销系统和供应体系加以优化，同时利用新媒体、移动社交等渠道，加快发展“粉丝经济”“社交电商”等新兴网络营销模式，以进一步提升企业市场营销的精细化，并在此过程中重点解决农产品物流配送方面的问题，推动农产品加工企业的信息化进程。

3. 加快建设信息化专业人才队伍

（1）鼓励当地各级教育机构设置与农产品加工行业以及信息化领域的相关专业，培养一大批懂信息技术、农产品加工以及经营管理的高质量人才，并以素质拓展、能力提升为核心，为人才提供完善的信息化农产品培训教育体系，不断提高其信息化技术水平以及农产品加工理论知识，更好地适应农产品加工行业的信息化发展。

（2）在岗位锻炼方面要将继续教育制度化，对现有的工作人员提供完善的再继续教育，使其定期更新自身的知识结构，并利用多样化的培训形式，将现有的社会资源以及教育资源有机整合，提高在职培训的效益与层次。针对参与教育培训表现较好的工作人员，可以为其提供更多的学习机会，并适当地进行不同单位、不同学科之间的职业交换，以促进各学科的知识交换和互动，从而进一步提升人员的信息化素养。

(3) 建立公正的人员招聘机制，并建立健全的奖励措施，针对有重大贡献、工作表现优秀的人员要给予相应的奖励，对于表现较差的人员要采取淘汰机制，同时对工作积极性不高和专业技术水平低、综合素质不高等员工给予相应的惩罚，以此来激励工作热情与积极性，使其更加主动地学习信息化相关的知识与技术，充分发挥自身在建设信息化农产品加工机械中的作用与价值。

(五) 农产品加工机械信息化发展的未来趋势

1. 农产品加工领域的生产环节逐渐集中化、规模化

机械设备生产的集中化与规模化是现代农业机械设备发展的主要趋势，随着我国社会经济与科技水平的提升，市场规模与经济效益也在增长，由此使得产业内部的竞争也越来越激烈，一大批缺少市场核心竞争力的中小型企业，将面临巨大的生存压力，进而逐渐被市场所淘汰。而中小型生产企业退出市场行列后，各项生产资源将会更加集中于大型生产企业，大型生产企业也将不断形成集中化、规模化的经营局面，这也与我国制定的“淘汰落后产能”的政策战略达成一致。

2. 产品加工领域的管理环节将逐渐网络化、统一化

集中化和规模化经营的发展趋势将不仅仅体现在生产制造环节中，加工农业机械设备的作业人员及其企业管理也需要向更加集中性和规范化的方面进一步发展。由于大量中小企业的增加，以及生产农业产品加工机械设备速度的逐渐提高，也促进了农业加工管理环节的网络化和统一化。企业通过建立完善的管理系统，利用计算机设备与网络技术实现对机械设备的统一采购、部署以及维护，突破了传统单方面计划与采购的方式，对企业内部的所有管理环节进行统一管理，并建立稳定、长期的科学化管理模式，从而实现农产品加工设备的优化配置，促进企业生产力的不断提高。

3. 农产品加工设备逐渐趋于智能化与自动化

集成电路的出现促进了电子设备领域的快速发展，也决定了机械产品会逐渐朝着智能化与自动化的方向发展。智能化与自动化的发展主要体现于机械设备本身，通过利用微处理器和传感器等数据采集设备，在不需要人工操作的情况下，农产品加工设备在加工环节、装配环节以及检测环节已经实现了自动化作业，这一变化不仅可以有效改善企业的生产质量与效率，还能够最大限度地降低生产成本，推动企业经济效益的最大化。

农产品加工机械设备的信息化建设是实现现代化农业的重要途径，在推进农业现代化建设进程中有着极其重要的现实作用。为此，休宁县农产品加工企业也必须紧跟时代的发展趋势，努力提高自身的信息化意识与建设水平，加快对农机装备的信息化建设，使其能够适应现代农业发展需要。

第八章　现代农业中的小型机械模块化设计技术分析

本章着重阐述小型农业机械的模块化支持技术及其应用前景，分析农机行业对于模块化技术的应用需求：定义了模块的概念、特性和分类，讨论了模块化技术的理论研究和实际应用情况，提出了小型农机模块化技术的支持技术和应用前景。

第一节　小型农业机械模块化支持技术及其应用前景

一、小型农业机械模块化支持技术

小型农业机械的模块化技术不是利用传统的设计方法对小型农用机械进行分解式的开发和设计，而是在模块化设计理论的指导和新型技术的支持下进行模块化设计支持平台的开发，现有技术大发展已为小型农业机械的模块化设计技术提供了平台。

(一) 数学量化技术

传统的机械设计过程一般是一种经验式的设计过程，对设计人员的要求非常高，并且在对产品或系统进行模块化分析时完全靠人的主观经验去分析，没有一种量化的标准，并且对分解结果的好坏没有一种定量的描述，在模块化设计的过程中需要反复地试验，其中需要大量的劳动成本和时间成本，在生产中增加了成本，在市场竞争中容易错过市场的时效性。

层次分析法（AnalyticHierarchyProcess，AHP）和模糊数学技术作为一种新的技术方法，在解决决策问题和模糊关系等一些传统数学方法无法解决的定性的问题上，为其提供定量化的数学描述，这为模块化设计中模块划分过程中的决策和模块之间的模糊问题提供了解决方案。

层次分析法是一种将所有与决策有关的因素进行分解，从而得到目标、准则、方案等多个层次，然后以此为基础，对决策做出定性和定量的分析。层次分析法就是把复杂的多目标决策问题当作系统，然后将系统的总体目标进行分解，得到多个目标或准则，进一步分解为多指标、多准则、多约束的若干层次，基于定性指标模糊量化的方法，通过计算得出不同层次的权数和排序先后，并以此作为多指标、多方案优化决策的依据。

模糊数学又称 Fuzzy 数学，是研究和处理模糊性现象的一种数学理论和方法。模糊数学是近年来新发展起来的一门现代应用数学学科，继经典数学和统计数学之后，模糊数学作为一种新的工具，应用到各个学科领域。模糊数学包括模糊聚类分析、模糊模式识别、模糊综合评判、模糊决策与模糊预测、模糊控制、模糊信息处理等方面。这些方法构成了一种模糊性系统理论。在不同的学科领域之中的量，归结为确定性和不确定性两大类。其中，不确定性问题又可以分为随机不确定性以及模糊不确定性两类，而模糊数学就是研究不确定性问题强有力的工具。

(二) 液—电技术

现在的机械产品多是机—电—液一体化的结合，将电—液技术应用到小型农业机械上可以为农业机械的模块化设计提供硬件支持。产品的模块化技术实际上是一种零部件标准化的范畴，液压元器件和各种电器件是典型的模块化设计产品，这些零件的可模块化主要体现在接口的标准化和零件之间的柔性连接，柔性连接可以解决零件之间刚性连接拆卸不方便的问题。

(三) CAX 技术

CAX（CAD / CAE / CAM / CAPP）是计算机辅助设计系统，CAX 技术不仅提供了机械产品的数字化和参数驱动设计，还提供了产品虚拟模型的管理技术，构建虚拟模型库，利用模型的属性对模型进行存储和管理，此外可以利用 CAX 软件的二次开发技术对产品的属性进行编辑和管理，实现属性的参数化管理，为模块的参数化重构和模块的快速设计提供技术支持。

(四) 数字化设计技术

产品模块化设计过程中模块划分和零部件的重组，可以形成产品族内标准的模块，在此基础上，结合数字化设计技术开发出一套模块化快速设计系统，该系统可以对标准模块进行配置和存取，通过模块的配置组合成为满足用户需要的产品。

数字化设计表面上是利用数字（模型参数）对设计进行驱动，在实际的建模过程中，是以规则对设计进行驱动的，规则包括机械设计规则和用户需求的规则等。在模块化设计的过程中，需求域到功能域之间的映射和功能域到结构域之间的“之”字形的映射过程，是靠规则的限制和迭代逐渐达到设计标准的。

（五）PLM 技术平台

产品全生命周期管理（PLM）是一种应用于企业内部，以及在产品的研发领域具有协作关系的企业之间的一系列应用解决方案，该技术平台能够支持产品全生命周期的信息的创建、管理、分发和应用，集成与产品相关的人力资源、流程、应用系统和信息等。

PLM 技术平台主要由两部分组成，用于产品创新的 CAX 系列工具类软件和用于管理的 PLM 系统软件，PLM 平台定位于企业研发设计层应用，面向研发信息化建设，其系统功能体系与模块化设计理念有很多共同点，尤其是在注重缩短产品研发与制造周期、增加产品系列、快速应对市场变化方面。因此，可以说 PLM 技术平台是企业推行模块化设计的信息化利器。

以加工制造企业为例，PLM 技术平台提供了基于企业标准的通用零件库管理和基于国家标准的标准件库管理，对不同渠道的同一规格的零件进行了统一，通过科学的编码规则，来对这些零件进行管理。同样，产品在进行装配的过程中，选择并组合不同的机构和部件，这些模块之间的接口是相对应的，不存在任何的干涉现象。那么对于模块化的各个子系统间的接口的参数，要进行参数化管理，该技术平台在提供基于自上而下的设计方法的同时，在产品架构的实现过程中，还要设计出各个模块的接口，利用接口间的形状和尺寸约束对各模块的设计进行相应的管理，即建立三维模块库。

模块化设计 PLM 技术平台是相辅相成的，前者为后者提供先进的技术理论支持，后者则是制造型企业推行模块化设计的有效工具。制造型企业应该把 PLM 技术平台的进一步设计开发作为模块化设计推广的重点建设项目，通过两者的互相作用，在确保了 PLM 技术平台的进一步应用的同时，又推动了制造型企业向模块化发展的进程。

（六）3D 打印技术

3D 打印技术与传统的制造加工方法有很大的不同，它是以三维的 CAD 模型数据为基础，采用三维物理实体模型的逐层制造方法，最终得到与相关模型完全一致的实体。该技术现已广泛应用于测量、CAD 测量、接口、精密机械、材料等多种学科，该技术主要是借助 CAD 等软件将产品的结构实现数字化、参数化，并且数据可以在网络之间进行传递，采用降维制造即分层制造的方式，制造过程更加柔性化。原理上 3D 打印技术可以将任意性能难成形的部件一次性直接制造出来。将 3D 打印技术与模块化技术结合起来，必然会在制造领域引起制造工艺的革命性变革，带动制造技术的重大飞跃，使制造模式发生革命性变化。

二、小型农业机械模块化产业应用前景

农业机械是用来代替人力、畜力等在农业生产过程中进行耕、种、播、收等工序的作业机械。农业生产活动的特点是季节性强、受气候影响大和劳动强度大，因此实现农业种植作业的机械化对于提高劳动生产效率、降低劳动强度和减少收获损失等具有重要意义。我国农业种植条件复杂，农业种植结构及种植工艺区域特点不同，因此对农业机械的需求呈现出地域需求的趋势。

农业机械生产制造业属于我国机械生产制造业范畴，随着网络交流的方便性和物流网络的扩大，跨地域、短时效、高效率的农业机械采购模式逐渐兴起，这对我国的农业生产行业是一个新的挑战。

受两次农业土地所有制的调整，我国的农业机械制造业也出现了两次不同的发展期。第一次在土地集体化种植结构模式下，大型农业机械得到了飞速的发展，并逐渐走向成熟，在市场中已基本处于饱和。第二次的农业土地所有制的调整使得中小型农业机械迎来了发展期。

随着农业种植新技术的发展，我国的农业种植技术由粗放式的农业结构向精细式的农业结构方向发展，近几年提出的结合区域自身优势发展精细农业技术，迫使我国的农机制造行业向新型制造业方向发展。传统的大型作业机组无法在设施农业和丘陵山区中进行作业。因此，要发展精细化的设施农业和改善丘陵山区的落后作业方式，需要研制出合适的小型农业机械。

小型农业机械是丘陵山区和设施农业作业的主要作业设备，未来市场的需求量非常大，但是在实际生产中，我国的设施农业作业方式主要还是以人工为主，机械作业水平不高，其原因主要有两个方面：①功能繁多，开发成本高。随着市场需求的多样化，我国小型农机生产企业在新型农业机械的开发过程中过分强调以多功能为主，导致机具成本较高；②整机的功能专业性太强。整机功能的专业性太强意味着机器的作业功能比较单一，在实际生产过程中，用户往往需要购买多种小型农机具来完成不同的农业作业。鉴于以上原因，国内研究者将模块化技术应用到小型农业机械的研究中，以求能用模块化的设计方法对小型农业机械的快速设计提供理论指导。

我国自古以来就是农业生产大国，农用机械的推广使用是生产效率提高的重要途径，更是现代化农业的标志。模块化设计方法能够在很大程度上促进新产品的开发，降低生产成本，加快现代农业发展的步伐。结合我国国情，模块化技术应用于小型农机行业的前景主要包括以下四点：

第一，大规模定制的基本思想在于通过产品结构和制造流程的重构，运用现代化的一系列高新技术，将产品的定制生产问题转化为批量生产，以大规模生产的成本和速度，为单个客户或者小批量多品种定制任意数量的产品。大规模定制作为一种崭新的生产模式，有机地将大规模生产和定制生产两种方式结合起来，以扩大企业的实际生产效益为前提，通过缩短提前期，提高制造和物流系统的柔性和效率，最终所得到的产品具有多样性的特点，最大化地满足了客户对产品的多样化、个性化需求。

而模块化产品设计作为一种有效的方法，则能够实现以大批量效益来进行单件生产的目的，其产品的设计结构以及生产制造系统的配置和组织构成了实现大规模定制的前提条件。就农业机械而言，不同的工作对象、不同地区、不同时节、不同作物种类等所需的农机功能都有很大的区别，用户需求的多样性导致农机产品的多样性。那么基于大规模定制的模块化生产系统，通过大规模制造的低价格，来提供小批量、系列化、多样化、个性化的农机产品，以满足多样化、多层次的市场需求，从而极大地促进了现代农业机械的发展进程。

第二，农机产品结构的模块化，综合应用不同领域的模块组合规则，在原有系统的基础之上创造出新系统，迎合农机产品市场的需求变化和技术进步。通过对局部模块进行改进设计，对原有模块进行改进升级，促使单独的模块不再受到整体产品的约束而独立地进步，这种方式通过激发模块供应商的竞争来加速模块的改进。局部模块的不断进步，最终提高了农机产品纳入新兴技术的速度，从而促进产品的整体进步。

因此，随着模块化技术的不断发展，只需要改进局部模块，就可以实现应用最新技术而实现整体产品更新换代的生产需求，从而使得农机产品的发展实现质的飞跃。农机产品在销售过程中，可以自主选择产品配置，以满足不同用户的定制需求。

第三，采用模块化外包的方式，制造商将农机产品零部件分配给下属的模块供应商，使相应的企业各自专注于自身产品的生产和制造，旨在提高自身的核心竞争力。采取模块化外包之后的农机，制造商的主要目的在于认识并且跟上世界范围内农机产业发展的最新潮流，正确分析市场需求，提出具有创新性的产品概念和整体设计等，引导其下属的模块供应厂家团结合作，共同做好整机产品的开发和制造工作，从而极大地提高产品竞争力。

除此之外，模块化外包能够最大限度地促进产业内供应商之间的重组和合并，因为在模块化外包的前提条件下，能够与制造商合作的模块供应商毕竟是少数真正有实力的企业。这就促进了各模块之间、各个供应商之间以及各个制造商之间的竞争。在这种环境下，企业的数量必然会大幅度减少，企业的竞争实力和经济效益也必然会提高。最终将引起农机企的优胜劣汰，从而引起农机产业的结构性调整和跨越式的发展：制造商和模块供应商之间将会建立新型的供应关系；一直以来，农机产业“小而全、多而乱、大而弱”的面貌将转变为“小而专、少而精、大而强”的产业格局；发展更为迅速、更加优秀的农机产业群体必将走出国门，迎接来自国际市场上的巨大挑战。

第四，当前环境下，无论是从国家政策，还是从企业效益本身，传统的生产制造方式已经无法满足市场需求。就农机市场而言，农机的维修成本高，生命周期短，报废后无法回收利用，不符合当前制造业所大力提倡的“绿色制造”的发展理念。而模块化技术，完全可以实现产品的“即到即装”“即插即用”的装配和拆卸方式。各个模块之间的相互独立性，使得单个模块发生故障时，只需要对该模块进行拆卸维修，而不会影响整机的使用；而且，一旦农机产品达到了其使用寿命或者整体报废，仍然可以对其中的大部分模块进行回收利用，达到节约资源的设计要求。随着模块化技术在农机行业的应用越来越广泛，绿色制造、绿色生产、产品可重构等生产制造理念也将得到进一步的推广。

小型农机模块化，就是根据用户需求以及整机各部分的功能，开发、生产出不同种类的模块，在使用时进行重新组装，以应对不同的作业方式。小型农机能够进行模块化设计的主要立足点，是因为农机主要由机架、动力装置、传动装置、执行装置等部分组成。而多数农机的前三个部分相似性极高，因此可以将其设计成通用的模块，为各类农机提供动力和支承，而执行件则根据设计需求来进行独立设计，称为专用模块，并通过接口进行连接，接口要能够实现动力和运动的传递。

综上所述，根据小型农机以及模块化设计发展现状，模块化在我国小型农业机械产业的应用大致可分为两大路线：一种是产品的设计以及生产制造的模块化，称之为产品层面的模块化；另一种是模块的模块化外包，即由模块供应商设计、制造并供应模块，称之为组织层面模块化。前者是采用模块化设计的方法，对产品进行结构和功能的模块化分解，所制造的模块，必须要有一定的设计标准，且通过组装可以顺利得到完整的产品。模块在生产出来被检测合格之后，就会被移至整机的装配生产线上进行产品组装。而组织层面的模块化外包是指模块化总体设计由制造商主导，各个供应商参照总体设计中对各模块的明确设计要求，独立设计制造出符合制造商要求的模块即可，之后由各个模块的供应商来选择、管理相应模块的全部零配件供应商，再由零件供应商供应各零配件，直至完成模块最终的制造与组装。

结合上面所提到的定义可知，单个企业可以独立完成产品层面的模块化，然而组织层面模块化的实现则需要多个企业通过合理分工来共同完成，所以，后者的实现要建立在前者实现的基础之上，不过后者可以实现产品模块化以及组织模块化的双重效果。结合我国国情，组织层面的模块化是实现小型农业机械模块化的强有力的解决方法。

从以上对农机产业模块化方式的分析可知，实现模块化之后的制造商将更多地关注市场变化、技术进步、客户需求，并主导产品的总体概念设计、结构设计等能够体现制造商核心竞争力的工作，而将具体模块的研发设计、制造物流及组装等工作逐渐转移给供应商，制造商只掌握模块与整机的接口与协调即可。因而模块化将使得农机产品结构发生质的变化，并在产品成本、质量、可靠性、技术创新、客户多样性需求满足和市场竞争力等方面体现出来；将使得农业机械产业内企业重新定位和分工，促进它们的专业化水平，并促进农机制造商和供应商之间新型模块化外包关系的建立；推进产业的重组和结构性调整。

对模块化理论和技术在我国农业机械产业的应用前景的研究表明，模块化对于解决当前产业实际问题和困难，推进产业的变革和发展具有重要价值。因而，积极研究并在产业中实现模块化的应用，对于提高我国农业机械的科技水平，进而促进我国农业现代化水平的提升具有重要的现实意义。

第二节　小型农业机械开发中的关键技术分析

一、通用主体模块化技术

从技术角度分析，国外部分产品已出现模块化制造趋势，鉴于模块化制造技术既能够很好地适应多功能、多领域的不同需求，同时又能做到以最精简的形式、最低廉的成本满足用户最为直接的需求，可以预计，它将成为未来农林牧机械发展的必然趋势。

从国内情况看，以模块化技术设计生产制造，并能组合成农、林、牧不同应用领域需求的作业机，尤其是作业机主体模块，目前尚未见报道。我国虽有相应的农业、林业和牧业机械开发，但机体都为固定配置，不能根据需要变形为其他形式以适应不同领域作业挂件的挂接，因此它们有着不同程度的缺点。虽然有部分产品具有较多的功能，但是功能多导致作业机主体部分笨重复杂，价格昂贵，市场销售受到严重影响。

从中国国情来看，直接从国外进口小型作业机械，除了产品价格过于昂贵不易打开市场外，还存在配件供应、维修和对我国耕作特点适应等方面的问题。而针对国内用户既有功能需求，又对价格苛求的现状，走模块化制造道路是一个可行的方案。

模块化是将产品的同一功能单元设计制造成具有不同用途，而连接接口形式与尺寸相同的模块组（多个模块），通过不同模块组之间的组合与互换，形成多种技术功能的产品，提高产品品种的适应性。由于同一模块组中组成模块的零件尽可能相同，加快了设计制造的速度，同时降低了生产成本。

如果将作业机的主体部分分成若干模块进行设计制造，就可以根据不同的需要设计出各种档次和形式的模块，形成标准模块系列。例如，动力模块组可以有各类汽油机模块（如卧式、立式等），各类柴油机模块；（辅助动力输出）传动模块组可以设计成动力输出轴向不同方向伸出的不同形式；各不同形式的功能模块之间可以根据用户选用的挂件和使用场合进行合理组合拼装，使之形成最优性价比配置。在设计过程中，将对每一模块组中的模块进行深入的结构研究，使得构成模块的零件尽可能通用，以便在批量生产时，较大幅度地降低生产成本。

作业机主体部分的模块化制造，克服了目前作业机在多功能与作业机主体部分复杂性和造价方面的矛盾，能够给用户按需配置的自由，从而最大限度地节约开支，同时又为机器以后增加功能或提高性能提供可能，是促进农、林、牧作业机大规模普及应用的一个有力手段，是解决目前用户普遍认为作业机价格过高，功能不强等缺点的一个有效措施。对于全面推进我国农业、林业和牧业作业的机械化具有十分明显的现实意义。

（一）设计原则的确定

一般作业机主要由动力装置、操控系统、机架、行走系统、传动系统和作业部件等组成，开发和研制小型农业作业机应满足农、林、牧以及园艺等多个行业的常用作业需求。对于不同的作业功能，对作业机的运动速度、方向、行走方式、动力形式和大小以及动力输出的方向要求。

通过汇总，经分析获得以下结果：

第一，各行业经常性的作业有较大的不同，若采用同一种机型，难以得到满足，应该有一个产品系列。

第二，若要同一系列的产品满足各行业经常性作业的要求，各作业部件对其驱动的扭矩和转速（动力参数）有不同的要求。

第三，在实现作业部件动力匹配的前提下，为满足不同作业速度和方向的需求，其传动模块应满足要求。

第四，大部分作业要求可以采用双轮驱动行走。

第五，大部分作业部件要求动力输出方向为纵向，部分作业部件对动力输出方向无特殊要求。

根据以上汇总结果和多年进行农业作业机研发积累的经验，以研制设施农业用小型农业作业机为例，具体设计原则是：①采用小马力汽油发动机进行双轮驱动；②采用结构统一的PTO输出接口，与工作部件的连接部分具有统一的机械连接界面；③在作业部件上进行作业部件动力参数的匹配；④传动系统采用刚性传动技术；⑤PTO输出方向为纵向；⑥产品族中至少包含4个机型。

（二）定制部件和核心零件的确定

作业机的模块可以分为两大类：一类为通用模块，它可以在同一系列的产品中的各种机型上使用，具有通用部件的特点；另一类是定制模块，同一系列产品中的各个产品只有通过不同的定制模块与通用模块组合，才能形成自己的个性。通用模块包括动力装置、操控模块、行走模块和机械接口；而定制模块包括传动模块、作业模块。由于通用模块的生产批量远较定制模块大，所以要求定制模块在可能的前提下数量要少、结构简单，以降低生产成本。要达到这个目的，要求科学地进行模块划分。

无论何种作业机，传动系统将是结构最为复杂、加工成本最高、生产周期最长的部件，模块化作业机也不例外。由于采用刚性传动，省去了机架部件，传动模块将同时具备作为机架的功能，要求传动模块的支撑零件——箱体采用铝合金制造。对于传动模块而言，箱体是最重要的零件之一，与部件一样，具有结构最为复杂、加工周期最长、生产成本最高的特点（其生产成本将占整个传动部件的50%以上）。不同的传动模块具有不同的传动功能，将采用不同的传动箱体，其毛坯生产的模具成本在整机生产成本中的摊销很大，这也是制约作业机普及的关键因素之一。为此确定把传动箱体定为核心零件，对它进行重点研究，以期降低生产成本。

二、手把减振技术

小型农机在各个工况下的振动量均超出了国家标准要求，可见目前扶手架振动得相当严重，从而大大降低了驾驶员的工作效率并且有害于他们的身体健康，因而如何消减手把的振动已成为广大农机科技工作者的一个重要研究课题。

目前国内外较为有效的减振方法主要如下：

（一）减少扰动——减少或消除振源的激励

由于耕整机的动力是单缸柴油机，发动机活塞和连杆做往复运动产生的不平衡惯性力虽然可以进行部分平衡，但作用有限，因此单从这方面考虑，减振效果会受到限制。

(二) 采用隔振措施——减少或隔离振源的传递

耕整机手把振动的振源主要是发动机的激励，该激励通过机架、齿轮箱、支座和扶手架之间加装隔振装置，可以达到减振目的。

(三) 采用吸收装置——吸振器

利用吸振器的动力作用，在需要减振的部位和振源之间安装吸振器吸收振源传递的振动能量，以达到减振的目的。

(四) 防止共振

依据模态准则，对振动系统的质量、阻尼、刚度、固有频率等进行适当的设计，使结构固有频率远离系统工作的激励频率，限制振动的传递。模态准则特别适用于结构模型中各子结构的动态优化。

橡胶隔振式减振扶手由橡胶隔振的装置和扶手架组成，强力胶黏剂将天然橡胶1154与内外金属套管胶粘在一起，这种结构保证了扶手架的刚度要求，且使得隔振装置的安装方便。

减振手把经实践证明具有以下特点：

第一，具有良好的减振性能。减振手把应通过橡胶隔振装置消耗和扩散振动能量，减弱结构传递振动的能力。

第二，具有良好的操向性。减振手把的扶手架应具有足够的刚度，不影响拖拉机的操向性能，尤其是在高速行驶和出现紧急情况时，要求能够承受足够大的弯矩和扭矩。

第三，结构简单便于安装。减振手把应基本不改变原扶手架的结构，且具有成本低、安装简易方便的特点，便于推广应用。

第四，安装牢靠，强度好，寿命长，安全可靠。

三、刚性连接与传动技术

(一) 刚性连接技术

在现有技术中，小型农业作业机和旋耕机多数采用皮带传动，虽结构简单，但传动效率不高；也有采用蜗轮蜗杆传动，同样传动效率较低。这些机型所配动力机功率一般较大，在同样作业条件下作业，油耗高。同时，对于带传动的作业机和旋耕机，为提高传动效率，需增加皮带的包角、带轮的中心距，设计机型一般相对较为高大，使用场合受到一定的限制。

传动系统全部由刚性传动零件组成（齿轮传动）的刚性传动方式，传动效率高、传动过程中功率损耗小，采用单轮前后驱动的方式，有利于作业机有效功率的输出，保证在相同作业工作的前提下，需要的动力小、油耗低，而且整机结构简单、操作方便、灵活。

高效传动并具前后驱动的独轮微型移动平台作为作业机主体，这种布局使得该小型农业作业机的结构紧凑、总体尺寸小、重量轻、主机高度相对其他机型大大降低；由于重心低且操作稳定性好，除一般作业机适应的作业场合以外，还特别适用于低矮作物或作物生长密集的场合；与此同时采用刚性传动方式，传动效率高，在传动上的功率损耗很少；又由于采用前后驱动的方式，有利于作业机有效功率的输出，在保证作业效果的前提下，所需动力机的额定功率小、油耗低；加之采用单个前驱动轮结构，转弯灵活，操作十分方便。

（二）作业部件传动设计技术

针对上述小型农业作业机的基本功能需求分别进行了工作部件中旋耕装置和割晒装置的通用传动模块设计。

减速、运动方向从纵向旋转改为横向旋转的旋耕装置传动设计，和运动方向从旋转运动改为往复运动的割晒装置传动设计两种通用作业传动模块与作业机的变速齿轮箱连接，并在箱体中进行动力参数匹配和运动方向变化，可以适应设施农业用小型农业作业机的各种作业模块的动力传动的需要。

四、无轮自驱动技术

（一）无轮自驱动

在小型农业作业机系列产品开发中采用无轮自驱动技术能大大简化作业机结构，大幅降低产品成本，有利于小型农业作业机在经济欠发达地区推广。

（二）切边轮技术

为保证无轮自驱动时行走的直线性，通常采用切边轮技术。

五、标准动力接口技术

小型农业作业机动力输出采用标准动力接口设计是实现通用传动模块设计的关键环节，要求动力接口对产品族中的各种机型均具有通用性，动力接口与传动箱体的连接部分应具有对轴系支撑的功能，而与作业部件连接的部分则应适应对各种作业部件的动力传递，可以实现对作业部件的动力输出与切断功能。动力接口要求能快速方便地连接与拆卸。

第三节　小型农业机械模块化设计与制造策略

一、模块化设计

（一）模块化产品的开发

1. 一般产品的开发设计进程

产品开发指的是创造性地研制新产品，或者改良原有产品。产品开发过程是人们用来开发和维护产品的一些活动、方法、实践和信息转换的过程，同时也是对于某产品从概念到生产这一特定工作流的一种既定方法，要求面向整个产品生命周期。

产品开发设计的方法主要包括以下三种：

（1）单件产品开发设计方法。该设计方法最典型的产品就是单件生产的汽车。这种方法也被称为“整体式设计”或者“依赖式设计”。个性化程度虽然很高，但是过度依赖于技术人员的能力，设计效率低，且制造成本高。

（2）大批量生产的产品开发设计方法。该产品设计方法适应当前产品开发设计的发展趋势，应用也最为广泛，与单件产品开发设计方法相比，对员工的依赖性降低，成本降低，产品质量由效率较高的生产线和工装来保证。缺点是产品开发设计周期较长。

（3）模块化产品开发设计方法。基于大规模定制的模块化产品开发设计方法，产品趋于模块化，便于维修和升级，企业间的协作增强，大大降低了生产成本。缺点是产品模块化技术尚未成熟，统一的规划和设计实施起来往往有较大的难度。

长期以来，创造性和直觉性一直被认为是产品开发设计的基础。直到20世纪中叶，设计工作的真正方法还是只局限于一般的论文研究中。随着德国召开的“关键在于设计”的全国会议，各国将对设计方法的研究提上日程，经过几十年的发展才逐渐形成了当今设计方法学的体系。设计方法学的研究发展有三个主要方向，分别是关键方法学、实践方法学和严格方法学。

2. 模块化产品开发的概念及其主要特点

模块化的概念如今并没有一个统一的定义。它是一种设计方法，提出了新的设计标准，行业内如今比较统一的对模块化的定义为：模块化属于一种标准化范畴，是标准化发展的一种新形式，是标准化原理的具体应用。传统的模块化以用户为基础，工作的重点是将部件系列化、标准化，然后用户根据自身需求选取组合成相应的系统。现代模块化则采用分级模块化设计原理，通过系统的分解与模块的组合，把模块的互换性和通用性放在首要位置的一种设计方法。该方法打破了传统的模块就是部件的通用化、标准化的观点，通过各种技术支持，使用尽可能少的模块组合出尽可能多的产品，以此来满足不同用户的定制需求。

而模块化产品的开发，指的是在对一定范围内的不同功能或相同功能、不同性能、不同规格的产品进行功能分析的基础上，划分并设计出一系列功能模块。然后选择不同的模块进行组合，达到快速响应市场需求、满足用户需求的一种方法。

模块化产品开发具有两个主要特点，而且这两个特点也是由模块本身的特性决定的，不同的模块构成了模块化产品开发的基础。

(1) 相对独立性。模块之间存在的是连接关系，一个模块的缺失不会影响到其他模块的工作，在实际中可以根据需要对模块进行替换和增减。在进行新型产品开发时，只需在原来基础模块的基础上进行所需模块的设计和模块之间接口的设计，新设计模块的制造、调试或试验过程依据其独立性可以独立完成。

模块与模块之间的相对独立性可以通过两个指标进行衡量：耦合和内聚。耦合是模块之间相互关联的程度，它是模块独立性的直接衡量指标；内聚是指系统各内部模块之间联系的紧密程度，用来间接衡量模块之间的关联性。基于模块设计的系统或机器应该具有较小的耦合和较大的内聚。

(2) 互换性。在进行组合的过程中，必须考虑到模块的互换性，以保证同类模块在同系列或跨系列产品中能够进行互换。因此，在进行模块划分及模块设计之初，必须对模块的输入和输出端进行明确且严格的定义，采用标准化接口来实现模块之间的连接。

一般来说，模块化产品的开发过程包括三个步骤：模块划分、模块设计和模块组合。在进行模块划分时，首先要建立不同的产品平台，来满足不同用户的定制需求。

产品平台是指由一系列不同产品所共享的一组产品开发元素，将这些产品开发元素分成四类。

产品平台在由一系列子系统所组成的公共架构上源源不断地派生产品，这些派生出来的产品具有不同的特征和功能，且定位于不同的细分市场。在产品平台的基础之上，通过添加不同的个性模块，就形成了产品族。产品族是共享产品平台，同时能够满足顾客不同需求的具有不同特征和功能的一组产品。

其中任意一个产品平台都是针对某一细分市场和某一类客户需求而建立的，以产品平台的整体功能为基础进行模块划分，得到多个模块，将这些模块进行再次分配并且进行模块设计，要注意到模块的设计均以模块为基本单位来进行，最终通过选择和组合不同的模块来得到符合市场以及用户需求的产品。

20世纪80年代，人们首先提出了具有5个步骤的模块化产品开发流程，整个流程从明确任务到评价结束。但是，该开发流程因为是层次比较高的通用化流程，不能广泛地应用到各行业中。后来，在该开发流程的基础上稍作修改使其成为6个步骤，具体如下：

第一，明确任务。

第二，建立功能结构。

第三，搜索工作原理和概念变型。

第四，选择与评价。

第五，准备尺寸布局。

第六，准备生产文档。

大多数的模块化产品开发方法关注的往往是整个流程中的理论概念阶段以及系统的初级阶段。因为产品的模块性由其框架结构所决定，将产品的架构放到系统级阶段来进行开发，通过某种组织形式将功能映射到物理组件上。20世纪初另一个重要的产品开发流程被提出，同样是5个步骤，从客户需求到体现设计，该开发流程中加入了明显的模块化相关的步骤。总体来说，模块化产品开发过程是一个“慢过程”，主要包括：需求分析（市场分析、确定需求）、创造性设计（确定功能原理和结构）以及产品模块化设计（开发模块化产品平台）三个部分。

其中，创新性设计方法又包括原始创新设计、集成创新设计以及适应性设计等。其中，适应性设计是近年来所提出的新型设计方法。它是以保持产品原理、方案基本不变为前提，以原有产品为基础，对产品的某些局部功能和结构进行修改，以达到某些用户的定制性需求。

（二）模块化产品的设计

1. 模块化产品设计的概念

传统的工业化大生产强调产品的标准化、通用化和批量化，大大降低了产品的成本，满足了大众消费的需求。随着当前社会的不断进步，人们逐渐形成多元化和个性化的消费需求。因此，在机械化批量生产的主流下，如何平衡标准化和个性定制化之间的关系，将成为当下产品设计的重要课题，也是企业发展形成核心竞争力的关键因素之一。

为使企业在激烈的市场竞争中处于有利地位，必须增强产品的创新能力、缩短设计周期和提高用户化程度；同时又要降低成本，保证质量及良好的售后服务，传统的产品设计方法已无法满足这些要求，定制化的产品将成为未来的市场主要发展趋势。模块化产品设计通过产品结构、设计过程的重组，以大规模生产的成本实现了用户化产品的批量化生产及大规模生产条件下的个性化，使产品在品种与成本、性能之间找到最佳平衡点。

模块化产品设计较为认可的一种定义是：在对一定范围内的具有不同功能或者相同功能条件下具有不同性能以及不同规格的产品在进行功能分析的基础上，划分并设计出一系列用途和性能不同的功能模块，并使这些模块的接口尽量标准化，之后通过不同的组合方式，迅速地形成不同的顾客定制的产品，实现用户的不同需求。

在模块化的系统中，模块化产品在设计过程中要保证各个模块本身所具有的三个显著的特征：①独立性，模块本身可以作为复杂系统单独运行，某种程度上，模块不依赖于主系统而单独成立，各个模块之间通过平行关系或者串联关系而存在，相互之间运行并不存在依赖关系；②统一性，各个模块实现整体运行的工作环境是由统一的组织设计原则所决定的，该原则存在于整个系统之内；③标准化，各个模块之间进行能量、信息的传递和交换必须是标准的，单独一个模块的内部所发生的变化不会涉及其他模块之间的联系。

模块化产品设计过程中，通过不同模块的组合和匹配可以产生大量的变型产品，这种不同的组合体使模块化产品模型具有独特的功能、结构和性能特点及层次。因此，模块化产品是一种重要的柔性策略形式。而模块是模块化产品设计中最为重要的组成要素，为了确保柔性产品设计能够通过模块的组合得到适应市场需求的新产品，借用软件工程的概念来给模块定义5个标准：可分解性、保护性、可理解性、连续性、可组装性。

模块的可分解性是指通过一种设计方法，利用某种划分机制将整个产品系统划分为产品子系统，降低了整个产品系统的复杂性，以得到一种高效的模块化解决策略。模块保护是指产品的组成模块内部一旦出现问题，所产生的副作用会被约束在模块内部并被弱化。模块的可理解性是指如果一个模块可以作为一个独立的单位（不参考其他模块）被理解，很容易对其进行重建和改动。模块的连续性是指模块本身就具有局部修改的能力，在这些细小的改动下，仅仅是相对应的数量不多的模块产生对应修改下的反应，并且这些改动所引起的反应同样会被最小化。模块的可组装性是指如果存在一种设计方法可以将现有的模块重新利用起来组合成新的系统，该方法就能提供一种新的模块化解决方案。

2. 模块化产品的设计流程

模块化设计分为两个不同的过程：①系列模块化产品研制过程，根据市场调研结果对整个系列进行模块化设计，是系列产品的研制过程；②单个产品的模块化设计过程，需要根据用户的具体要求对模块进行选择和组合，并加以必要的设计计算和校核计算，本质上是选择及组合过程。在这两个不同的模块化设计过程中，首先应该分解总功能，然后设计出功能模块，再通过将功能模块进行组合，便可得到所需要的各类产品。

概括来说，模块化产品设计包括的内容主要有：①对产品系统进行模块化分析，划分模块；②通过对模块的功能和结构设计使模块系列化、通用化，并且设计出标准的模块接口；③根据用户需求，合理选择模块组合出不同的产品。

(1) 产品设计目标。明确产品的设计目标，需要对产品模块系统和用户需求进行大量的市场调查和分析，这是在设计过程中获取大量资料和明确开发目标的前提。厂商通过进行市场分析来确定用户的需求，然后对模块化产品进行定位，明确该模块化设计产品的设计方向。企业应该在这个阶段完成对用户需求的市场分析报告，明确新产品的设计目标，以及分析其市场可行性、经济可行性及操作可行性。

质量功能配置法（QFD）是一种将客户要求转化为相应的技术要求的常见的分析方法，简单而又合乎逻辑。该方法通过一套矩阵来确定用户的需求特征，以此来达到和开拓市场的目的，该方法的重点是通过绘制客户需求关系图表，实现需求的定义描述到设计技术数据的转化，以此来实现资源的合理分配与应用。在模块化设计过程中，也可以将 QFD 法应用到其中。如此一来，通过不同的渠道，通过市场调研以及销售报告的分析来获取客户的需求信息。厂商根据调查所得到的定制需求分析以何种方式将子模块进行最优化的划分，与此同时还需要对设计过程中的技术可行性、经济可行性和操作可行性进行分析，最终确定此产品模块能否进行进一步的开发和生产。

(2) 产品结构功能总体分析。产品设计必须要保证产品功能，如果设计出来的产品不具备所要求的功能，则产品设计也就没有任何意义。产品功能的总体分析应该立足于厂商明确设计目标的基础之上，建立产品功能树、确定产品的功能模块、规划系列化产品等。

产品功能树的建立立足于前一阶段对于市场和用户的需求分析，采用自上而下的分解方法，对产品的总功能进行分解，以得到不同等级、不同层次的各个子模块系统，形成产品功能树。在确定功能原理后，使用矩阵方法、构造功能和原理方案之间的映射关系，功能与原理方案之间往往是一对多的映射关系，最终形成该类产品的原理方案库。在模块化设计中，相似的信息和过程需要进行统一的归纳和处理。

系统之间也包含同一个模块或者相类似的模块，模块之间同时也包含相同或相似的要素，通过归并、优化等方式，以形成标准化的包含相同要素的功能模块。以不同产品中的不同零部件为基础，通过使用相似性分析方法，产品模块化设计方法将相同或相似的零部件进行统一的归并处理，从而生产出一系列的功能模块，然后通过选用不同的模块之间进行组合，以组建成不同的产品，达到用户的定制需求。

因为产品是由许多子模块组成的，可以通过增加或者减少模块数量或者重新组合来得到新的产品，以达到新的用户需求，产品对市场的应变能力也得到了更大的提升。

(3) 划分功能模块。功能模块是具有相对独立的功能并且具有功能互换性的功能部件，其性能参数和质量指标能满足通用、互换、兼容的要求。模块具有以下四个基本属性：①功能，指模块所实现的功能；②接口，指模块的输入与输出接口；③实现，指描述模块内部如何实现所要求的功能；④操作，指该模块的安全操作说明。其中，功能、接口与操作反映的是模块的外部特性，应该详细地提供给使用者，实现反映的是模块的内部特性，可根据用户需求适当地提供给使用者。因此，功能模块的划分应满足下列原则：

第一，模块在功能和结构方面有一定的独立性和完整性。

第二，模块之间的接口要便于连接和分离。

第三，尽量降低模块与模块之间的关联性，即弱耦合；尽量提高模块内部各部分之间的关联性，即高内聚。

第四，模块分解的数量要适度，且系统的主要功能不能被模块的划分所影响。

(4) 产品功能模块方案的评价与确定。评价产品功能模块方案，也就是要分析产品所包含的各个功能模块，对各个功能模块的功能与接口进行检验与确定，最主要的是要对设计所生成的方案进行评价。

(5) 模块的详细设计。模块的详细设计是模块化设计的核心环节，在这个阶段，运用设计工具，建立模块的主模型，确定基型模块，使用一些分析工具对设计出的模块进行包括韧性、强度、寿命等性能的分析。因为所设计的模块之间要进行多种方式的组合，所以模块的接口设计在设计之初就应该考虑在内，应尽量采用标准化的结构。

(6) 模块的分析与评价。根据可行性指标和参数数据对设计出的模块进行分析与评价，对于模块设计之中存在的问题，分析原因并找出解决方法。对于某些缺陷和不足，通过合理分析后进行重组优化，改进模块间的接口关系。

(7) 模块的选择。根据模块的设计要求，对于一般的模块设计，选择能够实现与其功能相对应的模块加以重组以得到新产品。如果通过计算机辅助模块化设计，则可以通过调用命令或者直接输入数据要求即可在库中选择所需的模块。

除此之外，在当今商品模块化的趋势下，大多是产品厂家对各模块生产厂家所生产的模块的选择，此时要考虑到各模块生产厂家的多种因素，库存量、加工效率、价格等都是考虑因素。

(8) 产品配置与组装。模块化产品通过方案分析所得出的产品数据作为底层支持，用户们则是可以自由选择产品模块的参数，根据用户的具体需求，基于模块化设计系统定义的配置规则，在相关计算机知识的辅助下，通过人机交互的形式，生成满足其特定功能要求的定制模块，并组合成符合用户定制需求的产品。

产品的配置设计和变型设计是模块化设计技术中的关键。一旦确定了用户需求，通过配置设计能够很快地将模块组合出符合要求的产品结构；在配置设计过程中，需要建立起用户的定制需求和产品实例模块之间的关系，完成在模块实例库中相关模块的检索，然后根据结果完成模块配置，最终确定模块化产品配置的最优化方案。当设计过程中某些零件无法满足客户需求时，可以将这些零部件按照一定的原则进行变型，从而得到变型后的零部件，称为产品的变型设计。产品的配置与组装过程中要尽量做到满足定制设计生产过程中客户对定制产品的多方面的要求，不能忽视客户需求信息对模块化产品设计结果的适应性处理。

(9) 产品总体评价。产品设计方案的评价是模块化设计过程中必不可少的步骤之一。根据设计和分析结果对产品总体设计方案进行评价，对于方案中的不合理之处，对现有方案进行评价后再对其加以改进，并对改进后的方案再次进行评价，力求找到适合该设计的最优化设计方案。

传统的评价方法主要包括：经验评价法、试验评价法、数学模型评价法等。但是这些方法都有缺点。其中，经验评价法无法反映出评价方案的理想程度，只能对有关方案做出定性评价，而且对于评价者的水平有很高的要求，评价结构易于出现错误和偏差；试验评价法缺点更为突出，如周期长、成本高；利用数学模型评价法，无法预知的影响因素过多，建模之后所产生的最优解往往与实际不符。

目前来说，“模糊评价方法”是工程设计中应用最为广泛的评价方法。该方法通过集合和模糊变换原理将模糊信息数值化，综合考虑方案的多个相关因素所做的定量评价方法，又称为模糊综合评价法。该方法将评价方案中遇到的无法定量分析的评价目标，用“好、一般、差”等模糊概念来进行评价，将人的思维判断融入方案决策过程中，通过一定模式使决策思维过程规范化。

(三) 模块化设计系统的基本开发流程

1. 模块化设计系统的一般开发流程

模块化设计系统的设计与研发周期较长，其间需要投入大量的人力、物力、财力，而且比较复杂。为了使模块化产品取得比较好的设计效果，在进行系统设计之时，应该将系统工程原理应用到其中。首先明确模块化产品系统（总体）设计的任务，其次对整个系统进行总体规划，基于对整个系统的分析，对系统进行分解，通过不同的组合方式，形成系统的宏模型。因此，也有人把系统设计称之为概要设计。

模块化设计系统，首先根据系统的设计任务，明确系统的大致轮廓，形成系统的宏模型，设计的目的是以一种简单的方式了解系统的整体，然后按照整体观念的原则，统一协调系统内外的各个要素。模块化设计系统的开发过程是模块化设计的第一阶段，后续设计内容包括最终的模块化产品设计等，都要在模块化产品系统设计所给定的整体框架内进行。因此，模块化设计系统设计得好坏将直接关系到整个模块系统性能的优劣以及模块化产品质量的高低。

从模块化设计过程的角度来说，不同的用户需求、不同的产品类型对于模块化设计过程的要求不同。这与企业本身对于应用模块化技术所能产生的效益期望不同。诸如一些企业，希望通过该技术能够降低生产成本，有的希望能够便于回收重复利用，从而需要采用不同的模块化设计系统。此外，对于已有产品和新产品的模块化设计系统也有所差别。例如，已有的产品模块化设计开始于用户的订单需求，而新产品的开发则需要从分析市场需求出发。因此，模块化设计系统的开发需要能够满足不同企业和不同产品的需求。基于此，归纳总结出模块化设计系统的基本开发流程。

(1) 外部设计。设计系统时，除了系统内部的建设等问题，还需要考虑到围绕在系统外部的环境和社会问题，即系统外部问题。这些外部问题包括功能、经费、工期等用户需求以及资金、器材、信息等限制条件，都对模块化设计系统的内部存在程度不一的干扰。系统内部的设计必须在满足外部条件的前提下，换言之，外部系统是内部系统设计的根据所在。另外，系统的内部对于其外部也有约束存在。每一个模块化设计系统的完成，都会对社会带来影响和变化，包括社会因其所产生的利益或者危害，还有对其他系统的影响以及其他效果所带来的影响。

明确系统的外部问题，是模块化设计系统的第一步。首先要进行系统的外部设计。基于对系统的整体分析，确定系统的目的和要求，并且明确以下两项内容：

第一，系统的实质。通过对设计对象的全面分析和调查研究，其中包括相关类系统的资料、数据和信息的收集，以确定所要解决问题的实质。接下来调查系统的使用现状和发展动态，并且据此来预测其发展趋势；与相近的系统进行比较，在了解与分析的基础上，找出其优缺点及矛盾所在，并提出优化设想。

第二，可行性论证。根据由上一步所得出的关于新系统的设想，分析其主要内容，包括市场需求、资源供应、技术力量、环境影响、建设规模、盈利能力等，从技术、经济、工程等方面进行研究和分析比较，即进行所谓的可行性论证分析，然后选择有实用价值的系统。根据以上论证分析，确定具体的目标要求，并且制定整体规划。

(2) 方案设计。

第一，系统的总体构成：描述系统的轮廓、构成模式、范围、规模、主要技术特征和参数、与相邻系统的界线与关系等。

第二，系统的分割和功能分配：运用模块化原理，把系统分解为子系统、支系统、模块，拟就多级的模块化产品系统层次图，分割应考虑到便于以后系统的合成。

第三，系统的人机功能分配：确定系统的自动化方案，它影响到系统的效率、可靠性和成本。

这个阶段是系统概念形成的阶段，因此也叫作概念设计。

(3) 功能（指标）设计。

第一，确定各子系统及模块的性能参数。

第二，确定子系统及模块的几何尺寸系列。

第三，确定系统的基本结构布局，确定功能模块与结构模块的结合形式，例如确定印制板尺寸。

第四，编制模块化产品系统的系列型谱，给出由模块所可能构成的系列产品的形式，也可包括商品化模块在其他产品系统中的应用模式。

第五，确定模块的接口，给出各模块的输入、输出参数，给出与相邻系统的兼容性参数，确定接口模式。

第六，可靠性分析。

第七，确定实施功能的技术途径：分析和确定影响系统性能和可靠性的技术关键，列出攻关课题及要求。

(4) 系统的模型化。

模型是指对于某个实际问题或者客观事物、规律进行抽象化的一种形象化的表达方式。模型还是描述实体系统的映象，通常用在未建立实体系统的情况下，用来显现系统的特征与性能。从某种意义上来说，模型是人们间接地处理和研究事物的一种工具，如何准确地分析事物，建立起能适当反映事物变化的模型，往往是解决问题的关键所在。

模块化设计系统所常用的模型有以下三种：

第一，形象模型：经过系统实体放大或缩小所得，主要反映系统的物理特性，包括整体布局、造型、色彩以及机械结构外观等。

第二，数学模型：数学模型是指在对实际问题进行分析和高度抽象的基础上建立起来的一组数学表达式。它能够客观反映事物的运行规律以及变化发展的趋势。此类模型最为抽象，各类参数和变量也最容易改变，因此力求能够使用数学方法来建立模型，易于控制变量，表达也最为清晰。

第三，模拟模型：与数学模型不同，模拟模型通过可控制变量的条件来代替系统的实体，通过大量的模仿性试验来了解实体的变化规律。该类模型适用于需要进行大量试验的结构模型，也适用于一些比较复杂或者无法直接了解其构成关系或者难于求解解析的系统。

一个系统，根据其具体情况往往需要建立多个模型，建立起适当的模型，要能够客观正确地调查和分析所要解决的问题，考察和证实该模型能否准确反映实际问题的规律和本质所在。现代化的建模方式往往是在计算机的辅助下进行的，称为计算机仿真。仿真其实是进一步进行模型化。对已经建立了模型的系统，通过一定的计算机方法，通常是一些仿真软件，对所建立的模型进行仿真试验，根据测试和计算所得出的结果，反馈给已建立的系统模型，并据此对系统模型进行修改和优化，如此反复进行。

(5) 系统优化与评价。

第一，系统的优化。系统优化通常是在已建立的系统模型的基础上进行的。决策者根据所提供的多个模块化设计系统的方案，在满足设计要求的首要前提下，结合多个因素，选择出最适合的设计系统。事实上，在整个系统设计过程中，最优化原则应时刻被应用到其中，从提出问题开始，选定最优的设计目标和设计参数，选择最优的设计方案，最终使问题得到最优化的解决。

系统的优化方法有很多种，通过数学建模的方式来寻求最优解是常用的一种优化方法，另外还包括数字法以及类比法等一系列优化方法。决策者应该根据所设计的系统的特点来选用适当的优化方法。因为整个系统问题广泛，处理方式不同，往往需要采用诸多不同的最优化方法来实现系统的最优化。

第二，系统的评价。评价即对方案的质量、价值或某一性质做出说明。根据评价的结果，才能做出决策。决策即对评价结果或对所提出的某些情况，根据预定目标做出选择或决定，决策的结果就是拟采用的方案。系统通过评价得到优化的合理方案。系统评价不仅仅是对方案的科学分析和评定，也是对方案的完善和修改。

对模块化设计系统进行评价，就是该阶段评价的目标。明确评价的目标是搞好评价的前提条件。系统评价往往分阶段进行，每个阶段又包括若干小的阶段。因此，评价也分层次进行，以便于及时采取应对策略解决问题。

决定系统评价质量的重要因素是系统评价指标。系统评价指标是反映评价对象某方面本质特征的主要因素与一定的精确数字或模糊量数的结合，是评价目标的具体化。建立适当的评价指标体系，往往是系统评价中的重点和难点所在。通常，评价指标体系的设计应该遵循以下几大原则：一致性原则、独立性原则、可测性原则、完备性原则以及可行性原则等。

模块化设计系统的评价初拟指标一般数量较多，有的能体现出模块化设计的特征，有的也不符合指标设计的原则。为了保证系统评价的科学性、有效性，应该对系统初步拟定的评价指标进行筛选。常用的指标筛选的方法包括经验法和数学法两大类。经验法是凭借个人或者集体经验，对一些指标进行归类合并，决定取舍的方法；常用的数学方法又包括主成分分析法、模糊聚类法、聚类分析法等。

2. 模块化设计系统的一般结构体系

模块化设计越来越多地被应用于各个行业，基于上述对模块化设计系统开发流程的介绍，下面简单地对模块化设计系统的一般结构体系进行简要描述。整个模块化设计系统大体上分为四个部分，分别是产品模块化分解、模块系列设计、产品配置及组合设计以及信息管理，分属四个分系统。

（1）产品模块化分解分系统。该分系统的主要目标是，形成某一系列产品的基础功能结构以及设计信息，将两者相同的系列产品合并统称为产品类，并且得到其所属的功能模块，统称为模类，并生成其特征。整个分系统由6个部分组成，以达到支持产品分解的各个过程的目的。其6个部分如下：

第一，用户需求的获取。整理用户数据，存入计算机备用，为产品设计提供信息。

第二，功能总体设计。根据用户的需求，确定产品的总体功能。通过工具软件，建立设计结果与用户需求之间的联系，并作为设计依据使用。

第三，原理设计与分析。根据产品的功能要求，分析其原理，结合系统所提供的设计与分析工具，进行方案的设计与实现方法的确定。

第四，功能建模与模块划分。本阶段的主要功能是建立功能模型并且划分功能模块，结合系统所提供的设计和开发工具，产品的功能模型建立在物质流、能量流和信号流基础之上。

第五，产品功能模块化。本阶段的主要任务是确定功能模块及其功能与接口，由系统所提供的界面对其进行信息管理。

第六，结构评价。由系统所提供的功能评价模块，结合设计人员的参考意见，对已经确定的产品功能模块的结构进行评价，提出不合理之处并进行优化。

（2）模块系列设计分系统。产品模块分解系统主要实现系列产品类的需要、功能及原理，而分系统则主要实现各个模块类的具体实现及相关设计信息。为建立模块化体系做准备。具体包括以下四个部分：

第一，方案检索。主要是根据设计要求，在已知的模块库中进行功能检索，找出相似模块，提出初步的设计方案。

第二，详细设计。依据选定的设计方案，结合系统所给的设计和开发工具，建立文档和特征信息，进行模块的详细设计。

第三，模块分析。对于上一阶段所设计出的模块，需要对其强度、寿命、经济性等进行可行性分析，并且保存分析结果。

第四，最终评价。结合设计结果以及分析数据对模块进行评价，若设计不合理，可提出修改意见并提出优化型方案。

(3) 产品配置及组合设计。以模块库为基础，进行产品的配置及组合设计，具体包括以下五个部分：

第一，获取用户需求。依据模块库，指导用户实操，输入需求，保存需求，作为后续的设计依据。

第二，检索产品方案。确定输入的需求，根据要求检索相似模块，得到产品方案。

第三，产品配置与组装。根据系统给出的设计工具，将检索到的模块进行装配设计，根据配置结果，确定设计方案。

第四，产品分析。根据系统给出的分析工具，进行产品分析，并记录分析结果。

第五，产品的评价。根据产品配置以及产品分析的结果，对产品的设计方案进行评价，提出优化方案。

(4) 信息管理。管理系统包括以下两大类：一类是对设计信息的管理，主要针对以模块体系为组织结构管理设计过程中产生的各种信息；另外一类是对系统基础信息的管理，这部分主要针对的是系统运行所需要的基础信息。

二、模块化制造策略

(一) 模块化制造的概念及其关键技术研究

模块化制造是近年来新提出的一个概念，是在产品模块化设计的基础上发展形成的。整个制造过程，从产品设计到制造过程的设施和管理，均采用模块化技术，运用模块化思想，把一些结构和功能相对独立的基础模块分解出来，然后按照具体功能模块的技术特性，组合重构出所需要的产品，以达到降低制造成本，快速适应多品种、变批量产品制造的需要。此种原则下组成的制造系统称为模块化制造系统。

模块化制造技术基于传统的模块化技术，以当前发展较为迅速的计算机和信息技术为支持，采用模块化的设计、制造以及管理思想，综合多学科的先进知识所形成的先进综合系统技术。该制造技术的本质是模块化原理，目的是提高系统的柔性和可变性。

模块化制造是一种先进的制造思想，在虚拟环境下以模块为单位，以模块的组合来构造和运行制造系统，采用模块化设计方法进行产品设计和制造系统的设计。基于众多对模块化制造过程的研究，通过对模块化制造过程的分析，建立起模块化制造总体方案。

模块化制造是运用模块化思想制造产品的过程，以产品为输入，以制造设备规划和制造工艺路线为输出。通过对用户和市场需求的调研，根据生产产品的情况进行制造资源初选，初步确定所需各种加工设备的种类；根据初选资源情况确定零部件的加工工艺，通过工艺模块化方法实现零件工艺的快速制定：工艺确定之后需要进行制造设备重构，即通过分析工艺能力需求及工序能力需求，选定所需设备的数目和类别，然后进行仿真分析。一旦设备完善，开始进行工装规划，包括通用工装的选择和专用工装的设计制造两个方面。最终还要对整个制造系统进行评估，满足要求，确定工艺路线，完善系统；否则要重新返回到制造设备重构。

根据以上对模块化制造总体方案的分析，并结合已有理论、知识基础，针对以上环节，提出模块化制造的关键技术：模块化快速工艺准备、模块化制造系统重构、模块化工装设计。

1. 模块化快速工艺准备

工艺准备过程包括工艺设计和工装准备两个子过程。就传统工艺而言，工艺效率低，重用度不高，提出了基于模块化的快速工艺准备模型。首先引入特征模块，特征模块是由特征组成的，包含设计特征、制造特征等诸多工程信息，在功能和结构上相对独立。并在此特征模块的基础上提出工艺模块化和工艺模块概念。通过提取零件的典型特征模块，制定相应的工艺，从而形成工艺模块；制定工艺时，首先要划分出零件所包含的特征模块，然后通过检索相似特征模块对应的工艺模块，进行工艺重用，零件工艺的设计通过利用模块工艺的重用度来加快工艺设计的速度，实现工艺的快速准备。

2. 模块化制造系统重构

模块化制造系统的重构是指为适应市场需求的变化，按照系统规划的要求，以重排、重复利用、革新组员或子系统的方式，快速调整制造过程、制造功能和制造生产能力。可重构性是模块化制造系统的重要特性之一，也是模块化制造的优势所在。在模块化制造系统重构的过程中，要关注重构单元和零件信息，在工艺要求及重构单元设备之间建立映射，建立多目标规划模型，然后用模拟退火算法进行试验，确定模型参数合适的选择范围，然后进行最优化求解，最终确定合适的制造设备配置组合。其中，重构模型的建立是制造系统重构的关键。

3. 模块化工装设计

确定工艺路线后，需要设计专用工艺装备。工艺装备简称工装，是指为实现工艺规程所需的各种刀具、夹具等的总称。工装的设计、制造周期占整个制造周期的40%左右，工装成本占总成本的20%~30%。制造周期长、生产效率低、制造成本高，是影响模块化制造发展的重要因素。将模块化设计思想运用到工艺装备的设计制造中，在功能分析的基础上，根据技术特征需求，划分并设计出一系列具有不同用途、结构但是具有相同功能、可互换的功能模块，在工装模块库中进行检索，选取和组合不同的模块，来配置出不同规格和性能的工装，以达到不同的工装需求，快速的模块化工装设计极大地支持了快速响应制造，迎合了市场需求。

这三项关键技术涵盖了模块化制造中从工艺制定到制造系统规则重构和工装快速准备，与已有的相关理论形成了较为完善的模块化制造理论体系，构成了模块化制造过程中不可或缺的重要策略。

（二）产品模块化过程

1. 定制需求分析

建立模块之前，首先，基于市场及用户的定制需求，要对这些需求信息进行调研和收集，通过应用质量功能配置法（QAD），将所得到的模糊需求信息通过映射来获得一系列产品族功能模型，进一步过渡为待配置模块的元素实体。定制产品需要经过多次分解来得到基础的功能和物理层次结构，作为模块的形成条件。其次，要把整个生产周期中尤其是模块化的产品设计中所出现的问题，分解成多个比较容易解决的独立的子问题，以确保设计的最终目标不会受到其中某一个小问题的调整的影响。

2. 零件交互因子分析

模块化的设计特点就是将具有最大功能和结构相似性的零件聚合成一个模块，而模块之间、模块内外零件的交互和影响相对较小。模块设计目的的选择对需要考虑的零件交互因子有着直接影响。对于零件之间的功能交互需要兼顾能量交换、材料转换、信号转化、力的传播以及其他功能的干涉等；结构交互需要考虑零件的定位、连接、尺寸大小和装配顺序等。因此，量化零件之间的功能和结构交互因子很有必要。

3. 模块形成

在对模块进行聚合时，必须是模块内部的零件之间的功能、结构等交互值达到最大。

响应大规模定制模式的生产需求，基于此模块化形成过程，面向全生命周期的产品模块化设计可以面向一系列设计目标，包括：①设计任务的并行分解；②基于产品族的个性化配置；③产品的更新换代和模块重组；④产品的维修、回收、重用和处理等。在此过程中，定制产品的功能和性能均得到不同程度的提升，对于原材料的利用率和产品对环境的影响情况也能得到改善。基于众多的待配置模块、待配置零件及其自身属性，我们可以形成覆盖用户定制需求的一系列产品族，从而大大地丰富了定制产品的种类。

（三）模块化绿色制造

传统的生产制造模式无不以消耗大量资源以及对环境的破坏为代价，然而事实证明这种生产模式是极不可取的。近年来，世界各地的制造厂商们已经注意到经济发展与环境保护之间互相扶持、互相保护的利害关系，要想持续发展下去，必须解决经济与生态环境相协调的可持续发展问题。

绿色设计制造不同于传统设计制造方法，其基本思想在设计之初就把环境因素和预防污染的措施作为产品设计的考虑因素，除了实现客户需求之外，同时也把产品对环境的影响程度作为产品评价和考核的指标之一。绿色设计以环境资源保护为核心概念，面向产品的全生命周期，即从方案形成到生产制造、使用乃至废弃后的回收、重用及处理等各个阶段，在此期间将环境因素与产品属性紧密结合起来，最终得到最优的绿色化产品。这种设计制造方式最大的优点在于：通过预先提出相关的方案来解决产品及其工艺对环境的影响，力求使影响降到最低，而不是等产品产生了不良的环境后果之后再采取防治措施。

绿色化产品的设计和制造，是可持续发展模式的一种。可持续技术先进性发展的定义为在不对子孙后代的发展构成危害的前提下，满足当代人的生产需求。将绿色化设计与制造的产品理念引入模块化制造中，由于模块化制造本身就以产品和制造系统的模块化设计、制造以及管理为基础，两种理念的相互结合便形成了一种全新的生产理念和制造模式。

在模块化的绿色制造系统中，一旦系统出现问题，可以通过及时处理或者更换系统之中的一个或者部分模块来解决系统故障问题，这样就不会因为整个系统的报废而影响到整个生产进程。另外，制造系统的升级也可以在短时间内，通过对一个或者部分模块的升级来实现，这种升级模式就极大地减少了生产设备的报废数量，极大地降低了制造成本，同时也极大地减小了制造过程对环境的影响。

在模块化结构的产品中，由于模块易于从整机中拆卸和组装，维修可以以模块为单元拆装，不受工具、测试设备、操作空间等限制，从而大大地改善了维修条件，简化了维修工作，并加快了维修速度，如果损坏的模块一时无法修复，还可及时更换新的模块，不致造成整机的失效，以免影响正常使用，从而有利于产品生命周期的循环和可持续发展。基于此，提出以下几点设计方法：

1. 面向产品的可拆卸性设计

当产品零部件需要升级、维修或者更换的时候，为了使这些零部件能够高效而又不受破坏地从整机上拆下来，往往将可拆卸性作为产品结构设计的一项评价准则。这样就极大地提高了资源的利用率，达到了既节省能源又保护环境的目的。基于不同的产品种类，拆卸性设计的方法也千差万别。提出了以下几点可拆卸性设计的一般性原则：

(1) 易于拆卸。

(2) 易于分离。

(3) 减少零件的多样性，即采用标准零件进行装配。

(4) 结合产品形状及其安装位置，避免出现干涉。

(5) 明确拆卸零件，合理安排拆卸顺序，减少工作量。

2. 可回收性设计

可回收性设计是绿色产品设计的主要设计方法之一。在产品设计初期就对其零部件及其各组分材料的回收可能性、回收价值大小、回收处理方法、回收处理结构工艺性等与回收有关的一系列问题进行充分考虑，从而使零件材料资源以及能源实现最大程度的利用，此种情况下对环境污染最小，是比较理想的一种设计思想方法。由于产品的种类很多，回收性设计的方法也有很多，主要设计原则归纳如下：

(1) 尽量选取能够或者便于重用的材料。

(2) 按照兼容性组织材料。

(3) 减少产品所使用的材料种类。

(4) 避免使用对人体有危害的材料。

(5) 允许使用可重用的零部件并且鼓励用户进行循环利用。

3. 面向制造和装配的设计

面向制造和装配的设计方法的目的在于降低制造以及装配的设计难度。基于产品装配和制造的角度，对所提供的设计方案进行分析，这是一种系统化方法。优点在于能够简化产品的装配和制造难度，降低装配和制造成本。同面向产品的可拆卸性设计方法，该方法同样是在设计的初期阶段就将与产品制造和装配相关的约束考虑在内，进一步分析产品以及工艺的设计，提供优化方案，得到反馈信息，在设计的过程中就把产品的可制造性以及可装配性的检测工作完成，这样既缩短了产品的生产周期，同时又使得产品结构更为合理，制造更为简单，装配性更好，获得的经济效益也是极为可观的。目前，基于装配和制造所提出的方法主要包括：计算机辅助法、定量评估法以及定期经验法等。

从根本上讲，环境承受能力将成为未来发展的质量准则。此外，质量意味着高程度地满足开放式系统构造的要求，意味着与满足绿色性和可持续性的结构规则和设计规则相联系的高可靠度和长寿命性。因此，要想使产品提高在可持续发展思想意义下的质量，就要提高产品的模块化程度，这也是产品设计发展的直接结果。

结束语

作为我国的支撑产业，农业在促进经济发展、稳定社会和谐方面发挥着重要作用。随着科学技术水平的进一步提升，农业现代科技化水平得到了很大程度的提高，对于改进农业种植方式、促进农业结构转型升级、增加农民收入等起到了积极的作用。这些现代化技术的成功应用，需要借助专业标准和成熟的管理方式，不断增加现代化技术应用的积极影响，促进农业生产水平的提高。

参考文献

一、著作类

[1] 陈美霞 . 植物组织培养 [M]. 武汉：华中科技大学出版社，2012.

[2] 胡一鸿 . 农业生物技术教程 [M]. 成都：西南交通大学出版社，2015.

[3] 马越，廖俊杰 . 现代生物技术概论 [M]. 北京：中国轻工业出版社，2015.

[4] 石玉波，刘和平 . 植物组织培养 [M]. 杭州：浙江大学出版社，2018.

二、期刊类

[1] 白百一，李文一，陈杏禹，等 . 无土栽培基质研究进展 [J]. 现代农业科技，2022(16)：55.

[2] 戴小文，漆雁斌，陈文宽 . 农业现代化背景下大数据分析在农业经济中的应用研究 [J]. 四川师范大学学报 (社会科学版)，2015(2)：70–77.

[3] 单玉丽，刘克辉 . 知识经济与中国农业现代化 [J]. 农业现代化研究，2000，21(2)：82–86.

[4] 丁文雅 . 植物组织培养脱毒技术与检测方法 [J]. 农业科技通讯，2009 (03)：75.

[5] 方会敏，牛萌萌，褚幼晖，等 . 山东高效农业模式下田间管理装备研究进展与对策 [J]. 中国农机化学报，2021，42(01)：30–36.

[6] 郭玉珍 . 基于精准农业绿色小麦栽培技术推广与田间管理方法探析 [J]. 农业工程技术，2020，40(15)：55–56.

[7] 韩静敏 . 转型期农业发展对经济增长的影响分析 [J]. 经济师，2022，406(12)：143–144.

[8] 何春霞 . 高粱优质高产栽培技术 [J]. 种业导刊，2022(02)：35–38.

[9] 何海霞 . 互联网时代我国智慧农业发展痛点与路径研究 [J]. 农业经济，2021(6)：15–17.

[10] 蒋波 . 优质小麦高产栽培及病虫害绿色防控技术探究 [J]. 种子科技，2023，41(01)：103–105.

[11] 李道亮，杨昊 . 农业物联网技术研究进展与发展趋势分析 [J].农业机械学

报，2018，49(1)：1–20.
[12] 李德旺，许春雨，宋建成．现代农业智能灌溉技术的研究现状与展望 [J]. 江苏农业科学，2017，45(17)：27–31.
[13] 李凤红．现代农业机械中智能化技术的运用探析 [J]. 农村实用技术，2022(03)：110–111.
[14] 李慧，马德新．农业大数据应用发展现状及其对策研究 [J]. 江苏农业科学，2021，49(16)：48–52.
[15] 李慧华．玉米高产栽培技术与田间管理分析 [J]. 种子科技，2023，41 (02)：30–32.
[16] 李婧雯．农业生物技术产业化发展问题研究 [J]. 农业经济，2021(7)：12–14.
[17] 李例栗．超高产小麦品种产量构成因素及增产途径分析 [J]. 农家参谋，2018(24)：69.
[18] 刘如丽．超级水稻高产栽培种植技术及推广 [J]. 现代农村科技，2022 (05)：12.
[19] 刘伟，赵敏，胡伟，等．超高产小麦栽培管理技巧 [J]. 乡村科技，2016(28)：19.
[20] 刘秀芹．浅析优质向日葵高产栽培技术 [J]. 现代农业，2018(07)：18–19.
[21] 鲁刚强，向模军．物联网技术在智慧农业中应用研究 [J]. 核农学报，2022，36(6)：后插 10.
[22] 路平．浅议植物的组织培养 [J]. 农技服务，2017，34(05)：30.
[23] 罗必良．中国农业现代化：时代背景、目标定位与策略选择 [J]. 国家现代化建设研究，2023，2(01)：65–78.
[24] 罗小锋，刘清民．我国农业机械化与农业现代化协调发展研究 [J]. 中州学刊，2010(2)：54–56.
[25] 雒庆生，贺玢，王宝济，等．农业机械化知识管理系统的设计与实现 [J]. 中国农机化，2011(4)：18–21.
[26] 倪艳云，闵思桂，宋桂香，等．超高产小麦群体特征及其配套技术研究 [J]. 大麦与谷类科学，2017，34(01)：19–23+27.
[27] 潘月红，逯锐，周爱莲，等．我国农业生物技术及其产业化发展现状与前景 [J]. 生物技术通报，2011(6)：1–6.
[28] 漆在林．现代农业机械技术的发展现状及措施探究 [J]. 农村实用技术，2021(07)：84–85.
[29] 乔建伟．农业种植技术和现代农业机械化的相关性探讨 [J]. 当代农机，2021

(04)：40–41.
[30] 陶荣珍 . 现代农业机械装备使用中的问题及对策 [J]. 现代农机，2021 (04)：122–123.
[31] 王韦韦，陈黎卿，杨洋，等 . 农业机械底盘技术研究现状与展望 [J]. 农业机械学报，2021，52(8)：1–15.
[32] 西日甫汗 · 艾合买提，艾比班 . 小麦高产栽培及病虫害绿色防控技术分析 [J]. 农业开发与装备，2023(01)：210–211.
[33] 谢小红，刘红，王呈芳，等 . 生物技术是农业科技创新的源头动力 [J]. 上海农业学报，2007，23(4)：83–85.
[34] 辛岭，郝汉 . 我国农业现代化发展水平评价方法研究 [J]. 农业现代化研究，2022，43(5)：747–758.
[35] 熊晓，陈悦，吴海波 . 农业机械信息管理平台中会计智能化监测技术研究 [J]. 农机化研究，2021，43(3)：245–248，253.
[36] 宿桂红，傅新红 . 农业技术创新与农业现代化关系研究 [J]. 湖北农业科学，2011，50(15)：3207–3210.
[37] 徐田玺 . 小麦高产栽培及土壤肥料管理技术探究 [J]. 新农业，2022 (21)：10–11.
[38] 徐星明，杨万江 . 我国农业现代化进程评价 [J]. 农业现代化研究，2000，21(5)：276–282.
[39] 许世卫，王东杰，李哲敏 . 大数据推动农业现代化应用研究 [J]. 中国农业科学，2015，48(17)：3429–3438.
[40] 杨林，聂克艳，杨晓容，等 . 基因工程技术在环境保护中的应用 [J]. 西南农业学报，2007(05)：1130.
[41] 张春吉 . 水稻高产栽培和病虫害防治技术 [J]. 广西农业机械化，2022 (06)：36–37+43.
[42] 张学敏，皇甫柏树 . 豫北地区晚播小麦高产栽培技术 [J]. 农业科技通讯，2022(11)：202–204+207.
[43] 张作龙 . 推广绿色种植技术对保障食品安全的作用 [J]. 智慧农业导刊，2022，2(15)：38–40.
[44] 赵春江，李瑾，冯献，等 . “互联网 +” 现代农业国内外应用现状与发展趋势 [J]. 中国工程科学，2018，20(2)：50–56.
[45] 赵洪 . 关于农业种植技术和现代农业机械化的相关性探讨 [J]. 河北农业，2022(12)：47–48.

[46] 赵吉平，任杰成，郭鹏燕，等 . 超高产小麦育种及诱变技术的应用探究 [J]. 农业科技通讯，2019(11)：178–180.